El jugador

Noches blancas

Clásicos TOMO

Fedor Dostoievski

El jugador

Noches blancas

Grupo Editorial Tomo, S. A. de C. V.
Nicolás San Juan 1043
03100 México, D. F.

1a. edición, mayo 2013.

The Gambler / White Nights
Fedor Dostoievski

Nicolás San Juan 1043, Col. Del Valle
03100 México, D. F.
Tels. 5575-6615, 5575-8701 y 5575-0186
Fax. 5575-6695
http://www.grupotomo.com.mx
ISBN-13: 978-607-415-036-0
Miembro de la Cámara Nacional
de la Industria Editorial No. 2961

Traducción: Grupo Editorial Tomo, S.A. de C.V.
Formación y diseño tipográfico: Marco A. Garibay
Diseño de portada: Karla Silva
Corrector de primeras pruebas: Edith A. Ruiz P.
Corrector de segundas pruebas: David A. Cortés
Supervisor de producción: Leonardo Figueroa

Impreso en China - *Printed in China*

Prólogo

Fedor Dostoievski (1821-1881), novelista ruso, uno de los más importantes de la literatura universal que escudriñó hasta el fondo de la mente y el corazón humanos, y cuya obra narrativa ejerció una profunda influencia en todos los ámbitos de la cultura moderna. Nació en Moscú el 11 de noviembre de 1821. Su infancia fue bastante triste y, cuando contaba con sólo 17 años, su padre, que era un médico retirado del ejército, lo envió a la Academia Militar de San Petersburgo. Pero los estudios técnicos le aburrían y, al graduarse, decidió dedicarse a la literatura.

Su primera novela, *Pobres gentes* (1846), que narra la desgraciada historia de amor de un humilde funcionario estatal, recibió buenas críticas por su tratamiento favorable de los pobres, víctimas de sus terribles circunstancias. El libro era bastante novedoso, pues añadía la dimensión psicológica a la puramente narrativa, en su análisis de los conflictos del protagonista, observándolos desde su propio interior. En 1849, su carrera literaria quedó fatalmente interrumpida. Se había unido a un grupo de jóvenes intelectuales que leían y debatían las teorías de escritores socialistas franceses, prohibidos por aquel entonces en la Rusia zarista. En sus reuniones secretas se infiltró un informador de la policía, y todo el grupo fue detenido y enviado a la prisión. En diciembre de 1849 se les condujo a un lugar para que fueran fusilados pero, en el último momento, se les conmutó la pena máxima por otra de exilio. Dostoievski fue sentenciado a cuatro años de trabajos forzosos en Siberia y posteriormente servir a su país como soldado raso. Las tensiones de ese periodo se materializaron en una epilepsia que sufriría durante el resto de su vida.

En *Memorias de la casa muerta* (1862), publicada en *Vremya* (Tiempo), la revista que él mismo fundó en 1861, Dostoievski describió con todo detalle el sadismo, las condiciones infrahumanas y la falta total de privacidad entre los presos, resultado de su experiencia, puesto que en la cárcel le habían tratado a él, "un caballero", con desprecio. En él también se produjo un cambio espiritual y psicológico. Sus lecturas de aquel periodo, limitadas a la Biblia, le empujaron a rechazar el ateísmo socialista, de inspiración occidental, que había practicado en su juventud. Las enseñanzas de Jesucristo se convirtieron en la suprema confirmación de las ideas éticas y de la posibilidad de la salvación a través del sufrimiento. La brutalidad de los delincuentes, salpicada a veces por gestos de valentía y generosidad, y por sentimientos nobles, le ayudaron a profundizar en su conocimiento de la complejidad del espíritu humano. Liberado en 1854, lo enviaron a una guarnición militar en Mongolia, donde transcurrió los siguientes cinco años hasta que tuvo permiso para regresar a San Petersburgo, en compañía de una viuda aquejada de tuberculosis, con la que se había casado y que no lo hizo feliz.

Su primer viaje al extranjero, un deseo que había acariciado desde mucho tiempo atrás, quedó reflejado en *Notas de invierno sobre impresiones de verano* (1863), ensayo en el cual describe la mecánica monotonía de la cultura de la Europa occidental. Cuando la revista fue cerrada, por un artículo supuestamente subversivo que se publicó en ella, se embarcó, en 1864, en el proyecto de *Epoja* (Época) otra revista de corta vida. En ella se publicó el comienzo de la única novela filosófica de Dostoievski, *Memorias del subsuelo* (1864).

Tras la larga enfermedad y muerte de su mujer en 1864, y la de su hermano, cuyas deudas financieras se vio obligado a pagar, quedó prácticamente en la ruina. A cambio de un préstamo, se comprometió con un no muy escrupuloso editor a cederle todos los derechos de sus obras si no le entregaba una novela completa en el plazo de un año. Dos meses antes de cumplirse ese plazo, le presentó *El jugador* (1866), basada en su propia pasión por la ruleta. Para transcribir esta novela había contratado los servicios de una mecanógrafa, Anna Snitkina, con la que se casaría poco después, y con la que alcanzaría felicidad y satisfacción.

Dostoievski pasó los siguientes años fuera del país, para escapar de los acreedores. Fueron años de pobreza, pero de gran creatividad. Durante este periodo, consiguió finalizar *Crimen y castigo* (1866), que había comenzado antes que *El jugador* y *Los endemoniados* (1871-1872). Cuando regresó a Rusia, en 1873, había obtenido ya el reconocimiento internacional. Su última novela, *Los hermanos Karamazov* (1880), la completó poco antes de su muerte, acaecida el 9 de febrero de 1881 en San Petersburgo.

La gran aportación de Dostoievski a la literatura universal consistió en dar un nuevo enfoque a la novela, según el cual el narrador ya no está fuera de la obra relatando acontecimientos más o menos ajenos a él, sino que su presencia se manifiesta con voz propia, como si de otro personaje se tratara.

El jugador

El jugador, originalmente llamado *Ruletembeurg*, es un relato nacido a la sombra de *Crimen y castigo*, escrito sólo en veinte días en 1866 bajo el agobio de un contrato leonino.

El lector puede constatar las insuficiencias y desequilibrios de un texto realizado en estas circunstancias, pero *El jugador* es una obra menor que se convierte en mayor cuando advertimos la nitidez con que se desarrolla en ella aquella tarea para la que Dostoievski estaba más dotado: La anatomía de una pasión. Todas sus novelas son, como sabemos, espacios asfixiantes donde se entrecruzan las pasiones humanas en conjuntos poderosos pero, asimismo, caóticos. *El jugador*, por el contrario, enfrenta a los lectores con una única pasión, la del juego, que emerge como matriz de todas las demás. La atracción de muchos escritores modernos por el juego está bien atestiguada y en la propia literatura rusa encontramos ejemplos relevantes. Pero la incursión de Dostoievski quizá se acerque más a lo expresado por pintores que, como Munch y Bacon, creían hallar en los casinos de juego los talleres idóneos para estudiar descarnadamente las emociones humanas: El rostro del apostador tiene, para ellos, la virtud de contener en potencia las reacciones más extremas.

Los editores

El jugador

Capítulo 1

Por fin he regresado al cabo de quince días de ausencia. Tres hace ya que nuestra gente está en Roulettenburg. Yo pensaba que me estarían aguardando con impaciencia, pero me equivoqué. El general tenía un aire muy despreocupado, me habló con altanería y me mandó a ver a su hermana. Era evidente que habían conseguido dinero en alguna parte. Tuve incluso la impresión de que al general le daba cierta vergüenza mirarme. Marya Filippovna estaba atareadísima y me habló un poco por encima del hombro, pero tomó el dinero, lo contó y escuchó todo mi informe. Esperaban a comer a Mezentzov, al francesito y a no sé qué inglés. Como de costumbre, en cuanto había dinero invitaban a comer, al estilo de Moscú. Polina Aleksandrovna me preguntó al verme por qué había tardado tanto; y sin esperar respuesta salió para no sé dónde. Por supuesto, lo hizo adrede. Es menester, sin embargo, que nos expliquemos. Hay mucho que contar.

Me asignaron una habitación exigua en el cuarto piso del hotel. Saben que formo parte del *séquito del general*. Todo hace pensar que se las han arreglado para darse a conocer. Al general le tienen aquí todos por un acaudalado magnate ruso. Aun antes de la comida me mandó, entre otros encargos, a cambiar dos billetes de mil francos. Los cambié en la caja del hotel. Ahora, durante ocho días por lo menos, nos tendrán por millonarios. Yo quería sacar de paseo a Misha y Nadya, pero me avisaron desde la escalera que fuera a ver al general, quien había tenido a bien enterarse de adónde iba a llevarlos. No cabe duda de que este hombre no puede fijar sus ojos directamente en los míos; él bien quisiera, pero le contesto siempre con una mirada tan sostenida, es decir, tan irrespetuosa que parece azorarse. En tono altisonante, amontonando una frase sobre otra y acabando por hacerse un lío, me dio a entender que llevara a los niños de paseo al parque, más allá del Casino, pero terminó por perder los estribos y añadió mordazmente: "Porque bien pudiera ocurrir que los llevara usted al Casino, a la ruleta. Perdone —añadió—, pero sé que es usted bastante frívolo y que quizá se sienta inclinado a jugar. En todo caso, aunque no soy mentor suyo ni deseo serlo, tengo al menos derecho a esperar que usted, por así decirlo, no me comprometa..."

—Pero si no tengo dinero —respondí con calma—. Para perderlo hay que tenerlo.

—Lo tendrá enseguida —respondió el general ruborizándose un tanto. Revolvió en su escritorio, consultó un cuaderno y de ello resultó que me correspondían unos ciento veinte rublos.

—Al liquidar —añadió— hay que convertir los rublos en táleros. Aquí tiene cien táleros en números redondos. Lo que falta no caerá en olvido.

Tomé el dinero en silencio.

—Por favor, no se enoje por lo que le digo. Es usted tan quisquilloso... Si le he hecho una observación ha sido por ponerle sobre aviso, por así decirlo; a lo que por supuesto tengo algún derecho...

Cuando volvía a casa con los niños antes de la hora de comer, vi pasar toda una cabalgata. Nuestra gente iba a visitar unas ruinas. ¡Dos calesas soberbias y magníficos caballos!

Mademoiselle Blanche iba en una de ellas con Marya Filippovna y Polina; el francesito, el inglés y nuestro general iban a caballo. Los transeúntes se paraban a mirar. Todo ello era de muy buen efecto, sólo que a expensas del general. Calculé que con los cuatro mil francos que yo había traído y con los que ellos, por lo visto, habían conseguido reunir, tenían ahora siete u ocho mil, cantidad demasiado pequeña para mademoiselle Blanche.

Mademoiselle Blanche, a la que acompaña su madre, reside también en el hotel. Por aquí anda también nuestro francesito. La servidumbre le llama *monsieur le comte,* y a mademoiselle Blanche *madame la comtesse*. Es posible que, en efecto, sean *comte* y *comtesse.*

Yo bien sabía que *monsieur le comte* no me reconocería cuando nos encontráramos a la mesa. Al general, por supuesto, no se le ocurriría presentarnos o, por lo menos, presentarme a mí, puesto que *monsieur le comte* ha estado en Rusia y sabe lo poquita cosa que es lo que ellos llaman un *outchitel*, esto es, un tutor. Sin embargo, me conoce muy bien. Confieso que me presenté en la comida sin haber sido invitado; el general, por lo visto, se olvidó de dar instrucciones, porque de otro modo me hubiera mandado de seguro a comer a la mesa redonda. Cuando llegué, pues, el general me miró con extrañeza. La buena de Marya Filippovna me señaló un puesto a la mesa, pero el encuentro con míster Astley salvó la situación y acabé formando parte del grupo, al menos en apariencia.

Tropecé por primera vez con este inglés excéntrico en Prusia, en un vagón en que estábamos sentados uno frente a otro cuando yo iba al alcance de nuestra gente; más tarde volví a encontrarle cuando viajaba por Francia, y por último en Suiza dos veces en quince días; y he aquí que inopinadamente topaba con él de nuevo en Roulettenburg. En mi vida he conocido a un hombre más tímido, tímido hasta lo increíble; y él sin duda lo sabe porque no tiene un pelo de tonto. Pero es hombre muy agradable y flemático. Le saqué conversación cuando nos encontramos por primera vez en Prusia. Me dijo que había estado ese verano en el Cabo Norte y que tenía gran deseo de asistir a la feria de Nizhni Novgorod. Ignoro cómo trabó conocimiento con el general. Se me antoja que está locamente enamorado de Polina. Cuando ella entró se le encendió a él el rostro con todos los colores del ocaso. Mostró alegría cuando me senté junto a él a la mesa y, al parecer, me considera ya como amigo entrañable.

A la mesa el francesito presumía más que de costumbre y se mostraba desenvuelto y autoritario con todos. Recuerdo que ya en Moscú soltaba pompas de jabón. Habló por los codos de finanzas y de política rusa. De vez en cuando el general se atrevía a objetar algo, pero discretamente, para no verse privado por entero de su autoridad.

Yo estaba de humor extraño y, por supuesto, antes de mediada la comida me hice la pregunta usual y sempiterna: "¿Por qué pierdo el tiempo con este general y no le he dado ya esquinazo?". De cuando en cuando lanzaba una mirada a Polina Aleksandrovna, quien ni se daba cuenta de mi presencia. Ello ocasionó el que yo me desbocara y echara por alto toda cortesía.

La cosa empezó con que, sin motivo aparente, me entrometí de rondón en la conversación ajena. Lo que yo quería sobre todo era reñir con el francesito. Me volví hacia el general y en voz alta y precisa, interrumpiéndole por lo visto, dije que ese verano les era absolutamente imposible a los rusos sentarse a comer a una mesa redonda de hotel. El general me miró con asombro.

—Si uno tiene amor propio —proseguí— no puede evitar los altercados y tiene que aguantar las afrentas más soeces. En París, en el Rin, incluso en Suiza, se sientan a la mesa redonda tantos polaquillos y sus simpatizantes franceses que un ruso no halla modo de intervenir en la conversación.

Dije esto en francés. El general me miró perplejo, sin saber si debía mostrarse ofendido o sólo maravillado de mi desplante.

—Bien se ve que alguien le ha dado a usted una lección —dijo el francesito con descuido y desdén.

—En París, para empezar, cambié insultos con un polaco —respondí— y luego con un oficial francés que se puso de parte del polaco. Pero después algunos de los franceses se pusieron a su vez de parte mía, cuando les conté cómo quise escupir en el café de un *monsignore.*

—¿Escupir? —preguntó el general con fatua perplejidad y mirando en torno suyo. El francesito me escudriñó con mirada incrédula.

—Así como suena —contesté—. Como durante un par de días creí que tendría que hacer una rápida visita a Roma por causa de nuestro negocio, fui a la oficina de la legación del Padre Santo en París para que visaran el pasaporte. Allí me salió al encuentro un clérigo pequeño, cincuentón, seco y con cara de pocos amigos. Me escuchó cortésmente, pero con aire avinagrado, y me dijo que esperase. Aunque tenía prisa, me senté, claro está, a esperar, saqué *L'Opinion Nationale* y me puse a leer una sarta terrible de insultos contra Rusia. Mientras tanto oí que alguien en la habitación vecina iba a ver a *Monsignore* y vi al clérigo hacerle una reverencia. Le repetí la petición anterior y, con aire aún más agrio, me dijo otra vez que esperara. Poco después entró otro desconocido, por visita de negocios; un austriaco, por lo visto, que también fue atendido y conducido al piso de arriba. Yo ya no pude contener mi enojo: Me levanté, me acerqué al clérigo y le dije con retintín que puesto que *Monsignore* recibía, bien podía atender también mi asunto. Al oír esto el clérigo dio un paso atrás, sobrecogido de insólito espanto.

Sencillamente no podía comprender que un ruso de medio pelo, una nulidad, osara equipararse a los invitados de *Monsignore.* En el tono más insolente, como si se deleitara en insultarme, me miró de pies a cabeza y gritó: "¿Pero cree que *Monsignore* va a dejar de tomar su café por usted?". Yo también grité, pero más fuerte todavía: "¡Pues sepa usted que escupo en el café de su *Monsignore*! ¡Si ahora mismo no arregla usted lo de mi pasaporte, yo mismo voy a verle!".

"¡Cómo! ¿Ahora que está el cardenal con él?", exclamó el clérigo, apartándose de mí espantado, lanzándose a la puerta y poniendo los brazos en cruz, como dando a entender que moriría antes que dejarme pasar.

Yo le contesté entonces que soy un hereje y un bárbaro, *que je suis hérétique et barbare,* y que a mí me importan un comino todos esos arzobispos, cardenales, monseñores, etc., etc.; en fin, mostré que no cejaba en mi propósito. El clérigo me miró con infinita ojeriza, me arrancó el pasaporte de las manos y lo llevó al piso de arriba. Un minuto después estaba visado. "Aquí está. ¿Tiene usted a bien examinarlo?" —saqué el pasaporte y enseñé el visado romano.

—Usted, sin embargo... —empezó a decir el general.

—Lo que le salvó a usted fue declararse bárbaro y hereje —comentó el francesito sonriendo con ironía—. *Cela n'était pas si bête.*

—¿Pero es posible que se mire así a nuestros compatriotas? Se plantan aquí sin atreverse a decir esta boca es mía y dispuestos, por lo visto, a negar que son rusos. A mí, por lo menos, en mi hotel de París empezaron a tratarme con mucha mayor atención cuando les conté lo de mi pelotera con el clérigo. Un caballero polaco, gordo él, mi adversario más decidido a la mesa redonda, quedó relegado a segundo plano. Hasta los franceses se reportaron cuando dije que dos años antes había visto a un individuo sobre el que había disparado un soldado francés en 1812 sólo para descargar su fusil. Ese hombre era entonces un niño de diez años cuya familia no había logrado escapar de Mosni.

—¡No puede ser! —exclamó el francesito—. ¡Un soldado francés no dispararía nunca contra un niño!

—Y, sin embargo, así fue —repuse—. Esto me lo contó un respetable capitán de reserva y yo mismo vi en su mejilla la cicatriz que dejó la bala.

El francés empezó a hablar larga y rápidamente. El general quiso apoyarle, pero yo le aconsejé que leyera, por ejemplo, ciertos trozos de las *Notas* del general Perovski, que fue prisionero de los franceses en 1812. Finalmente, Marya Filippovna habló de algo para dar otro rumbo a la conversación. El general estaba muy descontento conmigo, porque el francés y yo casi habíamos empezado a gritar. Pero a míster Astley, por lo visto, le agradó mucho mi disputa con el francés. Se levantó de la mesa y me invitó a tomar con él un vaso de vino. A la caída de la tarde, como era menester, logré hablar con Polina Aleksandrovna un cuarto de hora. Nuestra conversación tuvo lugar durante el paseo. Todos fuimos al parque del Casino. Polina se sentó en un banco frente a la fuente y dejó a Nadyenka que jugara con otros niños sin alejarse mucho. Yo también solté a Misha junto a la fuente y por fin quedamos solos.

Para empezar tratamos, por supuesto, de negocios. Polina, sin más, se encolerizó cuando le entregué sólo setecientos *gulden.* Había estado segura de que, empeñando sus brillantes, le habría traído de París por lo menos dos mil, si no más.

—Necesito dinero —dijo—, y tengo que agenciármelo sea como sea. De lo contrario estoy perdida.

Yo empecé a preguntarle qué había sucedido durante mi ausencia.

—Nada de particular, salvo dos noticias que llegaron de Petersburgo: Primero, que la abuela estaba muy mal, y dos días después que, por lo visto, estaba agonizando. Esta noticia es de Timofei Petrovich —agregó Polina—, que es hombre de crédito. Estamos esperando la última noticia, la definitiva.

—¿Así es que aquí todos están a la expectativa? —pregunté.

—Por supuesto, todos y todo; desde hace medio año no se espera más que esto.

—¿Usted también? —inquirí.

—¡Pero si yo no tengo ningún parentesco con ella! Yo soy sólo hijastra del general. Ahora bien, sé que seguramente me recordará en su testamento.

—Tengo la impresión de que heredará usted mucho —dije con énfasis.

—Sí, me tenía afecto. ¿Pero por qué tiene usted esa impresión?

—Dígame —respondí yo con una pregunta—, ¿no está nuestro marqués iniciado en todos los secretos de la familia?

—¿Y a usted qué le va en ello? —preguntó Polina mirándome seca y severamente.

— ¡Anda, porque si no me equivoco, el general ya ha conseguido que le preste dinero!

—Sus sospechas están bien fundadas.

—¡Claro! ¿Le daría dinero si no supiera lo de la abuela? ¿Notó usted a la mesa que mencionó a la abuela tres veces y la llamó "la abuelita", la *baboulinka?* ¡Qué relaciones tan íntimas y amistosas!

—Sí, tiene usted razón. Tan pronto como sepa que en el testamento se me deja algo, pide mi mano. ¿No es esto lo que quería usted saber?

—¿Sólo que pide su mano? Yo creía que ya la había pedido hacía tiempo.

—¡Usted sabe muy bien que no! —dijo Polina, irritada—. ¿Dónde conoció usted a ese inglés? —añadió tras un minuto de silencio.

—Ya sabía yo que me preguntaría usted por él.

Le relaté mis encuentros anteriores con míster Astley durante el viaje.

—Es hombre tímido y enamoradizo y, por supuesto, ya está enamorado de usted.

—Sí, está enamorado de mí —repuso Polina.

—Y, claro, es diez veces más rico que el francés. ¿Pero es que el francés tiene de veras algo? ¿No es eso motivo de duda?

—No, no lo es. Tiene un *château* o algo por el estilo. Ayer, sin ir más lejos, me hablaba el general de ello, y muy positivamente. Bueno, ¿qué? ¿Está usted satisfecho?

—Yo que usted me casaría sin más con el inglés.

—¿Por qué? —preguntó Polina.

—El francés es mejor mozo, pero es un granuja, y el inglés, además de ser honrado, es diez veces más rico —dije con brusquedad.

—Sí, pero el francés es marqués y más listo —respondió ella con la mayor tranquilidad.

—¿De veras?

—Como lo oye.

A Polina le desagradaban mucho mis preguntas, y eché de ver que quería enfurecerme con el tono y la brutalidad de sus respuestas. Así se lo dije al momento.

—De veras que me divierte verle tan rabioso. Tiene que pagarme de algún modo el que le permita hacer preguntas y conjeturas parecidas.

—Es que yo, en efecto, me considero con derecho a hacer a usted toda clase de preguntas —respondí con calma—, precisamente porque estoy dispuesto a pagar por ellas lo que se pida, y porque estimo que mi vida no vale un comino ahora.

Polina rompió a reír.

—La última vez, en el Schlangenberg, dijo usted que a la primera palabra mía estaba dispuesto a tirarse de cabeza desde allí, desde una altura, según parece, de mil pies. Alguna vez pronunciaré esa palabra, aunque sólo sea para ver cómo paga usted lo que se pida, y puede estar seguro de que seré inflexible. Me es usted odioso, justamente porque le he permitido tantas cosas, y más odioso aún porque le necesito. Pero mientras le necesite, tendré que ponerle a buen recaudo.

Se dispuso a levantarse. Hablaba con irritación. Últimamente, cada vez que hablaba conmigo, terminaba el coloquio en una nota de enojo y furia, de verdadera furia.

—Permítame preguntarle: ¿Qué clase de persona es mademoiselle Blanche? —dije, deseando que no se fuera sin una explicación.

—Usted mismo sabe qué clase de persona es mademoiselle Blanche. No hay por qué añadir nada a lo que se sabe hace tiempo. Mademoiselle Blanche será probablemente esposa del general, es decir, si es que se confirman los rumores sobre la muerte de la abuela, porque mademoiselle Blanche, lo mismo que su madre y que su primo el marqués, saben muy bien que estamos arruinados.

—¿Y el general está perdidamente enamorado?

—No se trata de eso ahora. Escuche y tenga presente lo que le digo: Tome estos setecientos florines y vaya a jugar; gáneme cuanto pueda en la ruleta; necesito ahora dinero de la forma que sea.

Dicho esto, llamó a Nadyenka y se encaminó al Casino, donde se reunió con el resto de nuestro grupo. Yo, pensativo y perplejo, tomé por la primera vereda que vi a la izquierda. La orden de jugar a la ruleta me produjo el efecto de un mazazo en la cabeza. Cosa rara, tenía bastante de qué preocuparme y, sin embargo, aquí estaba ahora, metido a analizar mis sentimientos hacia Polina. Cierto era que me había sentido mejor durante estos quince días de ausencia que ahora, en el día de mi regreso, aunque todavía en el camino desatinaba como un loco, respingaba como un azogado, y a veces hasta en sueños la veía. Una vez (esto pasó en Suiza), me dormí en el vagón y, por lo visto, empecé a hablar con Polina en voz alta, dando mucho que reír a mis compañeros de viaje. Y ahora, una vez más, me hice la pregunta: ¿La quiero?

Y una vez más no supe qué contestar; o, mejor dicho, una vez más, por centésima vez, me contesté que la odiaba. Sí, me era odiosa. Había momentos (cabalmente cada vez que terminábamos una conversación) en que hubiera dado media vida por estrangularla. Juro que si hubiera sido posible hundirle un cuchillo bien afilado en el seno, creo que lo hubiera hecho con placer. Y, no obstante, juro por lo más sagrado que si en el Schlangenberg, en esa cumbre tan a la moda, me hubiera dicho efectivamente: "¡Tírese!", me hubiera tirado en el acto, y hasta con gusto. Yo lo sabía. De una manera u otra había que resolver aquello. Ella, por su parte, lo comprendía perfectamente, y sólo el pensar que yo me daba cuenta justa y cabal de su inaccesibilidad para mí, de la imposibilidad de convertir mis fantasías en realidades, sólo el pensarlo, estaba seguro, le producía extraordinario deleite; de lo contrario, ¿cómo podría, tan discreta e inteligente como es, permitirse tales intimidades y revelaciones conmigo? Se me antoja que hasta entonces me había mirado como aquella emperatriz de la antigüedad que se desnudaba en presencia de un esclavo suyo, considerando que no era hombre. Sí, muchas veces me consideraba como si no fuese hombre...

Pero, en fin, había recibido su encargo: Ganar a la ruleta de la manera que fuese. No tenía tiempo para pensar con qué fin y con cuánta rapidez era menester ganar y qué nuevas combinaciones surgían en aquella cabeza siempre entregada al cálculo. Además, en los últimos quince días habían entrado en juego nuevos factores, de los cuales aún no tenía idea. Era preciso averiguar todo ello, adentrarse en muchas cuestiones y cuanto antes mejor. Pero de momento no había tiempo. Tenía que ir a la ruleta.

Capítulo 2

Confieso que el mandato me era desagradable, porque aunque había resuelto jugar no había previsto que empezaría jugando por cuenta ajena. Hasta me sacó un tanto de quicio, y entré en las salas de juego con ánimo muy desabrido. No me gustó lo que vi allí a la primera ojeada. No puedo aguantar el servilismo que delatan las crónicas de todo el mundo, y sobre todo las de nuestros periódicos rusos, en las que cada primavera los que las escriben hablan de dos cosas: Primera, del extraordinario esplendor y lujo de las salas de juego en las "ciudades de la ruleta" del Rin; y, segunda, de los montones de oro que, según dicen, se ven en las mesas. Porque en definitiva, no se les paga por ello, y sencillamente lo dicen por puro servilismo. No hay esplendor alguno en estas salas cochambrosas, y en cuanto al oro, no sólo no hay montones de él en las mesas, sino que apenas se ve. Cierto es que alguna vez durante la temporada aparece de pronto un tipo raro, un inglés o algún asiático, un turco, como sucedió este verano, y pierde o gana sumas muy considerables; los demás, sin embargo, siguen jugándose unos míseros *gulden,* y la cantidad que aparece en la mesa es por lo general bastante modesta.

Cuando entré en la sala de juego (por primera vez en mi vida) dejé pasar un rato sin probar fortuna. Además, la muchedumbre era agobiante. Sin embargo, aunque hubiera estado solo, creo que en esa ocasión me hubiera marchado sin jugar. Confieso que me latía fuertemente el corazón y que no las tenía todas conmigo; muy probablemente sabía, y había decidido tiempo atrás, que de Roulettenburg no saldría como había llegado; que algo radical y definitivo iba a ocurrir en mi vida. Así tenía que ser y así sería. Por ridícula que parezca mi gran confianza en los beneficios de la ruleta, más ridícula aún es la opinión corriente de que es absurdo y estúpido esperar nada del juego. ¿Y por qué el juego habrá de ser peor que cualquier otro medio de procurarse dinero, por ejemplo, el comercio? Una cosa es cierta: Que de cada ciento gana uno. Pero eso ¿a mí qué me importa?

En todo caso, decidí desde el primer momento observarlo todo con cuidado y no intentar nada serio en esa ocasión. Si algo había de ocurrir esa noche, sería de improviso, y nada del otro jueves; y de ese modo me dispuse a apostar. Tenía, por añadidura, que aprender el juego mismo, ya que a pesar de las mil descripciones de la ruleta que había leído con tanta avidez, la verdad es que no sabría nada de su funcionamiento hasta que no lo viera con mis propios ojos.

En primer lugar, todo me parecía muy sucio, algo así como moralmente sucio e indecente. No me refiero, ni mucho menos, a esas caras ávidas e intranquilas que por decenas, hasta por centenares, se agolpan alrededor de las mesas de juego. Francamente, no veo nada sucio en el deseo de ganar lo más posible y cuanto antes: Siempre he tenido por muy necia la opinión de un moralista acaudalado y bien nutrido, quien, oyendo decir a alguien, por vía de justificación, que "al fin y al cabo estaba apostando cantidades pequeñas", contestó: "Tanto peor, pues el afán de lucro también será mezquino". ¡Como si ese afán no fuera el mismo cuando se gana poco que cuando se gana mucho! Es cuestión de proporción. Lo que para Rothschild es poco, para mí es la riqueza; y si de lo que se trata es de ingresos o ganancias, entonces no es sólo en la ruleta, sino en cualquier transacción, donde uno le saca a otro lo que puede. Que las ganancias y las pérdidas sean en general algo repulsivo es otra cuestión que no voy a resolver aquí. Puesto que yo mismo sentía agudamente el afán de lucro, toda esa codicia y toda esa porquería codiciosa me resultaban, cuando entré en la sala, convenientes y, por así decirlo, familiares. Nada más agradable que cuando puede uno dejarse de cumplidos en su trato con otro y cada cual se comporta abiertamente, "a la pata la llana". ¿Y de qué sirve engañarse a sí mismo? ¡Qué menester tan trivial y poco provechoso! Repelente en particular, a primera vista, en toda esa chusma de la ruleta era el respeto con que miraba lo que se estaba haciendo, la seriedad, mejor dicho, la deferencia con que se agolpaba en torno a las mesas. He aquí por qué en estos casos se distingue con esmero entre los juegos que se dicen de *mauvais genre* y los permitidos a las personas decentes. Hay dos clases de juego:

Una para caballeros y otra plebeya, mercenaria, propia de la canalla. Aquí la distinción se observa rigurosamente; ¡y qué vil, en realidad, es esa distinción! Un caballero, por ejemplo, puede hacer una apuesta de cinco o diez luises, rara vez más; o puede apostar hasta mil francos, si es muy rico, pero sólo por jugar, sólo por divertirse, en realidad sólo para observar el proceso de la ganancia o la pérdida; pero de ningún modo puede mostrar interés en la ganancia misma. Si gana, puede, por ejemplo, soltar una carcajada, hacer un comentario a cualquiera de los concurrentes, incluso apuntar de nuevo o doblar su apuesta, pero sólo por curiosidad, para estudiar y calcular las probabilidades, pero no por el deseo plebeyo de ganar. En suma, que no debe ver en todas estas mesas de juego, ruletas y *trente et quarante,* sino un entretenimiento organizado exclusivamente para su satisfacción. Los vaivenes de la suerte, en que se apoya y se justifica la banca, no debe siquiera sospecharlos. No estaría mal que se figurara, por ejemplo, que todos los demás jugadores, toda esa chusma que tiembla ante un *gulden,* son en realidad tan ricos y caballerosos como él y que juegan sólo para divertirse y pasar el tiempo. Este desconocimiento completo de la realidad, esta ingenua visión de lo que es la gente, son, por supuesto, típicos de la más refinada aristocracia. Vi que muchas mamás empujaban adelante a sus hijas, jovencitas inocentes y elegantes de quince o dieciséis años, y les daban unas monedas de oro para enseñarlas a jugar. La señorita ganaba o perdía sonriendo y se marchaba tan satisfecha. Nuestro general se acercó a la mesa con aire grave e imponente. Un lacayo corrió a ofrecerle una silla, pero él ni siquiera le vio. Con mucha lentitud sacó el portamonedas; de él, con mucha lentitud, extrajo trescientos francos en oro, los apuntó al negro y ganó. No recogió lo ganado y lo dejó en la mesa. Salió el negro otra vez y tampoco recogió lo ganado. Y cuando la tercera vez salió el rojo, perdió de un golpe mil doscientos francos. Se retiró sonriendo y sin perder la dignidad. Yo estaba seguro de que por dentro iba consumido de rabia; y que si la apuesta hubiera sido dos o tres veces mayor, hubiera perdido la serenidad y dado suelta a su turbación. Por otra parte, un francés, en mi presencia, ganó y perdió hasta treinta mil francos, alegre y tranquilamente. El caballero auténtico, aunque pierda cuanto tiene, no debe alterarse. El dinero está tan por abajo de la dignidad de un caballero que casi no vale la pena pensar en él. Sería muy aristocrático, por supuesto, no darse cuenta de la cochambre de toda esa chusma y esa escena. A veces, sin embargo, no es menos aristocrático y refinado darse cuenta, es decir, observar con cuidado, examinar con impertinentes, como si dijéramos, a toda esa chusma; pero sólo viendo en esa cochambre y en toda esa muchedumbre una forma especial de pasatiempo, un espectáculo organizado para divertir a los caballeros. Uno puede abrirse paso entre el gentío y mirar en torno, pero con el pleno convencimiento de que, en rigor, uno es sólo observador y de ningún modo parte del grupo. Pero, por otro lado, no se debe observar con demasiada atención, pues ello sería actitud impropia de un caballero, ya que al fin y al cabo el espectáculo no merece ser observado larga y atentamente; y sabido es que pocos espectáculos son dignos de la cuidadosa atención de un caballero. Sin embargo, a mí me parecía que todo esto merecía la atención más solícita, especialmente cuando venía aquí no sólo para observar, sino para formar parte, sincera y conscientemente, de esa chusma. En cuanto a mis convicciones morales más íntimas, es claro que no hallan acomodo en el presente razonamiento. En fin, ¡qué le vamos a hacer! Hablo sólo para desahogar mi conciencia. Pero una cosa sí haré notar: Que últimamente me ha sido —no sé por qué— profundamente repulsivo ajustar mi conducta y mis pensamientos a cualquier género de patrón moral. Era otro patrón el que me guiaba...

Es verdad que la chusma juega muy sucio. No ando lejos de pensar que a la mesa de juego misma se dan casos del más vulgar latrocinio. Para los *crupieres*, sentados a los extremos de la mesa, observar y liquidar las apuestas es trabajo muy duro. ¡Ésa es otra chusma! Franceses en su mayor parte. Por otro lado, yo observaba y estudiaba no para describir la ruleta, sino para "hacerme al juego", para saber cómo conducirme en el futuro. Noté, por ejemplo, que nada es más frecuente que ver salir de detrás de la mesa una mano que se apropia lo que uno ha ganado. Se produce un altercado, a menudo se oye una gritería, ¡y vaya usted a buscar testigos para probar que la apuesta es suya!

Al principio todo me parecía un galimatías sin sentido. Sólo adiviné y distinguí no sé cómo que las apuestas eran al número, a pares y nones y al color. Del dinero de Polina Aleksandrovna decidí arriesgar esa noche cien *gulden*. La idea de entrar a jugar y no por propia incumbencia me tenía un poco fuera de quicio. Era una sensación sumamente desagradable y quería sacudírmela de encima cuanto antes. Se me antojaba que empezando con Polina daba al traste con mi propia suerte. ¿No es verdad que es imposible acercarse a una mesa de juego sin sentirse enseguida contagiado por la superstición? Empecé sacando cinco federicos de oro, esto es, cincuenta *gulden,* y poniéndolos a los pares. Giró la rueda, salió el quince y perdí. Con una sensación de ahogo, sólo para liberarme de algún modo y marcharme, puse otros cinco federicos al rojo. Salió el rojo. Puse los diez federicos, salió otra vez el rojo. Lo puse todo al rojo, y volvió a salir el rojo. Cuando recibí cuarenta federicos puse veinte en los doce números medios sin tener idea de lo que podría resultar. Me pagaron el triple. Así, pues, mis diez federicos de oro se habían trocado de pronto en ochenta. La extraña e insólita sensación que ello me produjo se me hizo tan insoportable que decidí irme. Me parecía que de ningún modo jugaría así si estuviera jugando por mi propia cuenta. Sin embargo, puse los ochenta federicos una vez más a los pares. Esta vez salió el cuatro; me entregaron otros ochenta federicos, y cogiendo el montón de ciento sesenta federicos de oro salí a buscar a Polina Aleksandrovna.

Todos se habían ido de paseo al parque y no conseguí verla hasta después de la cena. En esta ocasión no estaba presente el francés, y el general se despachó a sus anchas: Entre otras cosas juzgó necesario advertirme una vez más que no le agradaría verme junto a una mesa de juego. Pensaba que le pondría en un gran compromiso si perdía demasiado; "pero aunque ganara usted mucho, quedaría yo también en un compromiso —añadió con intención—. Por supuesto que no tengo derecho a dirigir sus actos, pero usted mismo estará de acuerdo en que ... ". Ahí se quedó, como era costumbre suya, sin acabar la frase. Yo respondí secamente que tenía muy poco dinero y, por lo tanto, no podía perder cantidades demasiado llamativas aun si llegaba a jugar. Cuando subía a mi habitación logré entregar a Polina sus ganancias y le anuncié que no volvería a jugar más por cuenta de ella.

—¿Y eso por qué? —preguntó alarmada.

—Porque quiero jugar por mi propia cuenta —respondí mirándola asombrado— y esto me lo impide.

—¿Conque sigue usted convencido de que la ruleta es su única vía de salvación? —preguntó irónicamente. Yo volví a contestar muy seriamente que sí; en cuanto a mi convencimiento de que ganaría sin duda alguna... bueno, quizá fuera absurdo, de acuerdo, pero que me dejaran en paz.

Polina Aleksandrovna insistió en que fuera a medias con ella en las ganancias de hoy, y me ofreció ochenta federicos de oro, proponiendo que en el futuro continuásemos el juego sobre esa base. Yo rechacé la oferta, de plano y sin ambages, y declaré que no podía jugar por cuenta de otros, no porque no quisiera hacerlo, sino porque probablemente perdería.

—Y, sin embargo, yo también, por estúpido que parezca, cifro mis esperanzas casi únicamente en la ruleta —dijo pensativa—. Por consiguiente, tiene usted que seguir jugando conmigo a medias, y, por supuesto, lo hará.

Con esto se apartó de mí sin escuchar mis ulteriores objeciones.

Capítulo 3

Polina, sin embargo, ayer no me habló del juego en todo el día, más aún, evitó en general hablar conmigo. Su previa manera de tratarme no se alteró; esa completa despreocupación en su actitud cuando nos encontrábamos, con un matiz de odio y desprecio. Por lo común no procura ocultar su aversión hacia mí; esto lo veo yo mismo. No obstante, tampoco me oculta que le soy necesario y que me reserva para algo. Entre nosotros han surgido unas relaciones harto raras, en gran medida incomprensibles para mí, habida cuenta del orgullo y la arrogancia con que se comporta con todos. Ella sabe, por ejemplo, que yo la amo hasta la locura, me da venia incluso para que le hable de mi pasión (aunque, por supuesto, nada expresa mejor su desprecio que esa licencia que me da para hablarle de mi amor sin trabas ni circunloquios: "Quiere decir que tengo tan en poco tus sentimientos que me es absolutamente indiferente que me hables de ellos, sean los que sean". De sus propios asuntos me hablaba mucho ya antes, pero nunca con entera franqueza. Además, en sus desdenes para conmigo hay cierto refinamiento: Sabe, por ejemplo, que conozco alguna circunstancia de su vida o alguna cosa que la trae muy inquieta; incluso ella misma me contará algo de sus asuntos si necesita servirse de mí para algún fin particular, ni más ni menos que si fuese su esclavo o recadero; pero me contará sólo aquello que necesita saber un hombre que va a servir de recadero) y aunque la pauta entera de los acontecimientos me sigue siendo desconocida, aunque Polina misma ve que sufro y me inquieto por causa de sus propios sufrimientos e inquietudes, jamás se dignará tranquilizarme por completo con una franqueza amistosa, y eso que, confiándome a menudo encargos no sólo engorrosos, sino hasta arriesgados, debería, en mi opinión, ser franca conmigo. Pero ¿por qué habría de ocuparse de mis sentimientos, de que también yo estoy inquieto y de que quizá sus inquietudes y desgracias me preocupan y torturan tres veces más que a ella misma?

Desde hacía unas tres semanas conocía yo su intención de jugar a la ruleta. Hasta me había anunciado que tendría que jugar por cuenta suya, porque sería indecoroso que ella misma jugara. Por el tono de sus palabras saqué pronto la conclusión de que obraba a impulsos de una grave preocupación y no simplemente por el deseo de lucro. ¿Qué significaba para ella el dinero en sí mismo? Ahí había un propósito, alguna circunstancia que yo quizá pudiera adivinar, pero que hasta este momento ignoro. Claro que la humillación y esclavitud en que me tiene podrían darme (a menudo me dan) la posibilidad de hacerle preguntas duras y groseras. Dado que no soy para ella sino un esclavo, un ser demasiado insignificante, no tiene motivo para ofenderse de mi ruda curiosidad. Pero es el caso que, aunque ella me permite hacerle preguntas, no las contesta. Hay veces que ni siquiera se da cuenta de ellas. ¡Así están las cosas entre nosotros!

Ayer se habló mucho del telegrama que se mandó hace cuatro días a Petersburgo y que no ha tenido contestación. El general, por lo visto, está pensativo e inquieto. Se trata, ni que decir tiene, de la abuela. También el francés está agitado. Ayer, sin ir más lejos, estuvieron hablando largo rato después de la comida. El tono que emplea el francés con todos nosotros es sumamente altivo y desenvuelto. Aquí se da lo del refrán: "Les das la mano y se toman el pie". Hasta con Polina se muestra desembarazado hasta la grosería; pero, por otro lado, participa con gusto en los paseos por el parque y en las cabalgatas y excursiones al campo. Desde hace bastante tiempo conozco algunas de las circunstancias que ligan al francés y al general. En Rusia proyectaron abrir juntos una fábrica, pero no sé si el proyecto se malogró o si sigue todavía en pie. Además, conozco por casualidad parte de un secreto de familia: El francés, efectivamente, había sacado de apuros al general el año antes, dándole treinta mil rublos para que completara cierta cantidad que faltaba en los fondos públicos antes de presentar la dimisión de su cargo. Y, por supuesto, el general está en sus garras; pero ahora, cabalmente ahora, quien desempeña el papel principal en este asunto es mademoiselle Blanche, y en esto estoy seguro de no equivocarme.

¿Quién es mademoiselle Blanche? Aquí, entre nosotros, se dice que es una francesa de noble alcurnia y fortuna colosal, a quien acompaña su madre. También se sabe que tiene algún parentesco, aunque muy remoto, con nuestro marqués: Prima segunda o algo por el estilo. Se dice que hasta mi viaje a París el francés y mademoiselle Blanche se trataban con bastante más ceremonia, como si quisieran dar ejemplo de finura y delicadeza. Ahora, sin embargo, su relación, amistad y parentesco parecen menos delicados y más íntimos. Quizá estiman que nuestros asuntos van por tan mal camino que no tienen por qué mostrarse demasiado corteses con nosotros o guardar las apariencias. Yo ya noté anteayer cómo míster Astley miraba a mademoiselle Blanche y a la madre de ésta.

Tuve la impresión de que las conocía. Me pareció también que nuestro francés había tropezado previamente con míster Astley; pero éste es tan tímido, reservado y taciturno que es casi seguro que no lavará en público los trapos sucios de nadie. Por lo pronto, el francés apenas le saluda y casi no le mira, lo que quiere decir, por lo tanto, que no le teme. Esto se comprende. ¿Pero por qué mademoiselle Blanche tampoco le mira? Tanto más cuanto el marqués reveló anoche el secreto de pronto, no recuerdo con qué motivo, dijo en conversación general que míster Astley es colosalmente rico y que lo sabe de buena fuente. ¡Buena ocasión era ésa para que mademoiselle Blanche mirara a míster Astley! De todos modos, el general estaba intranquilo. Bien se comprende lo que puede significar para él el telegrama con la noticia de la muerte de su tía.

Aunque estaba casi seguro de que Polina evitaría, como de propósito, conversar conmigo, yo también me mostré frío e indiferente, pensando que ella acabaría por acercárseme. En consecuencia, ayer y hoy he concentrado principalmente mi atención en mademoiselle Blanche. ¡Pobre general, ya está perdido por completo! Enamorarse a los cincuenta y cinco años y con pasión tan fuerte es, por supuesto, una desgracia. Agréguese a ello su viudez, sus hijos, la ruina casi total de su hacienda, sus deudas, y, para acabar, la mujer de quien le ha tocado en suerte enamorarse. Mademoiselle Blanche es bella, pero no sé si se me comprenderá si digo que tiene uno de esos semblantes de los que cabe asustarse. Yo al menos les tengo miedo a esas mujeres. Tendrá unos veinticinco años. Es alta y ancha de hombros, terminados en ángulos rectos. El cuello y el pecho son espléndidos. Es trigueña de piel, tiene el pelo negro como el azabache y en tal abundancia que hay bastante para dos *coiffures.* El blanco de sus ojos tira un poco a amarillo, la mirada es insolente, los dientes son de blancura deslumbrante, los labios los lleva siempre pintados, huele a almizcle. Viste con ostentación, en ropa de alto precio, con *chic,* pero con gusto exquisito. Sus manos y pies son una maravilla. Su voz es un contralto algo ronco. De vez en cuando ríe a carcajadas y muestra todos los dientes, pero por lo común su expresión es taciturna y descarada, al menos en presencia de Polina y de Marya Filippovna. (Rumor extraño: Marya Filippovna regresa a Rusia.) Sospecho que mademoiselle Blanche carece de instrucción; quizá incluso no sea inteligente, pero por otra parte es suspicaz y astuta. Se me antoja que en su vida no han faltado las aventuras. Para decirlo todo, puede ser que el marqués no sea pariente suyo y que la madre no tenga de tal más que el nombre. Pero hay prueba de que en Berlín, adonde fuimos con ellos, ella y su madre tenían amistades bastante decorosas. En cuanto al marqués, aunque sigo dudando de que sea marqués, es evidente que pertenece a la buena sociedad, según ésta se entiende, por ejemplo, en Moscú o en cualquier parte de Alemania. No sé qué será en Francia; se dice que tiene un *château.* He pensado que en estos quince días han pasado muchas cosas y, sin embargo, todavía no sé a ciencia cierta si entre mademoiselle Blanche y el general se ha dicho algo decisivo. En resumen, todo depende ahora de nuestra situación económica, es decir, de si el general puede mostrarles bastante dinero. Si, por ejemplo, llegara la noticia de que la abuela no ha muerto, estoy seguro de que mademoiselle Blanche desaparecería al instante. A mí mismo me sorprende y divierte lo chismorrero que he llegado a ser. ¡Oh, cómo me repugna todo esto! ¡Con qué placer mandaría a paseo a todos y todo! ¿Pero es que puedo apartarme de Polina? ¿Es que puedo renunciar a huronear en torno a ella? El espionaje es sin duda una bajeza, pero ¿a mí qué me importa?

Interesante también me ha parecido míster Astley ayer y hoy. Sí, tengo la seguridad de que está enamorado de Polina. Es curioso y divertido lo que puede expresar a veces la mirada tímida y mórbidamente casta de un hombre enamorado, sobre todo cuando ese hombre preferiría que se lo tragara la tierra a decir o sugerir nada con la lengua o los ojos. Míster Astley se encuentra con nosotros a menudo en los paseos. Se quita el sombrero y pasa de largo, devorado sin duda por el deseo de unirse a nuestro grupo. Si le invitan, rehúsa al instante. En los lugares de descanso, en el Casino, junto al quiosco de la música o junto a la fuente, se instala siempre no lejos de nuestro asiento; y dondequiera que estemos —en el parque, en el bosque, o en lo alto del Schlangenberg— basta levantar los ojos y mirar en torno para ver indefectiblemente —en la vereda más cercana o tras un arbusto— a míster Astley en su escondite. Sospecho que busca ocasión para hablar conmigo a solas. Esta mañana nos encontramos y cambiamos un par de palabras. A veces habla de manera sumamente inconexa. Sin darme los "buenos días" me dijo:

—¡Ah, mademoiselle Blanche! ¡He visto a muchas mujeres como mademoiselle Blanche!

Guardó silencio, mirándome con intención. No sé lo que quiso decir con ello, porque cuando le pregunté "¿y eso qué significa?", sonrió astutamente, sacudió la cabeza y añadió: "En fin, así es la vida. ¿Le gustan mucho las flores a mademoiselle Polina?".

—No sé; no tengo idea.

—¿Cómo? ¿Que no lo sabe? —gritó presa del mayor asombro.

—No lo sé. No me he fijado —repetí riendo.

—Hmm. Eso me da que pensar—. Inclinó la cabeza y prosiguió su camino. Pero tenía aspecto satisfecho. Estuvimos hablando en un francés de lo más abominable.

Capítulo 4

Hoy ha sido un día chusco, feo, absurdo. Son ahora las once de la noche. Estoy sentado en mi cuchitril y hago inventario de lo acaecido. Empezó con que por la mañana tuve que jugar a la ruleta por cuenta de Polina Aleksandrovna. Tomé sus ciento sesenta federicos de oro, pero bajo dos condiciones: Primera, que no jugaría a medias con ella, es decir, que si ganaba no aceptaría nada; y segunda, que esa noche Polina me explicaría por qué le era tan urgente ganar y exactamente cuánto dinero. Yo, en todo caso, no puedo suponer que sea sólo por dinero. Es evidente que lo necesita, y lo más pronto posible, para algún fin especial. Prometió explicármelo y me dirigí al Casino. En las salas de juego la muchedumbre era terrible. ¡Qué insolentes y codiciosos eran todos! Me abrí camino hasta el centro y me coloqué junto al *crupier*; luego empecé cautelosamente a "probar el juego" en posturas de dos o tres monedas. Mientras tanto observaba y tomaba nota mental de lo que veía; me pareció que la "combinación" no significa gran cosa y no tiene, ni con mucho, la importancia que le dan algunos jugadores. Se sientan con papeles llenos de garabatos, apuntan los aciertos, hacen cuentas, deducen las probabilidades, calculan, por fin realizan sus apuestas y... pierden igual que nosotros, simples mortales, que jugamos sin "combinación". Sin embargo, saqué una conclusión que me parece exacta: Aunque no hay, en efecto, sistema, existe no obstante, una especie de pauta en las probabilidades, lo que, por supuesto, es muy extraño. Ocurre, por ejemplo, que después de los doce números medios salen los doce últimos; dos veces —digamos— la bola cae en estos doce últimos y vuelve a los doce primeros. Una vez que ha caído en los doce primeros, vuelve otra vez a los doce medios, cae en ellos tres o cuatro veces seguidas y pasa de nuevo a los doce últimos; y de ahí, después de salir un par de veces, pasa de nuevo a los doce primeros, cae en ellos una vez y vuelve a desplazarse para caer tres veces en los números medios; y así sucesivamente durante la hora y media o dos horas. Uno, tres y dos; uno, tres y dos. Es muy divertido. Otro día, u otra mañana, ocurre, por ejemplo, que el rojo va seguido del negro y viceversa en giros consecutivos de la rueda sin orden ni concierto, hasta el punto de que no se dan más de dos o tres golpes seguidos en el rojo o en el negro. Otro día u otra noche no sale más que el rojo, llegando, por ejemplo, hasta más de veintidós veces seguidas, y así continúa infaliblemente durante un día entero. Mucho de esto me lo explicó míster Astley, quien pasó toda la mañana junto a las mesas de juego, aunque no hizo una sola apuesta. En cuanto a mí, perdí hasta el último kopek —y muy deprisa—. Para empezar puse veinte federicos de oro a los pares y gané, puse cinco y volví a ganar, y así dos o tres veces más. Creo que tuve entre manos unos cuatrocientos federicos de oro en unos cinco minutos. Debí haberme retirado entonces, pero en mí surgió una extraña sensación, una especie de reto a la suerte, un afán de mojarle la oreja, de sacarle la lengua. Apunté con la puesta más grande permitida, cuatro mil *gulden,* y perdí. Luego, enardecido, saqué todo lo que me quedaba, lo apunté al mismo número y volví a perder. Me aparté de la mesa como atontado. Ni siquiera entendía lo que me había pasado y no expliqué mis pérdidas a Polina Aleksandrovna hasta poco antes de la comida. Mientras tanto estuve vagando por el parque.

Durante la comida estuve tan animado como lo había estado tres días antes. El francés y mademoiselle Blanche comían una vez más con nosotros. Por lo visto, mademoiselle Blanche había estado aquella mañana en el Casino y había presenciado mis hazañas. En esta ocasión habló conmigo más atentamente que de costumbre. El francés se fue derecho al grano y me preguntó sin más si el dinero que había perdido era mío. Me pareció que sospechaba de Polina. En una palabra, ahí había gato encerrado. Contesté al momento con una mentira, diciendo que el dinero era mío.

El general quedó muy asombrado. ¿De dónde había sacado yo tanto dinero? Expliqué que había empezado con diez federicos de oro, y que seis o siete aciertos seguidos, doblando las apuestas, me habían proporcionado cinco o seis mil *gulden;* y que después lo había perdido todo en dos golpes.

Todo esto, por supuesto, era verosímil. Mientras lo explicaba miraba a Polina, pero no pude leer nada en su rostro. Sin embargo, me había dejado mentir y no me había corregido; de ello saqué la conclusión de que tenía que mentir y encubrir el hecho de haber jugado por cuenta de ella. En todo caso, pensé para mis adentros, está obligada a darme una explicación, y poco antes había prometido revelarme algo.

Yo pensaba que el general me haría alguna observación, pero guardó silencio; noté, sin embargo, por su cara, que estaba agitado e intranquilo.

Acaso, dados sus apuros económicos, le era penoso escuchar cómo un majadero manirroto como yo había ganado y perdido en un cuarto de hora ese respetable montón de oro.

Sospecho que anoche tuvo con el francés una acalorada disputa, porque estuvieron hablando largo y tendido a puerta cerrada. El francés se fue por lo visto irritado, y esta mañana temprano vino de nuevo a ver al general, probablemente para proseguir la conversación de ayer.

Habiendo oído hablar de mis pérdidas, el francés me hizo observar con mordacidad, más aún, con malicia, que era menester ser más prudente.

No sé por qué agregó que, aunque los rusos juegan mucho, no son siquiera, a su parecer, diestros en el juego.

—En mi opinión, la ruleta ha sido inventada sólo para los rusos —observé yo; y cuando el francés sonrió desdeñosamente al oír mi dictamen, dije que yo llevaba razón porque, cuando hablo de los rusos como jugadores, lo hago para insultarlos y no para alabarlos, y, por lo tanto, es posible creerme.

—¿En qué funda usted su opinión? —preguntó el francés.

—En que en el catecismo de las virtudes y los méritos del hombre civilizado de Occidente figura histórica y casi primordialmente la capacidad de adquirir capital. Ahora bien, el ruso no sólo es incapaz de adquirir capital, sino que lo derrocha sin sentido, indecorosamente. Lo que no quita que el dinero también nos sea necesario a los rusos —añadí—; por consiguiente, nos atraen y cautivan aquellos métodos, como, por ejemplo, la ruleta, con los cuales puede uno enriquecerse de repente, en dos horas, sin esfuerzo. Esto es para nosotros una gran tentación; y como jugamos sin sentido, sin esfuerzo, pues perdemos.

—Eso es hasta cierto punto verdad —subrayó el francés con fatuidad.

—No, eso no es verdad, y debería darle vergüenza hablar así de su patria —apuntó el general en tono severo y petulante.

—Perdón —le respondí—; en realidad no se sabe todavía qué es más repugnante: La perversión rusa o el método alemán de acumular dinero por medio del trabajo honrado.

—¡Qué idea tan indecorosa! —exclamó el general.

—¡Qué idea tan rusa! —exclamó el francés.

Yo me reí. Tenía unas ganas locas de azuzarlos.

—Yo prefiero con mucho vivir en tiendas de lona como un quirguiz a inclinarme ante el ídolo alemán.

—¿Qué ídolo? —gritó el general, que ya empezaba a sulfurarse en serio.

—El método alemán de acumular riqueza. No llevo aquí mucho tiempo, pero lo que hasta ahora vengo observando y comprobando subleva mi sangre tártara. ¡Juro por lo más sagrado que no quiero tales virtudes! Ayer hice un recorrido de unas diez verstas. Pues bien, todo coincide exactamente con lo que dicen esos librillos alemanes con estampas que enseñan moralidad. Aquí, en cada casa, hay un *Vater,* terriblemente virtuoso y extremadamente honrado. Tan honrado es que da miedo acercarse a él. Yo no puedo aguantar a las personas honradas a quienes no puede uno acercarse sin miedo. Cada uno de esos *Vater* tiene su familia, y durante las veladas toda ella lee en voz alta libros de sana doctrina. Sobre la casita murmuran los olmos y los castaños. Puesta de sol, cigüeña en el tejado, y todo es sumamente poético y conmovedor...

—No se enfade, general. Permítame contar algo todavía más conmovedor. Yo recuerdo que mi padre, que en paz descanse, también bajo los tilos, en el jardín, solía leernos a mi madre y a mí durante las veladas libros parecidos... Así pues, puedo juzgar con tino. Ahora bien, cada familia de aquí se halla en completa esclavitud y sumisión con respecto al *Vater.* Todos trabajan como bueyes y todos ahorran como judíos. Supongamos que el *Vater* ha acaparado ya tantos o cuantos *gulden* y que piensa traspasar al hijo mayor el oficio o la parcela de tierra; a ese fin, no se da una dote a la hija y ésta se queda para vestir santos; a ese fin, se vende al hijo menor como siervo o soldado y el dinero obtenido se agrega al capital doméstico. Así sucede aquí; me he enterado. Todo ello se hace por pura honradez, por la más rigurosa honradez, hasta el punto de que el hijo menor cree que ha sido vendido por pura honradez; vamos, que es ideal cuando la propia víctima se alegra de que la lleven al matadero. Bueno, ¿qué queda? Pues que incluso para el hijo mayor las cosas no van mejor: Allí cerca tiene a su Amalia, a la que ama tiernamente; pero no puede casarse porque aún no ha reunido bastantes *gulden*. Así pues, los dos esperan honesta y sinceramente y van al sacrificio con la sonrisa en los labios. A Amalia se le hunden las mejillas, enflaquece. Por fin, al cabo de veinte años aumenta la prosperidad; se han ido acumulando los *gulden* honesta y virtuosamente. El *Vater* bendice a su hijo mayor, que ha llegado a la cuarentena, y a Amalia, que con treinta y cinco años a cuestas tiene el pecho hundido y la nariz colorada... En tal ocasión echa unas lagrimitas, pronuncia una homilía y muere. El hijo mayor se convierte en virtuoso *Vater* y... vuelta a las andadas. De este modo, al cabo de cincuenta o sesenta años, el nieto del primer *Vater* junta, efectivamente, un capital considerable que lega a su hijo, éste al suyo, éste otro al suyo, y al cabo de cinco o seis generaciones sale un barón Rothschild o una Hoppe y compañía, o algo por el estilo. Bueno, señores, no dirán que no es un espectáculo majestuoso: Trabajo continuo durante uno o dos siglos, paciencia, inteligencia, honradez, fuerza de voluntad, constancia, cálculo, ¡y una cigüeña en el tejado! ¿Qué más se puede pedir? No hay nada que supere a esto, y con ese criterio los alemanes empiezan a juzgar a todos los que son un poco diferentes de ellos, y a castigarlos sin más. Bueno, señores, así es la cosa. Yo, por mi parte, prefiero armar una juerga a la rusa o hacerme rico con la ruleta. No me interesa llegar a ser Hoppe y compañía al cabo de cinco generaciones. Necesito el dinero para mí mismo y no me considero indispensable para nada ni subordinado al capital. Sé que he dicho un montón de tonterías, pero, en fin, ¿qué se le va a hacer? Ésas son mis convicciones.

—No sé si lleva usted mucha razón en lo que ha dicho —dijo pensativo el general—, pero lo que sí sé es que empieza a bufonear de modo inaguantable en cuanto se le da la menor oportunidad...

Según costumbre suya, no acabó la frase. Si nuestro general se ponía a hablar de un tema algo más importante que la conversación cotidiana, nunca terminaba sus frases. El francés escuchaba distraídamente, con los ojos algo saltones. No había entendido casi nada de lo que yo había dicho. Polina miraba la escena con cierta indiferencia altiva. Parecía no haber oído mis palabras ni nada de lo que se había dicho a la mesa.

Capítulo 5

Estaba más absorta que de ordinario, pero no bien nos levantamos de la mesa me mandó que fuera con ella de paseo. Recogimos a los niños y nos dirigimos a la fuente del parque.

Como me encontraba sobremanera agitado, pregunté estúpida y groseramente por qué el marqués Des Grieux, nuestro francés, no sólo no la acompañaba ahora cuando iba a algún sitio, sino que ni hablaba con ella durante días enteros.

—Porque es un canalla —fue la extraña contestación. Hasta ahora, nunca la había oído hablar en esos términos de Des Grieux. Guardé silencio, por temor a comprender su irritación.

—¿Ha notado que hoy no se llevaba bien con el general?

—¿Quiere usted saber de qué se trata? —respondió con tono seco y enojado—. Usted sabe que el general lo tiene todo hipotecado con el francés; toda su hacienda es de él, y si la abuela no muere, el francés entrará en posesión de todo lo hipotecado.

—¡Ah! ¿Conque es verdad que todo está hipotecado? Lo había oído decir, pero no lo sabía de cierto.

—Pues sí.

—Si es así, adiós a mademoiselle Blanche —dije yo—. En tal caso no será generala. ¿Sabe? Me parece que el general está tan enamorado que puede pegarse un tiro si mademoiselle Blanche le da esquinazo. Enamorarse así a sus años es peligroso.

—A mí también me parece que algo le ocurrirá —apuntó pensativa Polina Aleksandrovna.

—¡Y qué estupendo sería! —exclamé—. No hay manera más burda de demostrar que iba a casarse con él sólo por dinero. Aquí ni siquiera se han observado las buenas maneras; todo ha ocurrido sin ceremonia alguna. ¡Cosa más rara! Y en cuanto a la abuela, hay algo más grotesco e indecente que mandar telegrama tras telegrama preguntando: ¿Ha muerto? ¿ha muerto?¿Qué le parece, Polina Aleksandrovna?

—Todo eso es una tontería —respondió con repugnancia, interrumpiéndome—. Pero me asombra que esté usted de tan buen humor. ¿Por qué está contento? ¿No será por haber perdido mi dinero?

—¿Por qué me lo dio para que lo perdiera? Ya le dije que no puedo jugar por cuenta de otros y mucho menos por la de usted. Obedezco en todo aquello que usted me mande; pero el resultado no depende de mí. Ya le advertí que no resultaría nada positivo. Dígame, ¿le duele haber perdido tanto dinero? ¿Para qué necesita tanto?

—¿A qué vienen estas preguntas?

—¡Pero si usted misma prometió explicarme...! Mire, estoy plenamente seguro de que ganaré en cuanto empiece a jugar por mi cuenta (y tengo doce federicos de oro). Entonces pídame cuanto necesite.

Hizo un gesto de desdén.

—No se enfade conmigo —proseguí— por esa propuesta. Estoy tan convencido de que no soy nada para usted, es decir, de que no soy nada a sus ojos, que puede usted incluso tomar dinero de mí. No tiene usted por qué ofenderse de un regalo mío. Además, he perdido su dinero.

Me lanzó una rápida ojeada y, notando que yo hablaba en tono irritado y sarcástico, interrumpió de nuevo la conversación.

—No hay nada que pueda interesarle en mis circunstancias. Si quiere saberlo, es que tengo deudas. He pedido prestado y quisiera devolverlo. He tenido la idea extraña y temeraria de que aquí ganaría irremisiblemente al juego. No sé por qué he tenido esta idea, pero he creído en ella porque no me quedaba otra alternativa.

—O porque era absolutamente *necesario* ganar. Por lo mismo que el que se ahoga se agarra a una paja. Confiese que si no se ahogara, no creería que una paja es una rama de árbol.

Polina se mostró sorprendida.

—¡Cómo! —exclamó—. ¡Pero si usted también pone sus esperanzas en lo mismo! Hace quince días me dijo usted con muchos pormenores que estaba completamente convencido de que ganaría aquí a la ruleta, y trató de persuadirme de que no le tuviera por loco. ¿Hablaba usted en broma entonces? Recuerdo que hablaba usted con tal seriedad que era imposible creer que era guasa.

—Es cierto —repliqué pensativo—. Todavía tengo la certeza absoluta de que ganaré. Confieso que me lleva usted ahora a hacerme una pregunta: ¿Por qué la pérdida estúpida y vergonzosa de hoy no ha dejado en mí duda alguna? Sigo creyendo a pies juntillas que tan pronto como empiece a jugar por mi cuenta ganaré sin falta.

—¿Por qué está tan absolutamente convencido?

—Si puede creerlo, no lo sé. Sólo sé que me es *preciso* ganar, que ésta es también mi única salida. He aquí quizá por qué tengo que ganar irremisiblemente, o así me lo parece.

—Es decir, que también es *necesario* para usted, si está tan fanáticamente seguro.

—Apuesto a que duda de que soy capaz de sentir una necesidad seria.

—Me es igual —contestó Polina en voz baja e indiferente—. Bueno, si quiere, sí. Dudo que nada serio le traiga a usted de cabeza. Usted puede atribularse, pero no en serio. Es usted un hombre desordenado, inestable. ¿Para qué quiere el dinero? Entre las razones que adujo usted entonces, no encontré ninguna seria.

—A propósito —interrumpí—, decía usted que necesitaba pagar una deuda. ¡Bonita deuda será! ¿No es con el francés?

—¿Qué preguntas son éstas? Hoy está usted más impertinente que de costumbre. ¿No está borracho?

—Ya sabe que me permito hablar de todo y que pregunto a veces con la mayor franqueza. Repito que soy su esclavo y que no importa lo que dice un esclavo. Además, un esclavo no puede ofender.

—¡Tonterías! No puedo aguantar esa teoría suya sobre la "esclavitud".

—Fíjese que no hablo de mi esclavitud porque me guste ser su esclavo. Hablo de ella como de un simple hecho que no depende de mí.

—Diga sin rodeos, ¿por qué necesita dinero?

—Y usted, ¿por qué quiere saberlo?

—Como guste —respondió con un movimiento orgulloso de la cabeza.

—No puede usted aguantar la teoría de la esclavitud, pero exige esclavitud: "¡Responder y no razonar!". Bueno, sea. ¿Por qué necesito dinero, pregunta usted? ¿Cómo que por qué? El dinero es todo.

—Comprendo, pero no hasta el punto de caer en tal locura por el deseo de tenerlo. Porque usted llega hasta el frenesí, hasta el fatalismo. En ello hay algo, algún motivo especial. Dígalo sin ambages. Lo quiero.

Empezaba por lo visto a enfadarse y a mí me agradaba mucho que me preguntara con acaloramiento.

—Claro que hay un motivo —dije—, pero temo no saber cómo explicarlo. Sólo que con el dinero seré para usted otro hombre, y no un esclavo.

—¿Cómo? ¿Cómo conseguirá usted eso?

—¿Que cómo lo conseguiré? ¿Conque usted no concibe siquiera que yo pueda conseguir que no me mire como a un esclavo? Pues bien, eso es lo que no quiero, esa sorpresa, esa perplejidad.

—Usted decía que consideraba esa esclavitud como un placer. Así lo pensaba yo también.

—Así lo pensaba usted —exclamé con extraño deleite—. ¡Ah, qué deliciosa es esa ingenuidad suya! ¡Conque sí, sí, usted mira mi esclavitud como un placer! Hay placer, sí, cuando se llega al colmo de la humildad y la insignificancia —continué en mi delirio—. ¿Quién sabe? Quizá lo haya también en el *knut* cuando se hunde en la espalda y arranca tiras de carne... Pero quizá quiero probar otra clase de placer. Hoy, a la mesa, en presencia de usted, el general me predicó un sermón a cuenta de los setecientos rublos anuales que ahora puede que no me pague. El marqués Des Grieux me mira alzando las cejas, y ni me ve siquiera. Y yo, por mi parte, quizá tenga un deseo vehemente de tirar de la nariz al marqués Des Grieux en presencia de usted.

—Palabras propias de un mocosuelo. En toda situación es posible comportarse con dignidad. Si hay lucha, que sea noble y no humillante.

—Eso viene derechito de un manual de caligrafía. Usted supone sin más que no sé portarme con dignidad. Es decir, que podré ser un hombre digno, pero que no sé portarme con dignidad. Comprendo que quizá sea verdad. Sí, todos los rusos son así y le diré por qué: Porque los rusos están demasiado bien dotados, son demasiado versátiles, para encontrar de momento una forma de la buena crianza. Es cuestión de forma. La mayoría de nosotros, los rusos, estamos tan bien dotados que necesitamos genio para lograr una forma de la buena crianza. Ahora bien, lo que más a menudo falta es el genio, porque en general se da raramente. Sólo entre los franceses, y quizá entre algunos otros europeos, está tan bien definida la buena crianza que una persona puede tener un aspecto dignísimo y ser totalmente indigna. De ahí que la forma signifique tanto para ellos. El francés aguanta un insulto, un insulto auténtico y directo, sin pestañear, pero no tolerará un papirotazo en la nariz, porque ello es una violación de la forma recibida y consagrada de la buena crianza. De ahí la afición de nuestras mocitas rusas a los franceses, porque los modales de éstos son impecables. A mi modo de ver, sin embargo, no tienen buena crianza, sino sólo *"gallo", le coq gaulois.* Pero claro, yo no comprendo eso porque no soy mujer. Quizá los gallos tienen también buenos modales. Está visto que estoy desbarrando y que no me para usted los pies. Interrúmpame más a menudo. Cuando hablo con usted quiero decirlo todo, todo, todo. Pierdo todo sentido de lo que son los buenos modales; hasta convengo en que no sólo no tengo buenos modales, sino ni dignidad siquiera. Se lo explicaré. No me preocupo en lo más mínimo de las cualidades morales. Ahora en mí todo está como detenido. Usted misma sabe por qué. No tengo en la cabeza un solo pensamiento humano. Hace ya mucho que no sé lo que sucede en el mundo, ni en Rusia ni aquí. He pasado por Dresde y ni recuerdo cómo es Dresde. Usted misma sabe lo que me ha sorbido el seso. Como no abrigo ninguna esperanza y soy un cero a los ojos de usted, hablo sin rodeos. Dondequiera que estoy sólo la veo a usted, y lo demás me importa un comino. No sé por qué ni cómo la quiero. ¿Sabe? Quizá no tiene usted nada de guapa. Figúrese que ni tengo idea de si es usted hermosa de cara. Su corazón, huelga decirlo, no tiene nada de hermoso y acaso sea usted innoble de espíritu.

—¿Es por eso que quiere usted comprarme con dinero? —preguntó—. ¿Porque no cree en mi nobleza de espíritu?

—¿Cuándo he pensado en comprarla con dinero? —grité.

—Se le ha ido la lengua y ha perdido el hilo. Si no comprarme a mí misma, sí piensa comprar mi respeto con dinero.

—¡Que no, de ningún modo! Ya le he dicho que me cuesta trabajo explicarme. Usted me abruma. No se enfade con mi cháchara. Usted comprende por qué no vale la pena enojarse conmigo: Estoy sencillamente loco. Pero, por otra parte, me da lo mismo que se enfade usted. Allá arriba, en mi cuchitril, me basta sólo recordar e imaginar el rumor del vestido de usted y ya estoy para morderme las manos. ¿Y por qué se enfada conmigo? ¿Porque me llamo su esclavo? ¡Aprovéchese, aprovéchese de mi esclavitud, aprovéchese de ella! ¿Sabe que la mataré algún día? Y no la mataré por haber dejado de quererla, ni por celos; la mataré sencillamente porque siento ganas de comérmela. Usted se ríe...

—No me río, no, señor —dijo indignada—. Le mando que se calle.

Se detuvo, con el aliento entrecortado por la ira. ¡Por Dios vivo que no sé si era hermosa! Lo que si sé es que me gustaba mirarla cuando se encaraba conmigo así, por lo que a menudo me agradaba provocar su enojo. Quizá ella misma lo notaba y se enfadaba de propósito. Se lo dije.

—¡Qué porquería! —exclamó con repugnancia.

—Me es igual —proseguí—. Sepa que hay peligro en que nos paseemos juntos; más de una vez he sentido el deseo irresistible de golpearla, de desfigurarla, de estrangularla. ¿Y cree usted que las cosas no llegarán a ese extremo? Usted me lleva hasta el arrebato. ¿Cree que temo el escándalo? ¿El enojo de usted? ¿Y a mí qué me importa su enojo? Yo la quiero sin esperanza y sé que después de esto la querré mil veces más. Si algún día la mato tendré que matarme yo también (ahora bien, retrasaré el matarme lo más posible para sentir el dolor intolerable de no tenerla). ¿Sabe usted una cosa increíble? Que con cada día que pasa la quiero a usted más, lo que es casi imposible. Y después de esto, ¿cómo puedo dejar de ser fatalista? Recuerde que anteayer, provocado por usted, le dije en el Schlangenberg que con sólo pronunciar usted una palabra me arrojaría al abismo. Si la hubiera pronunciado me habría lanzado. ¿No cree usted que lo hubiera hecho?

—¡Qué cháchara tan estúpida! —exclamó.

—Me da igual que sea estúpida o juiciosa —respondí—. Lo que sé es que en presencia de usted necesito hablar, hablar, hablar... y hablo. Ante usted pierdo por completo el amor propio y todo me da lo mismo.

—¿Y con qué razón le mandaría tirarse desde el Schlangenberg? Eso para mí no tendría ninguna utilidad.

—¡Magnífico! —exclamé—. De propósito, para aplastarme, ha usado usted esa magnífica expresión "ninguna utilidad". Para mí es usted transparente. ¿Dice que "ninguna utilidad"? La satisfacción es siempre útil; y el poder feroz sin cortapisas, aunque sea sólo sobre una mosca, es también una forma especial de placer. El ser humano es déspota por naturaleza y muy aficionado a ser verdugo. Usted lo es en alto grado.

Recuerdo que me miraba con atención reconcentrada. Mi rostro, por lo visto, expresaba en ese momento todos mis sentimientos absurdos e incoherentes. Recuerdo todavía que nuestra conversación de entonces fue en efecto, casi palabra por palabra, como aquí queda descrita. Mis ojos estaban inyectados de sangre. En las comisuras de mis labios espumajeaba la saliva. Y en lo tocante al Schlangenberg, juro por mi honor, aun en este instante, que si me hubiera mandado que me tirara ¡me hubiera tirado! Aunque ella sólo lo hubiera dicho en broma, por desprecio, escupiendo las palabras, ¡me hubiera tirado entonces!

—No, pero sí le creo —concedió, pero de la manera en que a veces ella se expresa, con tal desdén, con tal rencor, con tal altivez, que vive Dios que podría matarla en ese momento. Ella cortejaba el peligro. Yo tampoco mentía al decírselo.

—¿Usted no es cobarde? —me preguntó de pronto.

—No sé; quizá lo sea. No sé...; hace tiempo que no he pensado en ello.

—Si yo le dijera: "Mate a esa persona", ¿la mataría usted?

—¿A quién?

—A quien yo quisiera.

—¿Al francés?

—No pregunte. Conteste. A quien yo le indicara. Quiero saber si hablaba usted en serio hace un momento. —Aguardaba la contestación con tal seriedad e impaciencia que todo ello me pareció un tanto extraño.

—¡Pero acabemos, dígame qué es lo que pasa aquí! —exclamé—. ¿Es que me teme usted? Veo bien la confusión que reina aquí. Usted es hijastra de un hombre loco y arruinado, a quien ha envenenado la pasión por ese diablo de mujer, Blanche. Luego está ese francés con su misteriosa influencia sobre usted y he aquí que ahora me hace usted seriamente una pregunta... insólita. Por lo menos tengo que saber qué hay; de lo contrario me haré un lío y meteré la pata. ¿O es que le da a usted vergüenza de honrarme con su franqueza? ¿Pero es posible que tenga usted vergüenza de mí?

—No le hablo a usted en absoluto de eso. Le he hecho una pregunta y espero contestación.

—Claro que mataría a quien me mandara usted —exclamé—, pero ¿es posible que... es posible que usted mande tal cosa?

—¿Qué se cree? ¿Que le tendré lástima? Se lo mandaré y escurriré el bulto. ¿Aguantará eso? ¡Claro que no podrá aguantarlo! Puede que matara usted cumpliendo la orden, pero vendría a matarme a mí por haberme atrevido a dársela.

Tales palabras me dejaron casi atontado. Por supuesto, yo pensaba que me hacía la pregunta medio en broma, para provocarme, pero había hablado con demasiada seriedad. De todos modos, me asombró que se expresara así, que tuviera tales derechos sobre mi persona, que consintiera en ejercer tal ascendiente sobre mí y que dijera tan sin rodeos: "Ve a tu perdición, que yo me echaré a un lado". En esas palabras había tal cinismo y desenfado que la cosa pasaba de castaño oscuro. Porque, vamos a ver, ¿qué opinión tenía de mí? Esto rebasaba los límites de la esclavitud y la humillación. Opinar así de un hombre es ponerlo al nivel de quien opina. Y a pesar de lo absurdo e inverosímil de nuestra conversación, el corazón me temblaba.

De pronto soltó una carcajada. Estábamos sentados en el banco, junto a los niños, que seguían jugando, de cara al lugar donde se detenían los carruajes para que se apeara la gente en la avenida que había delante del Casino.

—¿Ve usted a esa baronesa gorda? —preguntó—. Es la baronesa Burmerhelm. Llegó hace sólo tres días. Mire a su marido: Ese prusiano seco y larguirucho con un bastón en la mano. ¿Recuerda cómo nos miraba anteayer? Vaya usted al momento, acérquese a la baronesa, quítese el sombrero y dígale algo en francés.

—¿Para qué?

—Usted juró que se tiraría desde lo alto del Schlangenberg. Usted jura que está dispuesto a matar si se lo ordeno. En lugar de muertes y tragedias quiero sólo pasar un buen rato. Hala, vaya, no hay pero que valga. Quiero ver cómo le apalea a usted el barón.

—Usted me provoca. ¿Cree que no lo haré?

—Sí, le provoco. Vaya. Así lo quiero.

—Perdone, voy, aunque es un capricho absurdo. Sólo una cosa: ¿Qué hacer para que el general no se lleve un disgusto o no se lo dé a usted? Palabra que no me preocupo por mí, sino por usted... y, bueno, por el general. ¿Y qué antojo es éste de ir a insultar a una mujer?

—Ya veo que se le va a usted la fuerza por la boca —dijo con desdén—. Hace un momento tenía usted los ojos inyectados de sangre, pero quizá sólo porque había bebido demasiado vino con la comida. ¿Cree que no me doy cuenta de que esto es estúpido y grosero y que el general se va a enfadar? Quiero sencillamente reírme; lo quiero y basta. ¿Y para qué insultar a una mujer? Para que cuanto antes le den a usted una paliza.

Giré sobre los talones y en silencio fui a cumplir su encargo. Sin duda era una acción estúpida, y por supuesto no sabía cómo evitarla, pero recuerdo que cuando me acercaba a la baronesa algo en mí parecía azuzarme, algo así como la picardía de un colegial. Me sentía totalmente desquiciado, igual que si estuviera borracho.

Capítulo 6

Han pasado ya veinticuatro horas desde ese día estúpido, ¡y cuánto jaleo, escándalo, *bulle-bulle* y aspaviento! ¡Qué confusión, qué embrollo, qué necedad, qué ordinariez ha habido en esto, de todo lo cual he sido yo la causa! A veces, sin embargo, me parece cosa de risa, a mí por lo menos. No consigo explicarme lo que me sucedió: ¿Estaba, en efecto, fuera de mí o simplemente me salí un momento del carril y me porté como un patán merecedor de que lo aten? A veces me parece que estoy ido de la cabeza, pero otras creo que soy un chicuelo no muy lejos todavía de la banca de la escuela, y que lo que hago son sólo burdas chiquilladas de escolar.

Ha sido Polina, todo ello ha sido obra de Polina. Sin ella no hubiera habido esas travesuras. ¡Quién sabe! Acaso lo hice por desesperación (por muy necio que parezca suponerlo). No comprendo, no comprendo en qué consiste su atractivo. En cuanto a hermosa, lo es, debe serlo, porque vuelve locos a otros hombres. Alta y bien plantada, sólo que muy delgada. Tengo la impresión de que puede hacerse un nudo con ella o plegarla en dos.

Su pie es largo y estrecho —una tortura, eso es, una tortura—. Su pelo tiene un ligero tinte rojizo. Los ojos, auténticamente felinos ¡y con qué orgullo y altivez sabe mirar con ellos! Hace cuatro meses, a raíz de mi llegada, estaba ella hablando una noche en la sala con Des Grieux. La conversación era acalorada. Y ella le miraba de tal modo... que más tarde, cuando fui a acostarme, saqué la conclusión de que acababa de darle una bofetada. Estaba de pie ante él y mirándole... Desde esa noche la quiero.

Pero vamos al caso.

Por una vereda entré en la avenida, me planté en medio de ella y me puse a esperar al barón y a la baronesa. Cuando estuvieron a cinco pasos de mí me quité el sombrero y me incliné.

Recuerdo que la baronesa llevaba un vestido de seda de mucho vuelo, gris oscuro, con volante de crinolina y cola. Era mujer pequeña y de corpulencia poco común, con una papada gruesa y colgante que impedía verle el cuello. Su rostro era de un rojo subido; los ojos eran pequeños, malignos e insolentes. Caminaba como si tuviera derecho a todos los honores. El marido era alto y seco. Como ocurre a menudo entre los alemanes, tenía la cara torcida y cubierta de un sinfín de pequeñas arrugas. Usaba lentes. Tendría unos cuarenta y cinco años. Las piernas casi le empezaban en el pecho mismo, señal de casta. Ufano como pavo real. Un tanto desmañado. Había algo de carnero en la expresión de su rostro que alguien podría tomar por sabiduría.

Todo esto cruzó ante mis ojos en tres segundos.

Mi inclinación de cabeza y mi sombrero en la mano atrajeron poco a poco la atención de la pareja. El barón contrajo ligeramente las cejas. La baronesa navegaba derecha hacia mí.

—*Madame la baronne* —articulé claramente en voz alta, acentuando cada palabra—, *j'ai l'honneur d'être votre esclave.*

Me incliné, me puse el sombrero y pasé junto al barón, volviendo mi rostro hacia él y sonriendo cortésmente.

Polina me había ordenado que me quitara el sombrero, pero la inclinación de cabeza y el resto de la faena eran de mi propia cosecha. El diablo sabe lo que me impulsó a hacerlo. Fue sencillamente un patinazo.

–*Hein!* –gritó o, mejor dicho, graznó el barón, volviéndose hacia mí con mortificado asombro.

Yo también me volví y me detuve en respetuosa espera, sin dejar de mirarle y sonreír. Él, por lo visto, estaba perplejo y alzó desmesuradamente las cejas. Su rostro se iba entenebreciendo. La baronesa se volvió también hacia mí y me miró asimismo con irritada sorpresa. Algunos de los transeúntes se pusieron a observarnos. Otros hasta se detuvieron.

–*Hein!* –graznó de nuevo el barón, con redoblado graznido y redoblada furia.

–*Ja wohl* –dije yo arrastrando las sílabas sin apartar mis ojos de los suyos.

–*Sind Sie rasend?* –gritó enarbolando el bastón y empezando por lo visto a acobardarse. Quizá le desconcertaba mi atavío. Yo estaba vestido muy pulcramente, hasta con atildamiento, como hombre de la mejor sociedad.

–*Ja wo-o-ohl!* –exclamé de pronto a voz en cuello, arrastrando la "o" a la manera de los berlineses, quienes a cada instante introducen en la conversación las palabras *ja wohl*, alargando más o menos la "o" para expresar diversos matices de pensamiento y emoción.

El barón y la baronesa, atemorizados, giraron sobre sus talones rápidamente y casi salieron huyendo. De los circunstantes, algunos hacían comentarios y otros me miraban estupefactos. Pero no lo recuerdo bien.

Yo di la vuelta y a mi paso acostumbrado me dirigí a Polina Aleksandrovna; pero aún no había cubierto cien pasos de la distancia que me separaba de su banca cuando vi que se levantaba y se encaminaba con los niños al hotel.

La alcancé en la escalinata.

–He llevado a cabo... la payasada –dije cuando estuve a su lado.

–Bueno, ¿y qué? Ahora arrégleselas como pueda –respondió sin mirarme y se dirigió a la escalera.

Toda esa tarde estuve paseando por el parque. Atravesándolo y atravesando después un bosque, llegué a un principado vecino. En una cabaña tomé unos huevos revueltos y vino. Por este idilio me cobraron nada menos que un tálero y medio.

Eran ya las once cuando regresé a casa. Enseguida vinieron a buscarme porque me llamaba el general.

Nuestra gente ocupa en el hotel dos apartamentos con un total de cuatro habitaciones. La primera es grande, un salón con piano. Junto a ella hay otra, amplia, que es el gabinete del general, y en el centro de ella me estaba esperando éste de pie, con actitud majestuosa. Des Grieux estaba arrebañado en un diván.

—Permítame preguntarle, señor mío, qué ha hecho usted —dijo para empezar el general, volviéndose hacia mí.

—Desearía, general, que me dijera sin rodeos lo que tiene que decirme. ¿Usted probablemente quiere aludir a mi encuentro de hoy con cierto alemán?

—¿Con cierto alemán? Ese alemán es el barón Burmerhelm, un personaje importante, señor mío. Usted se ha portado groseramente con él y con la baronesa.

—No, señor, nada de eso.

—Los ha asustado usted.

—Repito que no, señor. Cuando estuve en Berlín me chocó oír constantemente tras cada palabra la expresión *ja wohl!* que allí pronuncian arrastrándola de una manera desagradable. Cuando tropecé con ellos en la avenida me acordé de pronto, no sé por qué, de ese *ja wohl!* y el recuerdo me irritó... Sin contar que la baronesa, tres veces ya, al encontrarse conmigo, tiene la costumbre de venir directamente hacia mí, como si yo fuera un gusano que se puede aplastar con el pie. Convenga en que yo también puedo tener amor propio. Me quité el sombrero y cortésmente (le aseguro que cortésmente) le dije: *Madame, j'ai l'honneur d'étre votre esclave*. Cuando el barón se volvió y gritó *hein!*, de repente me dieron ganas de gritar *ja wohl*. Lo grité dos veces: La primera, de manera corriente, y la segunda, arrastrando la frase lo más posible. Eso es todo.

Confieso que quedé muy contento de esta explicación, propia de un mozalbete. Deseaba ardientemente alargar esta historia de la manera más absurda posible.

—¿Se ríe usted de mí? —exclamó el general. Se volvió al francés y le dijo en francés que yo, sin duda, insistía en dar un escándalo. Des Grieux se rió desdeñosamente y se encogió de hombros.

—¡Oh, no lo crea! ¡No es así ni mucho menos! —exclamé—; mi proceder, por supuesto, no ha sido bonito, y lo reconozco con toda franqueza. Cabe incluso decir que ha sido una majadería, una travesura de colegial, pero nada más. Y sepa usted, general, que me arrepiento de todo corazón. Pero en ello hay una circunstancia que, a mi modo de ver, casi me exime del arrepentimiento. Recientemente, en estas últimas dos o tres semanas, no estoy bien: Me siento enfermo, nervioso, irritado, antojadizo, y en más de una ocasión pierdo por completo el dominio sobre mí mismo. A decir verdad, algunas veces he sentido el deseo vehemente de abalanzarme sobre el marqués Des Grieux y... en fin, no hay por qué acabar la frase; podría ofenderse. En suma, son síntomas de una enfermedad. No sé si la baronesa Burmerhelm tomará en cuenta esta circunstancia cuando le presente mis excusas (porque tengo la intención de presentarle mis excusas). Sospecho que no, que últimamente se ha empezado a abusar de esta circunstancia en el campo jurídico. En las causas criminales, los abogados tratan a menudo de justificar a sus clientes alegando que en el momento de cometer el delito no se acordaban de nada, lo que bien pudiera ser una especie de enfermedad: "Asestó el golpe —dicen— y no recuerda nada". Y figúrese, general, que la medicina les da la razón, que efectivamente corrobora la existencia de tal enfermedad, de una ofuscación pasajera en que el individuo no recuerda casi nada, o recuerda la mitad o la cuarta parte de lo sucedido. Pero el barón y la baronesa son gentes chapadas a la antigua, sin contar que son *junker* prusianos y terratenientes. Lo probable es que todavía ignoren ese progreso en el campo de la medicina legal y que, por lo tanto, no acepten mis explicaciones. ¿Qué piensa usted, general?

—¡Basta, caballero! —dijo el general en tono áspero y con indignación mal contenida—. ¡Basta ya! Voy a intentar de una vez para siempre librarme de sus chiquilladas. No presentará usted sus excusas a la baronesa y al barón. Toda relación con usted, aunque sea sólo para pedirles perdón, será humillante para ellos. El barón, al enterarse de que pertenece usted a mi casa, ha tenido una conversación conmigo en el Casino, y confieso que faltó poco para que me pidiera una satisfacción. ¿Se da usted cuenta de la situación en que me ha puesto usted a mí, a mí, señor mío? Yo, yo mismo he tenido que pedir perdón al barón y darle mi palabra de que enseguida, hoy mismo, dejará usted de pertenecer a mi casa...

—Un momento, un momento, general, ¿conque ha sido él mismo quien ha exigido que yo deje de pertenecer a la casa de usted, para usar la frase de que usted se sirve?

—No, pero yo mismo me consideré obligado a darle esa satisfacción y, por supuesto, el barón quedó satisfecho. Nos vamos a separar, señor mío. A usted le corresponde percibir de mí estos cuatro federicos de oro y tres florines, según el cambio vigente. Aquí está el dinero y un papel con la cuenta; puede usted comprobar la suma. Adiós. De ahora en adelante somos extraños uno para el otro. Salvo inquietudes y molestias, no le debo a usted nada más. Voy a llamar al hotelero para informarle que desde mañana no respondo de los gastos de usted en el hotel. Servidor de usted.

Tomé el dinero y el papel en que estaba apuntada la cuenta con lápiz, me incliné ante el general y le dije muy seriamente:

—General, el asunto no puede acabar así. Siento mucho que haya tenido usted un disgusto con el barón, pero, con perdón, usted mismo tiene la culpa de ello. ¿Por qué se le ocurrió responder de mí ante el barón? ¿Qué quiere decir eso de que pertenezco a la casa de usted? Yo soy sencillamente un tutor en casa de usted, nada más. No soy hijo de usted, no estoy bajo su tutela y no puede usted ser responsable de mis acciones. Soy persona jurídicamente competente. Tengo veinticinco años, poseo el título de licenciado, soy de familia noble y enteramente extraño de usted. Sólo la profunda estima que profeso a su dignidad me impide exigirle ahora una satisfacción y pedirle, además, que explique por qué se arrogó el derecho de contestar por mí al barón.

El general quedó tan estupefacto que puso los brazos en cruz, se volvió de repente al francés y apresuradamente le hizo saber que yo casi le había retado a un duelo. El francés lanzó una estrepitosa carcajada.

—Al barón, sin embargo, no pienso soltarle así como así —proseguí con toda sangre fría, sin hacer el menor caso de la risa de M. Des Grieux—; y ya que usted, general, al acceder hoy a escuchar las quejas del barón y tomar su partido, se ha convertido, por así decirlo, en partícipe de este asunto, tengo el honor de informarle que mañana por la mañana a lo más tardar exigiré del barón, en mi propio nombre, una explicación en debida forma de por qué, siendo yo la persona con quien tenía que tratar, me pasó por alto para tratar con otra, como si yo no fuera digno o no pudiera responder por mí mismo.

Sucedió lo que había previsto. El general, al oír esta nueva majadería, se acobardó horriblemente.

—¿Cómo? ¿Es posible que se empeñe todavía en prolongar este condenado asunto? —exclamó—. ¡Ay, Dios mío! ¿Pero qué hace usted conmigo? ¡No se atreva usted, no se atreva, señor mío, o le juro que...! También aquí hay autoridades y yo... yo... por mi posición social... y el barón también.... en una palabra, que lo detendrán a usted y que la policía le expulsará de aquí para que no alborote. ¡Téngalo presente! —Y si bien hablaba con voz entrecortada por la ira, estaba terriblemente acobardado.

—General —respondí con calma que le resultaba intolerable—, no es posible detener a nadie por alboroto hasta que el alboroto mismo se produzca. Todavía no he iniciado mis explicaciones con el barón y usted no sabe en absoluto de qué manera y sobre qué supuestos pienso proceder en este asunto. Sólo deseo esclarecer la suposición, que estimo injuriosa para mí, de que me encuentro bajo la tutela de una persona que tiene dominio sobre mi libertad de acción. No tiene usted, pues, por qué preocuparse o alarmarse.

—¡Por Dios santo, por Dios santo, Aleksei Ivanovich, abandone ese propósito insensato! —murmuró el general, cambiando súbitamente su tono airado en otro de súplica, e incluso tomándome de las manos—. ¡Imagínese lo que puede resultar de esto! ¡Más disgustos! ¡Usted mismo convendrá en que debo conducirme aquí de una manera especial, sobre todo ahora!... ¡sobre todo ahora!... ¡Ay, usted no conoce, no conoce, todas mis circunstancias! Cuando nos vayamos de aquí estoy dispuesto a contratarle de nuevo. Hablaba sólo de ahora... en fin, ¡usted conoce los motivos! —gritó desesperado—. ¡Aleksei Ivanovich, Aleksei Ivanovich!

Una vez más, desde la puerta, le dije con voz firme que no se preocupara, le prometí que todo se haría pulcra y decorosamente, y me apresuré a salir.

A veces los rusos que están en el extranjero se muestran demasiado pusilánimes, temen sobremanera el qué dirán, la manera cómo la gente los mira, y se preguntan si es decoroso hacer esto o aquello; en fin, viven como encorsetados, sobre todo cuando aspiran a distinguirse. Lo que más les agrada es cierta pauta preconcebida, establecida de una vez para siempre, que aplican servilmente en los hoteles, en los paseos, en las reuniones, cuando van de viaje... Ahora bien, al general se le escapó sin querer el comentario de que, además de eso, había otras circunstancias particulares, de que le era preciso "conducirse de manera algo especial". De ahí que se apocara tan de repente y cambiara de tono conmigo. Yo lo observé y tomé nota mental de ello. Y como, sin duda, por pura necedad, él podía apelar mañana a las autoridades, me era preciso tomar precauciones. Por otra parte, yo en realidad no quería enfurecer al general; pero sí quería enfurecer a Polina. Polina me había tratado tan cruelmente, me había puesto en situación tan estúpida que quería obligarla a que me pidiera ella misma que cesara en mis actos. Mis travesuras podían llegar a comprometerla, sin contar que en mí iban surgiendo otras emociones y apetencias; porque si ante ella me veo reducido voluntariamente a la nada, eso no significa que sea un "gallina" ante otras gentes, ni por supuesto que pueda el barón "darme de bastonazos". Lo que yo deseaba era reírme de todos ellos y salir victorioso en este asunto. ¡Que mirasen bien! Quizá ella se asustaría y me llamaría de nuevo. Y si no lo hacía, vería de todos modos que no soy un "gallina".

(Noticia sorprendente. Acaba de decirme la niñera, con quien he tropezado en la escalera, que Marya Filippovna ha salido sola, en el tren de esta noche, para Karlsbad, con el fin de visitar a una prima suya. ¿Qué significa esto? La niñera dice que venía preparando el viaje desde hacía tiempo, pero ¿cómo es que nadie lo sabía? Aunque bien pudiera ser que yo fuese el único en no saberlo. La niñera me ha dicho, además, que anteayer Marya Filippovna tuvo una disputa con el general. Lo comprendo. El tema, sin duda, fue mademoiselle Blanche. Sí, algo decisivo va a ocurrir aquí.)

Capítulo 7

Al día siguiente llamé al hotelero y le dije que preparase mi cuenta por separado. Mi habitación no era lo bastante cara para alarmarme y obligarme a abandonar el hotel. Contaba con diecisiete federicos de oro, y allí... allí estaba quizá la riqueza. Lo curioso era que todavía no había ganado, pero sentía, pensaba y obraba como hombre rico y no podía imaginarme de otro modo.

A pesar de lo temprano de la hora, me disponía a ir a ver a míster Astley en el Hotel d'Angleterre, cercano al nuestro, cuando inopinadamente se presentó Des Grieux. Esto no había sucedido nunca antes; más aún, mis relaciones con este caballero habían sido últimamente harto raras y tirantes. Él no se recataba para mostrarme su desdén, mejor dicho, se esforzaba por mostrármelo; y yo, por mi parte, tenía mis razones para no manifestarle aprecio. En una palabra, le detestaba. Su llegada me llenó de asombro. Me percaté en el acto de que sucedía algo especial.

Entró muy amablemente y me dijo algo lisonjero acerca de mi habitación. Al verme con el sombrero en la mano, me preguntó si salía de paseo a una hora tan temprana. Al oír que iba a visitar a míster Astley para hablar de negocios, pensó un instante, caviló, y su rostro reflejó la más aguda preocupación.

Des Grieux era como todos los franceses, a saber, festivo y amable cuando serlo es necesario y provechoso, y fastidioso hasta más no poder cuando ser festivo y amable deja de ser necesario. Raras veces es el francés naturalmente amable; lo es siempre, como si dijéramos, por exigencia, por cálculo. Si, pongamos por caso, juzga indispensable ser fantasioso, original, extravagante, su fantasía resulta sumamente necia y artificial y reviste formas aceptadas y gastadas por el uso repetido. El francés natural es la encarnación del pragmatismo más angosto, mezquino y cotidiano; en una palabra, es el ser más fastidioso de la tierra. A mi juicio, sólo las personas sin experiencia, y en particular las jovencitas rusas, se sienten cautivadas por los franceses. A toda persona como Dios manda le es familiar e inaguantable este convencionalismo, esta forma preestablecida de la cortesía de salón, de la desenvoltura y de la jovialidad.

—Vengo a hablarle de un asunto —empezó diciendo con excesiva soltura, aunque con amabilidad— y no le ocultaré que vengo como embajador, o mejor dicho, como mediador, del general. Como conozco el ruso muy mal, no comprendí casi nada anoche; pero el general me dio explicaciones detalladas, y confieso que...

—Escuche, monsieur Des Grieux —le interrumpí—. Usted ha aceptado en este asunto el oficio de mediador. Yo, claro, soy un *outchitel* y nunca he aspirado al honor de ser amigo íntimo de esta familia o de establecer relaciones particularmente estrechas con ella; por lo tanto, no conozco todas las circunstancias. Pero ilumíneme: ¿Es que es usted ahora, con todo rigor, miembro de la familia? Porque como veo que toma usted una parte tan activa en todo, que es indefectiblemente mediador en tantas cosas...

No le agradó mi pregunta. Le resultaba demasiado transparente, y no quería irse de la lengua.

—Me ligan al general, en parte, ciertos asuntos, y, en parte, también, algunas circunstancias *personales* —dijo con sequedad—. El general me envía a rogarle que desista de lo que proyectaba ayer. Lo que usted urdía era, sin duda, muy ingenioso; pero el general me ha pedido expresamente que indique a usted que no logrará su objeto. Por añadidura, el barón no le recibirá, y, en definitiva, cuenta con medios de librarse de toda futura importunidad por parte de usted. Convenga en que es así. Dígame, pues, de qué sirve persistir. El general promete que, con toda seguridad, le repondrá a usted en su puesto en la primera ocasión oportuna y que hasta esa fecha le abonará sus honorarios, *vos appointements*. Esto es bastante ventajoso, ¿no le parece?

Yo le repliqué con calma que se equivocaba un tanto; que bien podía ser que no me echasen de casa del barón; que, por el contrario, quizá me escuchasen; y le pedí que confesara que había venido probablemente para averiguar qué medidas pensaba tomar yo en este asunto.

—¡Por Dios santo! Puesto que el general está tan implicado, claro que le gustará saber qué hará usted y cómo lo hará. Eso es natural.

Yo me dispuse a darle explicaciones y él, arrellanándose cómodamente, se dispuso a escucharlas, ladeando la cabeza un poco hacia mí, con un evidente y manifiesto gesto de ironía en el rostro. De ordinario me miraba muy por encima del hombro. Yo hacía todo lo posible por fingir que ponderaba el caso con toda la seriedad que requería. Dije que puesto que el barón se había quejado de mí al general como si yo fuera un criado de éste, me había hecho perder mi colocación, en primer lugar, y, en segundo, me había tratado como persona incapaz de responder por sí misma y con quien ni siquiera valía la pena hablar. Por supuesto que me sentía ofendido, y con sobrado motivo; pero, en consideración de la diferencia de edad, del nivel social, etc., etc. (y aquí apenas podía contener la risa), no quería aventurarme a una chiquillada más, como sería exigir satisfacción directamente del barón o incluso sencillamente sugerir que me la diera. De todos modos, me juzgaba con derecho a ofrecerle mis excusas, a la baronesa en particular, tanto más cuanto que últimamente me sentía de veras indispuesto, desquiciado y, por así decirlo, antojadizo, etc., etc. No obstante, el barón, con su apelación de ayer al general, ofensiva para mí, y su empeño en que el general me privase de mi empleo, me había puesto en situación de no poderles ya ofrecer a él y a la baronesa mis excusas, puesto que él, y la baronesa, y todo el mundo pensarían de seguro que lo hacía por miedo, a fin de ser repuesto en mi cargo. De aquí que yo estimase necesario pedir ahora al barón que fuera él quien primero me ofreciera excusas, en los términos más moderados, diciendo, por ejemplo, que no había querido ofenderme en absoluto; y que cuando el barón lo dijera, yo por mi parte, como sin darle importancia, le presentaría cordial y sinceramente mis propias excusas. En suma —dije en conclusión—, sólo pedía que el barón me ofreciera una salida.

—¡Uf, qué escrupulosidad y qué finura! ¿Y por qué tiene usted que disculparse? Vamos, *monsieur;* reconozca, *monsieur*... que lo hace usted adrede para molestar al general... y quizá con otras miras personales... *mon cher monsieur, pardon, j'ai oublié votre nom, monsieur Alexis?... n'est-ce pas?*

—Pero, perdón, *mon cher marquis,* ¿a usted qué le va en ello?

—*Mais le général...*

—¿Y qué le va al general? Él dijo algo ayer de que tenía que conducirse de cierta manera... y que estaba inquieto.... pero yo no comprendí nada.

—Aquí hay... aquí hay efectivamente una circunstancia personal —dijo Des Grieux con tono suplicante en el que se notaba cada vez más la mortificación—. ¿Usted conoce a mademoiselle de Cominges?

—¿Quiere usted decir mademoiselle Blanche?

—Pues sí, mademoiselle Blanche de Cominges... *et madame sa mère...*; reconozca que el general... para decirlo de una vez, que el general está enamorado y que hasta es posible que se celebre la boda aquí. Imagínese que en tal ocasión hay escándalos, historias...

—No veo escándalos ni historias que tengan relación con la boda.

—Pero *le baron est si irascible, un caractère prussien, vous savez, enfin, il fera une querelle d'Allemand.*

—Pero a mí y no a ustedes, puesto que yo ya no pertenezco a la casa... (Yo trataba adrede de parecer lo más torpe posible.) Pero, perdón, ¿ya está resuelto que mademoiselle Blanche se casa con el general? ¿A qué esperan? Quiero decir... ¿a qué viene ocultarlo, por lo menos de nosotros, la gente de la casa?

—A usted no puedo... es que todavía no está por completo...; sin embargo... usted sabe que esperan noticias de Rusia; el general necesita arreglar algunos asuntos...

—¡Ah, ah! ¡la *baboulinka!*

Des Grieux me miró con encono.

—En fin —interrumpió—, confío plenamente en su congénita amabilidad, en su inteligencia, en su tacto...; al fin y al cabo, lo haría usted por una familia en la que fue recibido como pariente, querido, respetado...

—¡Perdone, he sido despedido! Usted afirma ahora que fue por salvar las apariencias; pero reconozca que si le dicen a uno: "No quiero, por supuesto, tirarte de las orejas, pero para salvar las apariencias deja que te tire de ellas... " ¿No es lo mismo?

—Pues si es así, si ninguna súplica influye sobre usted —dijo con severidad y arrogancia—, permítame asegurarle que se tomarán ciertas medidas. Aquí hay autoridades que le expulsarán hoy mismo, *que diablel, un blanc-bec comme vous* desafiar a un personaje como el barón. ¿Cree usted que le van a dejar en paz? Y, créame, aquí nadie le teme a usted. Si he venido a suplicarle ha sido por cuenta propia, porque ha molestado usted al general. ¿De veras cree usted, de veras, que el barón no mandará a un lacayo a que le eche a usted a la calle?

—¡Pero si no soy yo quien irá! —respondí con insólita calma—. Se equivoca usted, monsieur Des Grieux. Todo esto se arreglará mucho más decorosamente de lo que usted piensa. Ahora mismo voy a ver a míster Astley para pedirle que sea mi segundo, mi *second.* Ese señor me tiene aprecio y probablemente no rehusará. Él irá a ver al barón y el barón lo recibirá. Aunque yo soy sólo un *outchitel* y parezco hasta cierto punto un *subalterne,* y aunque en definitiva carezco de protección, míster Astley es sobrino de un lord, de un lord auténtico, todo el mundo lo sabe, lord Pibrock, y ese lord está aquí. Puede usted estar seguro de que el barón se mostrará cortés con míster Astley y le escuchará. Y si no le escucha, míster Astley lo considerará como un insulto personal (ya sabe usted lo tercos que son los ingleses) y enviará a un amigo suyo al barón —y por cierto tiene buenos amigos—. Calcule usted ahora que puede pasar algo distinto de lo que piensa.

El francés quedó claramente sobrecogido; efectivamente, todo esto tenía visos de verdad; por consiguiente yo podía muy bien provocar un disgusto.

—Le imploro que deje todo —dijo con voz verdaderamente suplicante—. A usted le agradaría que ocurriera algo desagradable. No es una satisfacción lo que usted busca, sino una contrariedad. Ya he dicho que todo esto es divertido y aun ingenioso que bien pudiera ser lo que usted busca. En fin —terminó diciendo al ver que me levantaba y cogía el sombrero—, he venido a entregarle estas dos palabras de cierta persona. Léalas, porque se me ha encargado que aguarde contestación.

Dicho esto, sacó del bolsillo un papelito doblado y sellado con lacre y me lo alargó. Del puño de Polina, decía así:

"Me parece que se propone usted continuar este asunto. Está usted enfadado y empieza a hacer travesuras. Hay, sin embargo, circunstancias especiales que quizá le explique más tarde. Por favor, desista y deje el camino franco. ¡Cuántas bobadas hay en esto! Le necesito y usted prometió obedecerme. Recuerde Schlangenberg. Le pido que sea obediente y, si es preciso, se lo mando.

Su P.

P S. Si está enojado conmigo por lo de ayer, perdóneme".

Cuando leí estos renglones me pareció que se me iba la cabeza. Mis labios perdieron su color y empecé a temblar. El maldito francés me miraba con aire de intensa circunspección y apartaba de mí los ojos como para no ver mi zozobra. Mejor hubiera sido que se hubiera reído de mí abiertamente.

—Bien —respondí—, diga a mademoiselle que no se preocupe. Permítame, no obstante, hacerle una pregunta —añadí con aspereza—, ¿por qué ha tardado tanto en darme esta nota? En lugar de decir tantas nimiedades, creo que debió usted haber comenzado con esto... si, en efecto, vino con este encargo.

—Ah, yo quería... todo esto es tan insólito que usted perdonará mi natural impaciencia... Yo quería enterarme por mi cuenta, personalmente, de cuáles eran las intenciones de usted. Pero como no conozco el contenido de esa nota, pensé que no corría prisa en dársela.

—Comprendo. A usted sencillamente le mandaron que la entregara sólo como último recurso, y que no la entregara si lograba su propósito de palabra. ¿No es así? ¡Hable con franqueza, monsieur Des Grieux!

—*Peut-être* —dijo, tomando un aire muy comedido y dirigiéndome una mirada algo peculiar.

Cogí el sombrero; él hizo una inclinación de cabeza y salió. Tuve la impresión de que llevaba una sonrisa burlona en los labios. ¿Acaso cabía esperar otra cosa?

—Tú y yo, franchute, tenemos todavía cuentas que arreglar. Mediremos fuerzas —murmuré bajando la escalera. Aún no sabía qué era aquello que había causado tal mareo. El aire me refrescó un poco.

Un par de minutos después, cuando apenas había empezado a discurrir con claridad, surgieron luminosos en mi mente dos pensamientos: *primero,* que de unas naderías, de unas cuantas amenazas inverosímiles de escolar, lanzadas anoche al buen tuntún, había resultado un desasosiego *gene*ral, y segundo, ¿qué clase de ascendiente tenía este francés sobre Polina? Bastaba una palabra suya para que ella hiciera cuanto él necesitaba: Me escribía una nota y hasta me suplicaba. Sus relaciones, por supuesto, habían sido siempre un enigma para mí, desde el principio mismo, desde que empecé a conocerlos. Sin embargo, en estos últimos días había notado en ella una evidente aversión, por no decir desprecio, hacia él; y él, por su parte, apenas se fijaba en ella, la trataba con la grosería más descarada. Yo lo había notado. Polina misma me había hablado de aversión; ahora se le escapaban revelaciones harto significativas. Es decir, que él sencillamente la tenía en su poder; que ella, por algún motivo, era su cautiva...

Capítulo 8

En la *promenade,* como aquí la llaman, esto es, en la avenida de los castaños, tropecé con mi inglés.

—¡Oh, oh! —dijo al verme—, yo iba a verle a usted y usted venía a verme a mí. ¿Conque se ha separado usted de los suyos?

—Primero, dígame cómo lo sabe —pregunté asombrado—. ¿O es que ya lo sabe todo el mundo?

—¡Oh, no! Todos lo ignoran y no tienen por qué saberlo. Nadie habla de ello.

—¿Entonces, cómo lo sabe usted?

—Lo sé, es decir, que me he enterado por casualidad. Y ahora ¿adónde irá usted desde aquí? Le tengo aprecio y por eso iba a verle.

—Es usted un hombre excelente, míster Astley —respondí (pero, por otra parte, la cosa me chocó mucho: ¿de quién lo había sabido?)—. Y como todavía no he tomado café y usted, de seguro, lo ha tomado malo, vamos al café del Casino. Allí nos sentamos, fumamos, yo le cuento y usted me cuenta.

El café estaba a cien pasos. Nos trajeron café, nos sentamos y yo encendí un cigarrillo. Míster Astley no fumó y, fijando en mí los ojos, se dispuso a escuchar.

—No voy a ninguna parte —empecé diciendo—. Me quedo aquí.

—Estaba seguro de que se quedaría —dijo míster Astley en tono aprobatorio.

Al dirigirme a ver a míster Astley no tenía intención de decirle nada; mejor dicho, no quería decirle nada acerca de mi amor por Polina. Durante esos días apenas le había dicho una palabra de ello. Además, era muy reservado. Desde el primer momento advertí que Polina le había causado una profunda impresión, aunque jamás pronunciaba su nombre. Pero, cosa rara, ahora, de repente, no bien se hubo sentado y fijado en mí sus ojos color de estaño, sentí, no sé por qué, el deseo de contarle todo, es decir, todo mi amor, con todos sus matices. Estuve hablando media hora, lo que para mí fue sumamente agradable. Era la primera vez que hablaba de ello. Notando que se turbaba ante algunos de los pasajes más ardientes, acentué de propósito el ardor de mi narración. De una cosa me arrepiento: Quizá hablé del francés más de lo necesario...

Míster Astley escuchó inmóvil, sentado frente a mí, sin decir palabra ni emitir sonido alguno y con sus ojos fijos en los míos; pero cuando comencé a hablar del francés, me interrumpió de pronto y me preguntó severamente si me juzgaba con derecho a aludir a un tema que nada tenía que ver conmigo. Míster Astley siempre hacía preguntas de una manera muy rara.

—Tiene usted razón. Me temo que no —respondí.

—¿De ese marqués y de miss Polina no puede usted decir nada concreto? ¿Sólo conjetura?

Una vez más me extrañó que un hombre tan apocado como míster Astley hiciera una pregunta tan categórica.

—No, nada concreto -contesté—; nada, por supuesto.

—En tal caso ha hecho usted mal no sólo en hablarme a mí de ello, sino hasta en pensarlo usted mismo.

—Bueno, bueno, lo reconozco; pero ahora no se trata de eso —interrumpí asombrado de mí mismo. Y entonces le conté toda la historia de ayer, con todos sus detalles, la ocurrencia de Polina, mi aventura con el barón, mi despido, la insólita pusilanimidad del general y, por último, le referí minuciosamente la visita de Des Grieux esa misma mañana, sin omitir ningún detalle. En conclusión, le enseñé la nota.

—¿Qué saca de esto? —pregunté—. He venido precisamente para averiguar lo que usted piensa. En lo que a mí toca, me parece que hubiera matado a ese franchute y quizá lo haga todavía.

—Yo también —dijo míster Astley—. En cuanto a miss Polina, usted sabe que entramos en tratos aun con gentes que nos son odiosas, si a ello nos obliga la necesidad. Ahí puede haber relaciones que ignoramos y que dependen de circunstancias ajenas al caso.

Creo que puede estar usted tranquilo —en parte, claro—. En cuanto a la conducta de ella ayer, no cabe duda de que es extraña, no porque quisiera librarse de usted exponiéndole al garrote del barón (quien, no sé por qué, no lo utilizó aunque lo tenía en la mano), sino porque semejante travesura en una miss tan... tan excelente no es decorosa. Claro que ella no podía suponer que usted pondría literalmente en práctica sus antojos...

—¿Sabe usted? —grité de repente, clavando la mirada en míster Astley—. Me parece que usted ya ha oído hablar de todo esto. ¿Y sabe quién se lo ha dicho? La misma miss Polina.

Míster Astley me miró extrañado.

—Le brillan a usted los ojos y en ellos veo la sospecha —dijo, y enseguida volvió a su calma anterior—, pero no tiene usted el menor derecho a revelar sus sospechas. No puedo reconocer ese derecho y me niego en redondo a contestar a su pregunta.

—¡Bueno, basta! ¡Por otra parte no es necesario! —exclamé extrañamente agitado y sin comprender por qué se me había ocurrido tal cosa. ¿Cuándo, dónde y cómo hubiera podido míster Astley ser elegido por Polina como confidente? Sin embargo, a veces en días recientes había perdido de vista a míster Astley, y Polina siempre había sido un enigma para mí, un enigma tal que ahora, por ejemplo, habiéndome lanzado a contar a míster Astley la historia de mi amor, vi de pronto con sorpresa mientras la contaba que de mis relaciones con ella apenas podía decir nada preciso y positivo. Al contrario, todo era ilusorio, extraño, infundado, sin la menor semejanza con cosa alguna.

—Bueno, bueno, desbarro; y ahora no puedo sacar en limpio mucho más —respondí, como si me faltara el aliento—. De todos modos, es usted una buena persona. Ahora a otra cosa, y le pido, no consejo, sino su opinión.

Callé un instante y proseguí.

—En opinión de usted, ¿por qué se asustó tanto el general? ¿Por qué todos ellos han hecho de mi estúpida picardía algo que les trae de cabeza? Tan de cabeza que hasta el propio Des Grieux ha creído necesario intervenir (y él interviene sólo en los casos más importantes), me ha visitado (¡hay que ver!), me ha requerido y suplicado, ¡a mí, él, Des Grieux, a mí! Por último, observe usted que ha venido a las nueve, y que la nota de miss Polina ya estaba en sus manos. ¿Cuándo, pues, fue escrita?, cabe preguntar. ¡Quizá despertaran a miss Polina para ello! Salvo deducir de esto que miss Polina es su esclava (¡porque hasta a mí me pide perdón!), salvo eso, ¿qué le va a ella, personalmente, en este asunto? ¿Por qué está tan interesada? ¿Por qué se asustaron tanto de un barón cualquiera? ¿Y qué tiene que ver con ello que el general se case con mademoiselle Blanche de Cominges? Ellos dicen que cabalmente por eso necesita conducirse de una manera especial, pero convenga en que esto es ya demasiado especial. ¿Qué piensa usted? Por lo que me dicen sus ojos estoy seguro de que de esto sabe usted más que yo.

Míster Astley sonrió y asintió con la cabeza.

—En efecto, de esto creo saber mucho más que usted —apuntó—. Aquí se trata sólo de mademoiselle Blanche, y estoy seguro de que es la pura verdad.

—¿Pero por qué mademoiselle Blanche? —grité impaciente (tuve de pronto la esperanza de que ahora se revelaría algo acerca de mademoiselle Polina).

—Se me antoja que en el momento presente mademoiselle Blanche tiene especial interés en evitar a toda costa un encuentro con el barón y la baronesa, tanto más cuanto que el encuentro sería desagradable, por no decir escandaloso.

—¿Qué me dice usted?

—El año antepasado, mademoiselle Blanche estuvo ya aquí, en Roulettenburg, durante la temporada. Yo también andaba por aquí. Mademoiselle Blanche no se llamaba todavía mademoiselle de Cominges y, por el mismo motivo, tampoco existía su madre, *madame veuve* Cominges. Al menos, no había mención de ella. Des Grieux... tampoco había Des Grieux. Tengo la profunda convicción de que no sólo no hay parentesco entre ellos, sino que ni siquiera se conocen de antiguo. Tampoco empezó hace mucho eso de marqués Des Grieux; de ello estoy seguro por una circunstancia. Cabe incluso suponer que empezó a llamarse Des Grieux hace poco. Conozco aquí a un individuo que le conocía bajo otro nombre.

—¿Pero no es cierto que tiene un respetable círculo de amistades?

—¡Puede ser! También puede tenerlo mademoiselle Blanche. Hace dos años, sin embargo, a resultas de una queja de esta misma baronesa, fue invitada por la policía local a abandonar la ciudad y así lo hizo.

—¿Cómo fue eso?

—Se presentó aquí primero con un italiano, un príncipe o algo así, que tenía un nombre histórico, Barberini o algo por el estilo. Iba cubierto de sortijas y brillantes, y por cierto de buena ley. Iban y venían en un espléndido carruaje. Mademoiselle Blanche jugaba con éxito a *trente et quarante,* pero después su suerte cambió radicalmente, si mal no recuerdo. Me acuerdo de que una noche perdió una cantidad muy elevada. Pero lo peor de todo fue que *un beau matin* su príncipe desapareció sin dejar rastro. Desaparecieron los caballos y el carruaje, desapareció todo. En el hotel debían una suma enorme. Mademoiselle Zelma (en lugar de Barberini empezó a llamarse de pronto mademoiselle Zelma) daba muestras de la más profunda desesperación. Chillaba y gemía por todo el hotel, y de rabia hizo jirones su vestido. Había entonces en el hotel un conde polaco (todos los viajeros polacos son condes), y mademoiselle Blanche, con aquello de rasgar su vestido y arañarse el rostro como una gata con sus manos bellas y perfumadas, produjo en él alguna impresión. Conversaron, y a la hora de la comida ella había recobrado la calma. A la noche se presentaron del brazo en el casino. Mademoiselle Zelma, según su costumbre, reía con estrépito y en sus ademanes se notaba mayor desenvoltura que antes. Entró sin más en esa clase de señoras que, al acercarse a la mesa de la ruleta, dan fuertes codazos a los jugadores para procurarse un sitio. Aquí, entre tales damas, se considera eso como especialmente *chic.* Usted lo habrá notado, sin duda.

—Sí.

—No vale la pena notarlo. Por desgracia para las personas decentes, estas damas no desaparecen, por lo menos las que todos los días cambian a la mesa billetes de mil francos. Pero cuando dejan de cambiar billetes se les pide al momento que se vayan. Mademoiselle Zelma seguía cambiando billetes; pero la fortuna le fue aún más adversa. Observe que muy a menudo estas señoras juegan con éxito; saben dominarse de manera asombrosa. Pero mi historia toca a su fin. Llegó un momento en que, al igual que el príncipe, desapareció el conde. Mademoiselle Zelma se presentó una noche a jugar sola, ocasión en que nadie se presentó a ofrecerle el brazo. En dos días perdió cuanto le quedaba. Cuando hubo arriesgado su último *louis d'or* y lo hubo perdido, miró a su alrededor y vio junto a sí al barón Burmerhelm, que la observaba atentamente y muy indignado. Pero mademoiselle Zelma no notó la indignación y, mirando al barón con la consabida sonrisa, le pidió que le pusiera diez *louis d'or* al rojo. Como consecuencia de esto y por queja de la baronesa, aquella noche fue invitada a no presentarse más en el Casino. Si le extraña a usted que me sean conocidos estos detalles nimios y francamente indecorosos, sepa que, en versión definitiva, los oí de labios de míster Feeder, un pariente mío que esa misma noche condujo en su coche a mademoiselle Zelma de Roulettenburg a Spa. Ahora mire: Mademoiselle Blanche quiere ser generala, seguramente para no recibir en adelante invitaciones como la que recibió hace dos años de la policía del Casino. Ya no juega, pero es porque, según todos los indicios, tiene ahora un capital que da a usura a los jugadores locales. Esto es mucho más prudente. Yo hasta sospecho que el infeliz general le debe dinero. Quizá también se lo debe Des Grieux. Quizá ella y Des Grieux trabajan juntos. Comprenderá usted que, al menos hasta la boda, ella no quiera atraerse por ningún motivo la atención del barón y la baronesa. En una palabra, que en su situación nada sería menos provechoso que un escándalo. Usted está vinculado a ese grupo, y las acciones de usted podrían causar ese escándalo, tanto más cuanto ella se presenta a diario en público del brazo del general o acompañada de miss Polina. ¿Ahora lo entiende usted?

—No, no lo entiendo —exclamé golpeando la mesa con tal fuerza que el *garzón,* asustado, acudió corriendo.

—Diga, míster Astley —dije con arrebato—, si usted ya conocía toda esta historia y, por consiguiente, sabe al dedillo qué clase de persona es mademoiselle Blanche de Cominges, ¿cómo es que no me avisó usted, a mí al menos; luego al general y, sobre todo, a miss Polina, que se presentaba aquí en el Casino, en público, del brazo de mademoiselle Blanche? ¿Cómo es posible?

—No tenía por qué avisarle a usted, ya que usted no podía hacer nada —replicó tranquilamente míster Astley—. Y, por otro lado, ¿avisarle de qué? Puede que el general sepa de mademoiselle Blanche todavía más que yo y, a fin de cuentas, se pasea con ella y con miss Polina. El general es un infeliz. Ayer vi que mademoiselle

Blanche iba montada en un espléndido caballo junto con míster Des Grieux y ese pequeño príncipe ruso, mientras que el general iba tras ellos en un caballo de color castaño. Por la mañana decía que le dolían las piernas, pero se tenía muy bien en la silla. Pues bien, en ese momento me vino la idea de que ese hombre está completamente arruinado. Además, nada de eso tiene que ver conmigo, y sólo desde hace poco tengo el honor de conocer a miss Polina. Por otra parte (dijo míster Astley reportándose), ya le he advertido que no reconozco su derecho a hacer ciertas preguntas, a pesar de que le tengo a usted verdadero aprecio...

—Basta —dije levantándome—, ahora para mí está claro como el día que también miss Polina supo todo lo referente a mademoiselle Blanche. Tenga usted la seguridad de que ninguna otra influencia la haría pasearse con mademoiselle Blanche y suplicarme en una nota que no toque al barón. Ésa cabalmente debe de ser la influencia ante la que todos se inclinan. ¡Y pensar que fue ella la que me azuzó contra el barón! ¡No hay demonio que lo entienda!

—Usted olvida, en primer lugar, que mademoiselle de Cominges es la prometida del general, y en segundo, que miss Polina, hijastra del general, tiene un hermano y una hermana de corta edad, hijos del general, a quienes este hombre chiflado tiene abandonados por completo y a quienes, según parece, ha despojado de sus bienes.

—¡Sí, sí, eso es! Apartarse de los niños significa abandonarlos por completo; quedarse significa proteger sus intereses y quizá también salvar un jirón de la hacienda. ¡Sí, sí, todo eso es cierto! ¡Y, sin embargo, sin embargo! ¡Ah, ahora entiendo por qué todos se interesan por la abuelita!

—¿Por quién?

—Por esa vieja bruja de Moscú que no se muere y acerca de la cual esperan un telegrama diciendo que se ha muerto.

—¡Ah, sí, claro! Todos los intereses convergen en ella. Todo depende de la herencia. Se anuncia la herencia y el general se casa; miss Polina queda libre, y Des Grieux...

—Y Des Grieux, ¿qué?

—Y a Des Grieux se le pagará su dinero; no es otra cosa lo que espera aquí.

—¿Sólo eso? ¿Cree usted que espera sólo eso?

—No tengo la menor idea—. Míster Astley guardó obstinado silencio.

—Pues yo sí, yo sí —repetí con ira—. Espera también la herencia porque Polina recibirá una dote y, en cuanto tenga el dinero, le echará los brazos al cuello. ¡Así son todas las mujeres! Aun las más orgullosas acaban por ser las esclavas más indignas. Polina sólo es capaz de amar con pasión y nada más. ¡Ahí tiene usted mi opinión de ella! Mírela usted, sobre todo cuando está sentada sola, pensativa... ¡es como si estuviera predestinada, sentenciada, maldita! Es capaz de echarse encima todos los horrores de la vida y la pasión.... es... es... ¿pero quién me llama? —exclamé de repente—. ¿Quién grita? He oído gritar en ruso "¡Aleksei Ivanovich!". Una voz de mujer. ¡Oiga, oiga!

Para entonces habíamos llegado ya a nuestro hotel. Hacía rato que, sin notarlo apenas, habíamos salido del café.

—He oído gritos de mujer, pero no sé a quién llamaban. Y en ruso. Ahora veo de dónde vienen —señaló míster Astley—. Es aquella mujer la que grita, la que está sentada en aquel sillón que los lacayos acaban de subir por la escalinata. Tras ella están subiendo maletas, lo que quiere decir que acaba de llegar el tren.

—¿Pero por qué me llama a mí? Ya está otra vez voceando. Mire, nos está haciendo señas.

—¡Aleksei Ivanovich! ¡Aleksei Ivanovich! ¡Ay, Dios, se habrá visto mastuerzo! —llegaban gritos de desesperación desde la escalinata del hotel.

Fuimos casi corriendo al pórtico. Y cuando llegué al descansillo se me cayeron los brazos de estupor y las piernas se me volvieron de piedra.

Capítulo 9

En el descansillo superior de la ancha escalinata del hotel, transportada peldaños arriba en un sillón, rodeada de criados, doncellas y el numeroso y servil personal del hotel, en presencia del

Oberkellner, que había salido al encuentro de una destacada visitante que llegaba con tanta bulla y alharaca, acompañada de su propia servidumbre y de un sinfín de baúles y maletas, sentada como reina en su trono estaba... la *abuela.* Sí, ella misma, formidable y rica, con sus setenta y cinco años a cuestas: Antonida Vasilyevna Tarasevicheva, terrateniente y aristocrática moscovita, la *baboulinka,* acerca de la cual se expedían y recibían telegramas, moribunda pero no muerta, quien de repente aparecía en persona entre nosotros como llovida del cielo. La traían, por fallo de las piernas, en un sillón, como siempre en estos últimos años, pero, también como siempre, marrullera, briosa, pagada de sí misma, muy tiesa en su asiento, vociferante, autoritaria y con todos regañona; en fin, exactamente como yo había tenido el honor de verla dos veces desde que entré como tutor en casa del general. Como es de suponer, me quedé ante ella paralizado de asombro. Me había visto a cien pasos de distancia cuando la llevaban en el sillón, me había reconocido con sus ojos de lince y llamado por mi nombre y patronímico, detalle que, también según costumbre suya, recordaba de una vez para siempre. "¡Y a ésta —pensé— esperaban verla en un ataúd, enterrada y dejando tras sí una herencia! ¡Pero si es ella la que nos enterrará a todos y a todo el hotel! Pero, santo Dios, ¿qué será de nuestra gente ahora?, ¿qué será ahora del general? ¡Va a poner el hotel patas arriba!".

—Bueno, amigo, ¿por qué estás plantado ahí con esos ojos saltones? —continuó gritándome la abuela—. ¿Es que no sabes dar la bienvenida? ¿No sabes saludar? ¿O es que el orgullo te lo impide? ¿Quizá no me has reconocido? ¿Oyes, Potapych? —dijo volviéndose a un viejo canoso, de calva sonrosada, vestido de frac y corbata blanca, su mayordomo, que la acompañaba cuando iba de viaje—; ¿oyes? ¡No me reconoce! Me han enterrado. Han estado mandando un telegrama tras otro: ¿Ha muerto o no ha muerto? ¡Pero si lo sé todo! ¡Y yo, como ves, vivita y coleando!

—Por Dios, Antonida Vasilyevna, ¿por qué habría yo de desearle algo malo? —respondí alegremente cuando volví en mi acuerdo—. Era sólo la sorpresa... ¿y cómo no maravillarse cuando tan inesperadamente...?

—¿Y qué hay de maravilla en ello? Me metí en el tren y vine. En el vagón va una muy cómoda, sin traqueteo ninguno. ¿Has estado de paseo?

—Sí, me he llegado al Casino.

—Esto es bonito —dijo la abuela mirando en torno—; el aire es tibio y los árboles son hermosos. Me gusta. ¿Está la familia en casa? ¿El general?

—En casa, sí; a esta hora están todos de seguro en casa.

—¿Y qué? ¿Lo hacen aquí todo según el reloj y con toda ceremonia? Quieren dar el tono. ¡Me han dicho que tienen coche, *les seigneurs ruses!* Se gastan lo que tienen y luego se van al extranjero. ¿Praskovya está también con ellos?

—Sí, Polina Aleksandrovna está también.

—¿Y el franchute? En fin, yo misma los veré a todos. Aleksei Ivanovich, enseña el camino y vamos derechos allá. ¿Lo pasas bien aquí?

—Así, así, Antonida Vasilyevna.

—Tú, Potapych, dile a ese mentecato de *Kellner* que me preparen una habitación cómoda, bonita, baja, y lleva las cosas allí enseguida. ¿Pero por qué quiere toda esta gente llevarme? ¿Por qué se meten donde no los llaman? ¡Pero qué gente más servil! ¿Quién es ése que está contigo? —preguntó dirigiéndose de nuevo a mí.

—Éste es míster Astley —contesté.

—¿Y quién es míster Astley?

—Un viajero y un buen amigo mío; amigo también del general.

—Un inglés. Por eso me mira de hito en hito y no abre los labios. A mí, sin embargo, me gustan los ingleses. Bueno, levantadme y arriba; derechos al cuarto del general. ¿Por dónde cae?

Cargaron con la abuela. Yo iba delante por la ancha escalera del hotel. Nuestra procesión era muy vistosa. Todos los que topaban con ella se paraban y nos miraban con ojos desorbitados. Nuestro hotel era considerado como el mejor, el más caro y el más aristocrático del balneario. En la escalera y en los pasillos se tropezaba de continuo con damas espléndidas e ingleses de digno aspecto. Muchos pedían informes abajo al *Oberkellner,* también hondamente impresionado. Éste, por supuesto, respondía que era una extranjera de alto copete, *une russe, une comtesse, grande dame,* que se instalaría en los mismos aposentos que una semana antes había ocupado *la grande duchesse* de N. El aspecto imperioso e imponente de la abuela, transportada en un sillón, era lo que causaba el mayor efecto. Cuando se encontraba con una nueva persona la medía con una mirada de curiosidad y en voz alta me hacía preguntas sobre ella. La abuela era de un natural vigoroso y, aunque no se levantaba del sillón, se presentía al mirarla que era de elevada estatura. Mantenía la espina tiesa como un huso y no se apoyaba en el respaldo del asiento. Llevaba alta la cabeza, que era grande y canosa, de fuertes y acusados rasgos. Había en su modo de mirar algo arrogante y provocativo, y estaba claro que tanto esa mirada como sus gestos eran perfectamente naturales. A pesar de sus setenta y cinco años tenía el rostro bastante fresco y hasta la dentadura en buen estado. Llevaba un vestido negro de seda y una cofia blanca.

—Me interesa extraordinariamente —murmuró míster Astley, que subía junto a mí.

"Ya sabe lo de los telegramas —pensaba yo—. Conoce también a Des Grieux, pero por lo visto no sabe todavía mucho de mademoiselle Blanche". Informé de esto a míster Astley.

¡Pecador de mí! En cuanto me repuse de mi sorpresa inicial me alegré sobremanera del golpe feroz que íbamos a asestar al general dentro de un instante. Era como un estimulante, y yo iba en cabeza con singular alegría.

Nuestra gente estaba instalada en el tercer piso. Yo no anuncié nuestra llegada y ni siquiera llamé a la puerta, sino que sencillamente la abrí de par en par y por ella metieron a la abuela en triunfo. Todo el mundo, como de propósito, estaba allí, en el gabinete del general. Eran las doce y, al parecer, proyectaban una excursión: Unos irían en coche, otros a caballo, toda la pandilla; y además habían invitado a algunos conocidos. Amén del general, de Polina con los niños y de la niñera, estaban en el gabinete Des Grieux, mademoiselle Blanche, una vez más en traje de amazona, su madre mademoiselle. *veuve* Cominges, el pequeño príncipe y un erudito alemán, que estaba de viaje, a quien yo veía con ellos por primera vez. Colocaron el sillón con la abuela en el centro del gabinete, a tres pasos del general. ¡Dios mío, nunca olvidaré la impresión que ello produjo! Cuando entramos, el general estaba contando algo, y Des Grieux le corregía. Es menester indicar que desde hacía dos o tres días, y no se sabe por qué motivo, Des Grieux y mademoiselle Blanche hacían la rueda abiertamente al pequeño príncipe *à la barbe du pauvre général,* y que el grupo, aunque quizá con estudiado esfuerzo, tenía un aire de cordial familiaridad. A la vista de la abuela el general perdió el habla y se quedó en mitad de una frase con la boca abierta. Fijó en ella los ojos desencajados, como hipnotizado por la mirada de un basilisco. La abuela también le observó en silencio, inmóvil, ¡pero con qué mirada triunfal, provocativa y burlona! Así estuvieron mirándose diez segundos largos, ante el profundo silencio de todos los circunstantes. Des Grieux quedó al principio estupefacto, pero en su rostro empezó pronto a dibujarse una inquietud inusitada. Mademoiselle Blanche, con las cejas enarcadas y la boca abierta, observaba atolondrada a la abuela. El príncipe y el erudito, ambos presa de honda confusión, contemplaban la escena. El rostro de Polina reflejaba extraordinaria sorpresa y perplejidad, pero de súbito se quedó más blanco que la cera; un momento después la sangre volvió de golpe y coloreó las mejillas. ¡Sí, era una catástrofe para todos! Yo no hacía más que pasear los ojos desde la abuela hasta los concurrentes y viceversa. Míster Astley, según su costumbre, se mantenía aparte, tranquilo y digno.

—¡Bueno, aquí estoy! ¡En lugar de un telegrama! —exclamó por fin la abuela rompiendo el silencio—. ¿Qué, no me esperaban?

—Antonida Vasilyevna... tía... ¿pero cómo...? —balbuceó el infeliz general. Si la abuela no le hubiera hablado, en unos segundos más le habría dado quizá una apoplejía.

—¿Cómo que cómo? Me metí en el tren y vine. ¿Para qué sirve el ferrocarril? ¿Y pensaban que ya había estirado la pata y que les había dejado una fortuna? Ya sé que mandabas telegramas desde aquí; tu buen dinero te habrán costado, porque desde aquí no son baratos. Me eché las piernas al hombro y aquí estoy. ¿Es éste el francés? ¿Monsieur Des Grieux, por lo visto?

—*Oui, madame* —confirmó Des Grieux— *et croyez je suis si enchanté... votre santé... c'est un miracle... vous voir ici, une surprise charmante...*

—Sí, sí, *charmante.* Ya te conozco, farsante, ¡No me fío de ti ni tanto así! —y le enseñaba el dedo meñique—. Y ésta, ¿quién es? —dijo volviéndose y señalando a mademoiselle Blanche. La llamativa francesa, en traje de amazona y con el látigo en la mano, evidentemente la impresionó—. ¿Es de aquí?

—Es mademoiselle Blanche de Cominges y ésta es su madre, madame de Cominges. Se hospedan en este hotel —dije yo.

—¿Está casada la hija? —preguntó la abuela sin pararse en barras.

—Mademoiselle de Cominges es soltera —respondí lo más cortésmente posible y, de propósito, a media voz.

—¿Es alegre?

Yo no alcancé a entender la pregunta.

—¿No se aburre uno con ella? ¿Entiende el ruso? Porque cuando Des Grieux estuvo con nosotros en Moscú llegó a chapurrearlo un poco.

Le expliqué que mademoiselle de Cominges no había estado nunca en Rusia.

—*Bonjour!* —dijo la abuela encarándose bruscamente con mademoiselle Blanche.

—*Bonjour, madame!* —Mademoiselle Blanche, con elegancia y ceremonia, hizo una leve reverencia. Bajo la desusada modestia y cortesía se apresuró a manifestar, con toda la expresión de su rostro y figura, el asombro extraordinario que le causaba una pregunta tan extraña y un comportamiento semejante.

—¡Ah, ha bajado los ojos, es amanerada y artificiosa! Ya se ve qué clase de pájaro es: Una actriz de ésas. Estoy abajo, en este hotel —dijo dirigiéndose de pronto al general—. Seré vecina tuya. ¿Estás contento o no?

—¡Oh, tía! Puede creer en mi sentimiento sincero... de satisfacción —dijo el general cogiendo al vuelo la pregunta. Ya había recobrado en parte su presencia de ánimo, y como cuando se ofrecía ocasión sabía hablar bien, con gravedad y cierta pretensión de persuadir, se preparó a declamar ahora también—. Hemos estado tan afectados y alarmados con las noticias sobre su estado de salud... Hemos recibido telegramas que daban tan poca esperanza, y de pronto...

—¡Pues mientes, mientes! —interrumpió al momento la abuela.

—¿Pero cómo es —interrumpió a su vez enseguida el general, levantando la voz y tratando de no reparar en ese "mientes"—, cómo es que, a pesar de todo, decidió usted emprender un viaje como éste? Reconozca que a sus años y dada su salud...; de todos modos ha sido tan inesperado que no es de extrañar nuestro asombro. Pero estoy tan contento...; y todos nosotros (y aquí inició una sonrisa afable y seductora) haremos todo lo posible para que su temporada aquí sea de lo más agradable...

—Bueno, basta; cháchara inútil; tonterías como de costumbre; yo sé bien cómo pasar el tiempo. Pero no te tengo inquina; no guardo rencor. Preguntas que cómo he venido. ¿Pero qué hay de extraordinario en esto? De la manera más sencilla. No veo por qué todos se sorprenden. Hola, Praskovya. ¿Tú qué haces aquí?

—Hola, abuela —dijo Polina acercándose a ella—. ¿Ha estado mucho tiempo en camino?

—Ésta ha hecho una pregunta inteligente, en vez de soltar tantos "ohs" y "ahs". Pues mira: Me tenían en cama día tras día, y me daban medicinas y más medicinas; conque mandé a paseo a los médicos y llamé al sacristán de Nikola, que le había curado a una campesina una enfermedad igual con polvos de heno. Pues a mí también me sentó bien. A los tres días tuve un sudor muy grande y me levanté. Luego tuvieron otra consulta mis médicos alemanes, se calaron los anteojos y dijeron en coro: "Si ahora va a un balneario extranjero y hace una cura de aguas, expulsaría esa obstrucción que tiene". ¿Y por qué no?, pensé yo. Esos tontos de los Zazhigin se escandalizaron: "¿Hasta dónde va a ir usted?", me preguntaban. Bueno, en un día lo dispuse todo, y el viernes de la semana pasada cogí a mi doncella, y a Potapych, y a Fiodor el lacayo (pero a Fiodor le mandé a casa desde Berlín porque vi que no lo necesitaba), y me vine solita... Tomé un vagón particular, y hay mozos en todas las estaciones que por veinte kopeks te llevan adonde quieras. ¡Vaya habitaciones que tienen! —dijo en conclusión mirando alrededor—. ¿De dónde has sacado el dinero, amigo? Porque lo tienes todo hipotecado. ¿Cuántos cuartos le debes a este franchute, sin ir más lejos? ¡Si lo sé todo, lo sé todo!

—Yo, tía... —apuntó el general todo confuso—, me sorprende, tía... me parece que puedo sin fiscalización de nadie.... sin contar que mis gastos no exceden de mis medios, y nosotros aquí...

—¿Que no exceden de tus medios? ¿Y así lo dices? ¡Como guardián de los niños les habrás robado hasta el último *kopek*!

—Después de esto, después de tales palabras... —intervino el general con indignación— ya no sé qué...

—¡En efecto, no sabes! Seguramente no te apartas de la ruleta aquí. ¿Te lo has jugado todo?

El general quedó tan desconcertado que estuvo a punto de ahogarse en el torrente de sus agitados sentimientos.

—¿De la ruleta? ¿Yo? Con mi categoría... ¿yo? Vuelva en su acuerdo, tía; quizá sigue usted indispuesta...

—Bueno, mientes, mientes; de seguro que no pueden arrancarte de ella; mientes con toda la boca. Pues yo, hoy mismo, voy a ver qué es eso de la ruleta. Tú, Praskovya, cuéntame lo que hay que ver por aquí; Aleksei Ivanovich me lo enseñará; y tú, Potapych, apunta todos los sitios adonde hay que ir. ¿Qué es lo que se visita aquí? —preguntó volviéndose a Polina.

—Aquí cerca están las ruinas de un castillo; luego hay el Schlangenberg.

—¿Qué es ese Schlangenberg? ¿Un bosque?

—No, no es un bosque; es una montaña, con una cúspide...

—¿Qué es eso de una cúspide?

—El punto más alto de la montaña, un lugar con una barandilla alrededor. Desde allí se descubre una vista sin igual.

—¿Y suben sillas a la montaña? No podrán subirlas, ¿verdad?

— ¡Oh, se pueden encontrar cargadores! —contesté yo.

En este momento entró Fedosya, la niñera, con los hijos del general, a saludar a la abuela.

—¡Bueno, nada de besos! No me gusta besar a los niños; están llenos de mocos. Y tú, Fedosya, ¿cómo lo pasas aquí?

—Bien, muy bien, Antonida Vasilyevna —replicó Fedosya—. ¿Y a usted cómo le ha ido, señora? ¡Aquí hemos estado tan preocupados por usted!

—Lo sé, tú eres un alma sencilla. ¿Y éstos qué son? ¿Más invitados? —dijo encarándose de nuevo con Polina—. ¿Quién es este tío menudillo de las gafas?

—El príncipe Nilski, abuela —susurró Polina.

—¿Conque ruso? ¡Y yo que pensaba que no me entendería! ¡Quizá no me haya oído! A míster Astley ya le he visto. ¡Ah, aquí está otra vez! —la abuela le vio—. ¡Muy buenas! —y se volvió de repente hacia él.

Míster Astley se inclinó en silencio.

—¿Qué me dice usted de bueno? Dígame algo. Tradúcele eso, Praskovya.

Polina lo tradujo.

—Que estoy mirándola con grandísimo gusto y que me alegro de que esté bien de salud —respondió míster Astley seriamente, pero con notable animación. Se tradujo a la abuela lo que había dicho y a ella evidentemente le agradó.

—¡Qué bien contestan siempre los ingleses! —subrayó—. A mí, no sé por qué, me han gustado siempre los ingleses; ¡no tienen comparación con los franchutes! Venga usted a verme —dijo de nuevo a míster Astley—. Trataré de no molestarle demasiado. Tradúcele eso y dile que estoy aquí abajo —le repitió a míster Astley señalando hacia abajo con el dedo.

Míster Astley quedó muy satisfecho de la invitación.

La abuela miró atenta y complacida a Polina de pies a cabeza.

—Yo te quería mucho, Praskovya —le dijo de pronto—. Eres una buena chica, la mejor de todos, y con un genio que ¡vaya! Pero yo también tengo mi genio ¡Da la vuelta! ¿Es eso que llevas en el pelo moño postizo?

—No, abuela, es mi propio pelo.

—Bien, no me gustan las modas absurdas de ahora. Eres muy guapa. Si fuera un señorito me enamoraría de ti. ¿Por qué no te casas? Pero ya es hora de que me vaya. Me apetece dar un paseo después de tanto vagón... ¿Bueno, qué? ¿Sigues todavía enfadado? —preguntó mirando al general.

—¡Por favor, tía, no diga tal! —exclamó el general rebosante de contento—. Comprendo que a sus años...

—*Cette vieílle est tombée en enfance* —me dijo en voz baja Des Grieux.

—Quiero ver todo lo que hay por aquí. ¿Me prestas a Aleksei Ivanovich? —inquirió la abuela al general.

—Ah, como quiera, pero yo mismo... y Polina y monsieur Des Grieux... para todos nosotros será un placer acompañarla...

—*Mais, madame, cela sera un plaisir* —insinuó Des Grieux con sonrisa cautivante.

—Sí, sí, *plaisir*. Me haces reír, amigo. Pero lo que es dinero no te doy —añadió dirigiéndose inopinadamente al general—. Ahora, a mis habitaciones. Es preciso echarles un vistazo y después salir a ver todos esos sitios. ¡Hala, levantadme!

Levantaron de nuevo a la abuela, y todos, en grupo, fueron siguiendo el sillón por la escalera abajo. El general iba aturdido, como si le hubieran dado un garrotazo en la cabeza. Des Grieux iba cavilando alguna cosa. Mademoiselle Blanche hubiera preferido quedarse, pero por algún motivo decidió irse con los demás. Tras ella salió enseguida el príncipe, y arriba, en las habitaciones del general, quedaron sólo el alemán y madame veuve Cominges.

Capítulo 10

En los balnearios —y al parecer en toda Europa— los gerentes y jefes de comedor de los hoteles se guían, al dar acomodo al huésped, no tanto por los requerimientos y preferencias de éste cuanto por la propia opinión personal que de él se forjan; y conviene subrayar que raras veces se equivocan. Ahora bien, no se sabe por qué, a la abuela le señalaron un alojamiento tan espléndido que se pasaron de rosca; cuatro habitaciones magníficamente amuebladas, con baño, dependencias para la servidumbre, cuarto particular para la camarera, etc., etc. Era verdad que estas habitaciones las había ocupado la semana anterior una *grande duchesse,* hecho que, ni que decir tiene, se comunicaba a los nuevos visitantes para ensalzar el alojamiento. Condujeron a la abuela, mejor dicho, la transportaron, por todas las habitaciones y ella las examinó detenida y rigurosamente. El jefe de comedor, hombre ya entrado en años, medio calvo, la acompañó respetuosamente en esta primera inspección.

Ignoro por quién tomaron a la abuela, pero, según parece, por persona sumamente encopetada y, lo que es más importante, riquísima. La inscribieron en el registro, sin más, como "madame la *générale princesse* de Tarasevicheva", aunque jamás había sido princesa. Su propia servidumbre, su vagón particular, la multitud innecesaria de baúles, maletas, y aun arcas que llegaron con ella, todo ello sirvió de fundamento al prestigio; y el sillón, el timbre agudo de la voz de la abuela, sus preguntas excéntricas, hechas con gran desenvoltura y en tono que no admitía réplica, en suma, toda la figura de la abuela, tiesa, brusca, autoritaria, le granjearon el respeto general. Durante la inspección la abuela mandaba de cuando en cuando detener el sillón, señalaba algún objeto en el mobiliario y dirigía insólitas preguntas al jefe de comedor, que sonreía atentamente pero que ya empezaba a amilanarse. La abuela formulaba sus preguntas en francés, lengua que por cierto hablaba bastante mal, por lo que yo, generalmente, tenía que traducir. Las respuestas del jefe de comedor no le agradaban en su mayor parte y le parecían inadecuadas; aunque bien es verdad que las preguntas de la señora no venían a cuento y nadie sabía a santo de qué las hacía. Por ejemplo, se detuvo de improviso ante un cuadro, copia bastante mediocre de un conocido original de tema mitológico:

—¿De quién es el retrato?

El jefe respondió que probablemente de alguna condesa.

—¿Cómo es que no lo sabes? ¿Vives aquí y no lo sabes? ¿Por qué está aquí? ¿Por qué es bizca?

El jefe no pudo contestar satisfactoriamente a estas preguntas y hasta llegó a atolondrarse.

—¡Vaya mentecato! —comentó la abuela en ruso.

Pasaron adelante. La misma historia se repitió ante una estatuilla sajona que la abuela examinó detenidamente y que mandó luego retirar sin que se supiera el motivo. Una vez más asedió al jefe: ¿Cuánto costaron las alfombras del dormitorio y dónde fueron tejidas? El jefe prometió informarse.

—¡Vaya un asno! —musitó la abuela y dirigió su atención a la cama.

—¡Qué cielo de cama tan suntuoso! Separad las cortinas.

Abrieron la cama.

—¡Más, más! ¡Abridlo todo! ¡Quitad las almohadas, las fundas; levantad el edredón!

Dieron la vuelta a todo. La abuela lo examinó con cuidado.

—Menos mal que no hay chinches. ¡Fuera toda la ropa de cama! Poned la mía y mis almohadas. ¡Todo esto es demasiado elegante! ¿De qué me sirve a mí, vieja que soy, un alojamiento como éste? Me aburriré sola. Aleksei Ivanovich, ven a verme a menudo, cuando hayas terminado de dar lección a los niños.

—Yo, desde ayer, ya no estoy al servicio del general —respondí—. Vivo en el hotel por mi cuenta.

—Y eso ¿por qué?

—El otro día llegó de Berlín un conocido barón alemán con su baronesa. Ayer, en el paseo, hablé con él en alemán sin ajustarme a la pronunciación berlinesa.

—Bueno, ¿y qué?

—Él lo consideró como una insolencia y se quejó al general; y el general me despidió ayer.

—¿Es que tú le insultaste? ¿Al barón, quiero decir? Aunque si lo insultaste, no importa.

—Oh, no. Al contrario. Fue el barón el que me amenazó con su bastón.

—Y tú, baboso, ¿permitiste que se tratara así a tu tutor? —dijo, volviéndose de pronto al general—; ¡y como si eso no bastara le has despedido! ¡Veo que todos sonunos pazguatos, todos unos pazguatos!

—No te preocupes, tía —replicó el general con un dejo de altiva familiaridad—, que yo sé atender a mis propios asuntos. Además, Aleksei Ivanovich no ha hecho una relación muy fiel del caso.

—¿Y tú lo aguantaste sin más? —me preguntó a mí.

—Yo quería retar al barón a un duelo —respondí lo más modesta y sosegadamente posible—, pero el general se opuso.

—¿Por qué te opusiste? —preguntó de nuevo la abuela al general—. Y tú, amigo, márchate y ven cuando se te llame —ordenó dirigiéndose al jefe de comedor—. No tienes por qué estar aquí con la boca abierta. No puedo aguantar esa jeta de Nuremberg. —El jefe se inclinó y salió sin haber entendido las finezas de la abuela.

—Perdón, tía, ¿acaso es permisible el duelo? —inquirió el general con ironía.

—¿Y por qué no habrá de serlo? Los hombres son todos unos gallos, por eso tienen que pelearse. Ya veo que son todos unos pazguatos. No saben defender a su propia patria. ¡Vamos, levantadme! Potapych, pon cuidado en que haya siempre dos cargadores disponibles; ajústalos y llega a un acuerdo con ellos. No hacen falta más que dos; sólo tienen que levantarme en las escaleras; en lo llano, en la calle, pueden empujarme; díselo así. Y págales de antemano porque así estarán más atentos. Tú siempre estarás junto a mí, y tú, Aleksei Ivanovich, señálame a ese barón en el paseo. A ver qué clase de von-barón es; aunque sea sólo para echarle un vistazo. Y esa ruleta, ¿dónde está?

Le expliqué que las ruletas estaban instaladas en el Casino, en las salas de juego. Menudearon las preguntas: ¿Había muchas? ¿Jugaba mucha gente? ¿Se jugaba todo el día? ¿Cómo estaban dispuestas? Yo respondí al cabo que lo mejor sería que lo viera todo con sus propios ojos, porque describirlo era demasiado difícil.

—Bueno, vamos derechos allá. ¡Tú ve delante, Aleksei Ivanovich!

—Pero ¿cómo, tía? ¿No va usted siquiera a descansar del viaje? —interrogó solícitamente el general—. Parecía un tanto inquieto; en realidad todos ellos reflejaban cierta confusión y empezaron a cambiar miradas entre sí. Seguramente les parecía algo delicado, acaso humillante, ir con la abuela directamente al Casino, donde cabía esperar que cometiera alguna excentricidad, pero esta vez en público; lo que no impidió que todos se ofrecieran a acompañarla.

—¿Y qué falta me hace descansar? No estoy cansada; y además llevo sentada cinco días seguidos. Luego iremos a ver qué manantiales y aguas medicinales hay por aquí. Y dónde están. Y después... ¿cómo decías que se llamaba eso, Praskovya...? ¿Cúspide, no?

—Cúspide, abuela.

—Cúspide; bueno, pues cúspide. ¿Y qué más hay por aquí?

—Hay muchas cosas que ver, abuela —dijo Polina esforzándose por decir algo.

—¡Vamos, que no lo sabes! Marfa, tú también irás conmigo —dijo a su doncella.

—¿Pero por qué ella, tía? —interrumpió afanosamente el general—. Y, de todos modos, quizá sea imposible. Puede ser que ni a Potapych le dejen entrar en el Casino.

—¡Qué tontería! ¡Dejarla en casa porque es criada! Es un ser humano como otro cualquiera. Hemos estado una semana viaja que te viaja, y ella también quiere ver algo. ¿Con quién habría de verlo sino conmigo? Sola no se atrevería a asomar la nariz a la calle.

—Pero abuela...

—¿Es que te da vergüenza ir conmigo? Nadie te lo exige; quédate en casa. ¡Pues anda con el general! Si a eso vamos, yo también soy generala. ¿Y por qué viene toda esa caterva tras de mí? Me basta con Aleksei Ivanovich para verlo todo.

Pero Des Grieux insistió vivamente en que todos la acompañarían y habló con frases muy amables del placer de ir con ella, etc., etc. Todos nos pusimos en marcha.

—*Elle est tombée en enfance* —repitió Des Grieux al general—, *seule elle fera des bêtises...* —No pude oír lo demás que dijo, pero al parecer tenía algo entre ceja y ceja y quizás su esperanza había vuelto a rebullir.

Hasta el Casino había un tercio de milla. Nuestra ruta seguía la avenida de los castaños hasta la glorieta, y una vez dada la vuelta a ésta se llegaba directamente al Casino. El general se tranquilizó un tanto, porque nuestra comitiva, aunque harto excéntrica, era digna y decorosa. Nada tenía de particular que apareciera por el balneario una persona de salud endeble imposibilitada de las piernas. Sin embargo, se veía que el general le tenía miedo al Casino: ¿por qué razón iba a las salas de juego una persona tullida de las piernas y vieja por más señas? Polina y mademoiselle Blanche caminaban una a cada lado junto a la silla de ruedas. Mademoiselle Blanche reía, mostraba una alegría modesta y a veces hasta bromeaba amablemente con la abuela, hasta tal punto que ésta acabó por hablar de ella con elogio. Polina, al otro lado, se veía obligada a contestar a las numerosas y frecuentes preguntas de la anciana: "¿Quién es el que ha pasado? ¿Quién es la que iba en el coche? ¿Es grande la ciudad? ¿Es grande el jardín? ¿Qué clase de árboles son éstos? ¿Qué son esas montañas? ¿Hay águilas aquí? ¡Qué tejado tan ridículo!". Míster Astley caminaba junto a mí y me decía por lo bajo que esperaba mucho de esa mañana. Potapych y Marfa marchaban inmediatamente detrás de la silla: Él en su frac y corbata blanca, pero con gorra; ella —una cuarentona sonrosada pero que ya empezaba a encanecer— en *chapelet*, vestido de algodón estampado y botas de piel de cabra que crujían al andar. La abuela se volvía a ellos muy a menudo y les daba conversación. Des Grieux y el general iban algo rezagados y hablaban de algo con mucha animación. El general estaba muy alicaído; Des Grieux hablaba con aire enérgico. Quizá quería alentar al general y al parecer le estaba aconsejando. La abuela, sin embargo, había pronunciado poco antes la frase fatal: "Lo que es dinero no te doy". Acaso esta noticia le parecía inverosímil a Des Grieux, pero el general conocía a su tía. Yo noté que Des Grieux y mademoiselle Blanche seguían haciéndose señas. Al príncipe y al viajero alemán los columbré al extremo mismo de la avenida: Se habían detenido y acabaron por separarse de nosotros. Llegamos al Casino en triunfo. El conserje y los lacayos dieron prueba del mismo respeto que la servidumbre del hotel. Miraban, sin embargo, con curiosidad. La abuela ordenó, como primera providencia, que la llevaran por todas las salas, aprobando algunas cosas, mostrando completa indiferencia ante otras, y preguntando sobre todas. Llegaron por último a las salas de juego. El lacayo que estaba de centinela ante la puerta cerrada la abrió de par en par presa de asombro.

La aparición de la abuela ante la mesa de ruleta produjo gran impresión en el público. En torno a las mesas de ruleta y al otro extremo de la sala, donde se hallaba la mesa de *trente et quarante,* se apiñaban quizá un centenar y medio o dos centenares de jugadores en varias filas. Los que lograban llegar a la mesa misma solían agruparse apretadamente y no cedían sus lugares mientras no perdían, ya que no se permitía a los mirones permanecer allí ocupando inútilmente un puesto de juego. Aunque había sillas dispuestas alrededor de la mesa, eran pocos los jugadores que se sentaban, sobre todo cuando había gran afluencia de público, porque de pie les era posible estar más apretados, ahorrar sitio y hacer las apuestas con mayor comodidad. Las filas segunda y tercera se apretujaban contra la primera, observando y aguardando su turno; pero en su impaciencia alargaban a veces la mano por entre la primera fila para hacer sus apuestas. Hasta los de la tercera fila se las arreglaban de ese modo para hacerlas; de aquí que no pasaran diez minutos o siquiera cinco sin que en algún extremo de la mesa surgiera alguna bronca sobre una apuesta de equívoco origen. Pero la policía del Casino se mostraba bastante eficaz. Resultaba, por supuesto, imposible evitar las apreturas; por el contrario, la afluencia de gente era, por lo ventajosa, motivo de satisfacción para los administradores; pero ocho *crupieres* sentados alrededor de la mesa no quitaban el ojo de las apuestas, llevaban las cuentas, y cuando surgían disputas las resolvían. En casos extremos llamaban a la policía y el asunto se concluía al momento. Los agentes andaban también desparramados por la sala en traje de paisano, mezclados con los espectadores para no ser reconocidos. Vigilaban en particular a los rateros y los caballeros de industria que abundan mucho en las cercanías de la ruleta por las excelentes oportunidades que se les ofrecen de ejercitar su oficio. Efectivamente, en cualquier otro sitio hay que desvalijar el bolsillo ajeno o forzar cerraduras, lo que si fracasa puede resultar muy molesto. Aquí, por el contrario, basta con acercarse a la mesa, ponerse a jugar, y de pronto, a la vista de todos y con desparpajo, echar mano de la ganancia ajena y metérsela en el bolsillo propio. Si surge una disputa, el bribón jura y perjura a voz en cuello que la apuesta es suya. Si la manipulación se hace con destreza y los testigos parecen dudar, el ratero logra muy a menudo apropiarse el dinero, por supuesto si la cantidad no es de mayor cuantía, porque de lo contrario es probable que haya sido notada por los *crupieres* o, incluso antes, por algún otro jugador. Pero si la cantidad no es grande, el verdadero dueño a veces decide sencillamente no continuar la disputa y, temeroso de un escándalo, se marcha. Pero si se logra desenmascarar a un ladrón, se le saca de allí con escándalo.

Todo esto lo observaba la abuela desde lejos con apasionada curiosidad. Le agradó mucho que se llevaran a unos ladronzuelos. El *trente et quarante* no la sedujo mucho; lo que más la cautivó fue la ruleta y cómo rodaba la bolita. Expresó por fin el deseo de ver el juego más de cerca. No sé cómo, pero es el caso que los lacayos y otros individuos entremetidos (en su mayor parte polacos desafortunados que asediaban con sus servicios a los jugadores con suerte y a todos los extranjeros) pronto hallaron y despejaron un sitio para la abuela, no obstante la aglomeración, en el centro mismo de la mesa, junto al *crupier* principal, y allí trasladaron su silla. Una muchedumbre de visitantes que no jugaban, pero que estaban observando el juego a cierta distancia (en su mayoría ingleses y sus familias), se acercaron al punto a la mesa para mirar a la abuela desde detrás de los jugadores. Hacia ella apuntaron los impertinentes de numerosas personas. Los *crupieres* comenzaron a acariciar esperanzas: En efecto, una jugadora tan excéntrica parecía prometer algo inusitado. Una anciana setentona, baldada de las piernas y deseosa de jugar no era cosa de todos los días. Yo también me acerqué a la mesa y me coloqué junto a la abuela. Potapych y Marfa se quedaron a un lado, bastante apartados entre la gente. El general, Polina, Des Grieux y mademoiselle Blanche también se situaron a un lado, entre los espectadores.

La abuela comenzó por observar a los jugadores. A media voz me hacía preguntas bruscas, inconexas: ¿quién es ése? Le agradaba en particular un joven que estaba a un extremo de la mesa jugando fuerte y que, según se murmuraba en torno, había ganado ya hasta cuarenta mil francos, amontonados ante él en oro y billetes de banco. Estaba pálido, le brillaban los ojos y le temblaban las manos. Apostaba ahora sin contar el dinero, cuanto podía coger con la mano, y a pesar de ello seguía ganando y amontonando dinero a más y mejor. Los lacayos se movían solícitos a su alrededor, le arrimaron un sillón, despejaron un espacio en torno suyo para que estuviera más a sus anchas y no sufriera apretujones —todo ello con la esperanza de recibir una amplia gratificación—. Algunos jugadores con suerte daban a los lacayos generosas propinas, sin contar el dinero, gozosos, también cuanto con la mano podían sacar del bolsillo. Junto al joven estaba ya instalado un polaco muy servicial, que cortésmente, pero sin parar, le decía algo por lo bajo, seguramente indicándole qué apuestas hacer, asesorándole y guiando el juego, también con la esperanza, por supuesto, de recibir más tarde una dádiva. Pero el jugador casi no le miraba, hacía sus apuestas al buen tuntún y ganaba siempre. Estaba claro que no se daba cuenta de lo que hacía.

La abuela le observó algunos minutos.

—Dile —me indicó de pronto agitada, tocándome con el codo—, dile que pare de jugar, que recoja su dinero cuanto antes y que se vaya. ¡Lo perderá, lo perderá todo enseguida! —me apremió casi sofocada de ansiedad—. ¿Dónde está Potapych? Mándale a Potapych. Y díselo, vamos, díselo —y me dio otra vez con el codo—; pero ¿dónde está Potapych? *Sortez, sortez* —empezó ella misma a gritarle al joven—. Yo me incliné y le dije en voz baja pero firme que aquí no se gritaba así, que ni siquiera estaba permitido hablar alto porque ello estorbaba los cálculos, y que nos echarían de allí enseguida.

— ¡Qué lástima! Ese chico está perdido, es decir, que él mismo quiere... no puedo mirarle, me revuelve las entrañas. ¡Qué pazguato! —y acto seguido la abuela dirigió su atención a otro sitio.

Allí a la izquierda, al otro lado del centro de la mesa entre los jugadores, se veía a una dama joven y junto a ella a una especie de enano. No sé quién era este enano si pariente suyo o si lo llevaba consigo para llamar la atención. Ya había notado yo antes a esa señora: Se presentaba ante la mesa de juego todos los días a la una de la tarde y se iba a las dos en punto, así, pues, cada día jugaba sólo una hora. Ya la conocían y le acercaron un sillón. Sacó del bolso un poco de oro y algunos billetes de mil francos y empezó a hacer posturas con calma, con sangre fría, con cálculo, apuntando con lápiz cifras en un papel y tratando de descubrir el sistema según el cual se agrupaban los "golpes". Apostaba sumas considerables. Ganaba todos los días uno, dos o cuando más tres mil francos, y habiéndolos ganado se iba. La abuela estuvo observándola largo rato.

—¡Bueno, ésta no pierde! ¡Ya se ve que no pierde! ¿De qué pelaje es? ¿No lo sabes? ¿Quién es?

—Será una francesa de... bueno, de ésas —murmuré.

—¡Ah, se conoce al pájaro por su modo de volar! Se ve que tiene buenas garras. Explícame ahora lo que significa cada giro y cómo hay que hacer la apuesta.

Le expliqué a la abuela, dentro de lo posible, lo que significaban las numerosas combinaciones de posturas, *rouge e noir, pair et impair, manque et passe,* y, por último, los diferentes matices en el sistema de números. Ella escuchó con atención, fijó en la mente lo que le dije, hizo nuevas preguntas y se lo aprendió todo. Para cada sistema de posturas era posible mostrar al instante un ejemplo, de modo que podía aprender y recordar con facilidad y rapidez. La abuela quedó muy satisfecha.

—¿Y qué es eso del *zéro?* ¿Has oído hace un momento a ese *crupier* del pelo rizado, el principal, gritar *zéro*? ¿Y por qué recogió todo lo que había en la mesa? ¡Y qué montón ha cogido! ¿Qué significa eso?

—El *zéro,* abuela, significa que ha ganado la banca. Si la bola cae en *zéro,* todo cuanto hay en la mesa pertenece sin más a la banca. Es verdad que cabe apostar para no perder el dinero, pero la banca no paga nada.

—¡Pues anda! ¿Y a mí no me darían nada?

—No, abuela, si antes de ello hubiera apostado usted al *zéro* y saliera el *zéro*, le pagarían treinta y cinco veces la cantidad de la apuesta.

—¡Cómo! ¿Treinta y cinco veces? ¿Y sale a menudo? ¿Cómo es que los muy tontos no apuestan al *zéro*?

—Tienen treinta y seis posibilidades en contra, abuela.

—¡Qué tontería! ¡Potapych, Potapych! Espera, que yo también llevo dinero encima; aquí está! —Sacó del bolso un portamonedas bien repleto y de él extrajo un federico de oro—. ¡Hala, pon eso enseguida al *zéro*!

—Abuela, el *zéro* acaba de salir —dije yo—, por lo tanto tardará mucho en volver a salir. Perderá usted mucho dinero. Espere todavía un poco.

—¡Tontería! Ponlo.

—Está bien, pero quizás no salga hasta la noche; podría usted poner hasta mil y puede que no saliera. No sería la primera vez.

—¡Tontería, tontería! Quien teme al lobo no se mete en el bosque. ¿Qué? ¿Has perdido? Pon otro.

Perdieron el segundo federico de oro; pusieron un tercero. La abuela apenas podía estarse quieta en su silla; con ojos ardientes seguía los saltos de la bolita por los orificios de la rueda que giraba. Perdieron también el tercero. La abuela estaba fuera de sí, no podía parar en la silla, y hasta golpeó la mesa con el puño cuando el banquero anunció *"trente-six"* en lugar del ansiado *zéro*.

—¡Ahí lo tienes! —exclamó enfadada—, ¿pero no va a salir pronto ese maldito cerillo? ¡Que me muera si no me quedo aquí hasta que salga! La culpa la tiene ese condenado *crupier* del pelo rizado. Con él no va a salir nunca. ¡Aleksei Ivanovich, pon dos federicos a la vez! Porque si pones tan poco como estás poniendo y sale el *zéro*, no ganas nada.

—¡Abuela!

—Pon ese dinero, ponlo. No es tuyo.

Aposté dos federicos de oro. La bola volteó largo tiempo por la rueda y empezó por fin a rebotar sobre los orificios. La abuela se quedó inmóvil, me apretó la mano y, de pronto, ¡pum!

—*Zéro!* —anunció el banquero.

—¿Ves, ves? —prorrumpió la abuela al momento, volviéndose hacia mí con cara resplandeciente de satisfacción—. ¡Ya te lo dije, ya te lo dije! Ha sido Dios mismo el que me ha inspirado para poner dos federicos de oro. Vamos a ver, ¿cuánto me darán ahora? ¿Pero por qué no me lo dan? Potapych, Marfa, ¿pero dónde están? ¿Adónde ha ido nuestra gente? ¡Potapych, Potapych!

—Más tarde, abuela —le dije al oído—. Potapych está a la puerta porque no le permiten entrar aquí. Mire, abuela, le entregan el dinero; cójalo. —Le alargaron un pesado paquete envuelto en papel azul con cincuenta federicos de oro y le dieron unos veinte sueltos. Yo, sirviéndome del rastrillo, los amontoné ante la abuela.

—*Faites le jeu, messieurs! Faites le jeu, messieurs! Rien ne va plus?* —anunció el banquero invitando a hacer posturas y preparándose para hacer girar la ruleta.

—¡Dios mío, nos hemos retrasado! ¡Van a darle a la rueda! ¡Haz la puesta, hazla! —me apremió la abuela—. ¡Hala, de prisa, no pierdas tiempo! —dijo fuera de sí, dándome fuertes codeos.

—¿A qué lo pongo, abuela?

—¡Al *zéro*, al *zéro!* ¡Otra vez al *zéro!* ¡Pon lo más posible! ¿Cuánto tenemos en total? ¿Setenta federicos de oro? No hay por qué guardarlos; pon veinte de una vez.

—¡Pero serénese, abuela! A veces no sale en doscientas veces seguidas. Le aseguro que todo el dinero se le irá en apuestas.

—¡Tontería, tontería! ¡Haz la apuesta! ¡Hay que ver cómo le das a la lengua! Sé lo que hago. —Su agitación llegaba hasta el frenesí.

—Abuela, según el reglamento no está permitido apostar al *zéro* más de doce federicos de oro a la vez. Eso es lo que he puesto.

—¿Cómo que no está permitido? ¿No me engañas? ¡*Musié musié*! —dijo tocando con el codo al *crupier* que estaba a su izquierda y que se disponía a hacer girar la ruleta—. *Combien zéro? douze ? douze?*

Yo aclaré la pregunta en francés.

—*Oui, madame* —corroboró cortésmente el *crupier*— puesto que según el reglamento ninguna puesta sencilla puede pasar de cuatro mil florines —agregó para mayor aclaración.

—Bien, no hay nada que hacer. Pon doce.

—*Le jeu estfait* —gritó el *crupier*. Giró la ruleta y salió el treinta. Habíamos perdido.

—¡Otra vez, otra vez! ¡Pon otra vez! —gritó la abuela. Yo ya no la contradije y, encogiéndome de hombros, puse otros doce federicos de oro. La rueda giró largo tiempo. La abuela temblaba, así como suena, siguiendo sus vueltas. "¿Pero de veras cree que ganará otra vez con el *zéro?*" —pensaba yo mirándola perplejo. En su rostro brillaba la inquebrantable convicción de que ganaría, la positiva anticipación de que al instante gritarían: *zéro!*

—*Zéro!* —gritó el banquero.

—¡Ya ves! —exclamó la abuela con frenético júbilo, volviéndose a mí.

Yo también era jugador. Lo sentí en ese mismo instante. Me temblaban los brazos y las piernas, me martilleaba la cabeza. Se trataba, ni que decir tiene, de un caso infrecuente: En unas diez jugadas había salido el *zéro* tres veces; pero en ello tampoco había nada asombroso. Yo mismo había sido testigo dos días antes de que habían salido tres *zéros* seguidos, y uno de los jugadores, que asiduamente apuntaba las jugadas en un papel, observó en voz alta que el día anterior el *zéro* había salido sólo una vez en veinticuatro horas.

A la abuela, como a cualquiera que ganaba una cantidad muy considerable, le liquidaron sus ganancias atenta y respetuosamente. Le tocaba cobrar cuatrocientos veinte federicos de oro, esto es, cuatro mil florines y veinte federicos de oro. Le entregaron los veinte federicos en oro y los cuatro mil florines en billetes de banco.

Esta vez, sin embargo, la abuela ya no llamaba a Potapych; no era eso lo que ocupaba su atención. Ni siquiera daba empujones ni temblaba visiblemente; temblaba por dentro, si así cabe decirlo. Toda ella estaba concentrada en algo, absorta en algo:

—¡Aleksei Ivanovich! ¿Ha dicho ese hombre que sólo pueden apostarse cuatro mil florines como máximo en una jugada? Bueno, entonces toma y pon estos cuatro mil al rojo —ordenó la abuela.

Era inútil tratar de disuadirla. Giró la rueda.

—*Rouge!* —anunció el banquero.

Ganó otra vez, lo que en una apuesta de cuatro mil florines venían a ser, por lo tanto, ocho mil.

—Dame cuatro —decretó la abuela— y pon de nuevo cuatro al rojo.

De nuevo aposté cuatro mil.

–*Rouge!* –volvió a proclamar el banquero.

–En total, doce mil. Dámelos. Mete el oro aquí en el bolso y guarda los billetes.

–Basta. A casa. Empujad la silla.

Capítulo 11

Empujaron la silla hasta la puerta que estaba al otro extremo de la sala. La abuela iba radiante. Toda nuestra gente se congregó en torno suyo para felicitarla. Su triunfo había eclipsado mucho de lo excéntrico de su conducta, y el general ya no temía que le comprometieran en público sus relaciones de parentesco con la extraña señora. Felicitó a la abuela con una sonrisa indulgente en la que había algo familiar y festivo, como cuando se entretiene a un niño. Por otra parte, era evidente que, como todos los demás espectadores, él también estaba pasmado. Alrededor, todos señalaban a la abuela y hablaban de ella. Muchos pasaban junto a ella para verla más de cerca. Míster Astley, desviado del grupo, daba explicaciones acerca de ella a dos ingleses conocidos suyos. Algunas damas de alto copete que habían presenciado el juego la observaban con la mayor perplejidad, como si fuera un bicho raro. Des Grieux se deshizo en sonrisas y enhorabuenas.

–*Quelle victoire!* –exclamó.

–*Mais, madame, c'était du feu!* –añadió mademoiselle Blanche con sonrisa seductora.

–Pues sí, que me puse a ganar y he ganado doce mil florines. ¿Qué digo doce mil? ¿Y el oro? Con el oro llega casi hasta trece mil. ¿Cuánto es esto en dinero nuestro? ¿Seis mil, no es eso?

Yo indiqué que pasaba de siete y que al cambio actual quizá llegase a ocho.

–¡Como quien dice una broma! ¡Y ustedes aquí, pazguatos, sentados sin hacer nada! Potapych, Marfa, ¿han visto?

–Señora, ¿pero cómo ha hecho eso? ¡Ocho mil rublos! –exclamó Marfa retorciéndose de gusto.

—¡Ea, aquí tenéis cada uno de vosotros cinco monedas de oro!

Potapych y Marfa se precipitaron a besarle las manos.

—Y entrega a cada uno de los cargadores un federico de oro. Dáselos en oro, Aleksei Ivanovich. ¿Por qué se inclina este lacayo? ¿Y este otro? ¿Me están felicitando? Dales también a cada uno un federico de oro.

—*Madame la princesse... un pauvre expatrié... malheur continuel... les princes russes sont si généreux* —murmuraba lisonjero en torno a la silla un individuo bigotudo que vestía una levita ajada y un chaleco de color chillón, y haciendo aspavientos con la gorra y con una sonrisa servil en los labios.

—Dale también un federico de oro. No, dale dos; bueno, basta, con eso nos lo quitamos de encima. ¡Levántenme y andando! Praskovya —dijo volviéndose a Polina Aleksandrovna—, mañana te compro un vestido, y a ésa... ¿cómo se llama? ¿Mademoiselle Blanche, no es eso?, le compro otro. Tradúcele eso, Praskovya.

—*Merci, madame* —dijo mademoiselle Blanche con una amable reverencia, torciendo la boca en una sonrisa irónica que cambió con Des Grieux y el general. Éste estaba abochornado y se puso muy contento cuando llegamos a la avenida.

—Fedosya..., lo que es Fedosya sé que va a quedar asombrada —dijo la abuela acordándose de la niñera del general, conocida suya—. También a ella hay que regalarle un vestido. ¡Eh, Aleksei Ivanovich, Aleksei Ivanovich, dale algo a ese mendigo!

Por el camino venía un pelagatos, encorvado de espalda, que nos miraba.

—¡Dale un *gulden;* dáselo!

Me llegué a él y se lo di. Él me miró con vivísima perplejidad, pero tomó el *gulden* en silencio. Olía a vino.

—¿Y tú, Aleksei Ivanovich, no has probado fortuna todavía?

—No, abuela.

—Pues vi que te ardían los ojos.

—Más tarde probaré sin falta, abuela.

—Y vete derecho al *zéro.* ¡Ya verás! ¿Cuánto dinero tienes?

—En total, sólo veinte federicos de oro, abuela.

—No es mucho. Si quieres, te presto cincuenta federicos. Tómalos de ese mismo rollo. ¡Y tú, amigo, no esperes, que no te doy nada! —dijo dirigiéndose de pronto al general. Fue para éste un rudo golpe, pero guardó silencio. Des Grieux frunció las cejas.

—*Que diable, cest une terrible vieille!* —dijo entre dientes al general.

—¡Un pobre, un pobre, otro pobre! —gritó la abuela—. Aleksei Ivanovich, dale un *gulden* a éste también.

Esta vez se trataba de un viejo canoso, con una pata de palo, que vestía una especie de levita azul de ancho vuelo y que llevaba un largo bastón en la mano. Tenía aspecto de veterano del ejército. Pero cuando le alargué el *gulden,* dio un paso atrás y me miró amenazante.

— *Was ist's der Teufel!* —gritó, añadiendo luego a la frase una decena de juramentos.

—¡Idiota! —exclamó la abuela despidiéndole con un gesto de la mano—. Sigamos adelante. Tengo hambre. Ahora mismo a comer, luego me echo un rato y después volvemos allá.

—¿Quiere usted jugar otra vez, abuela? —grité.

—¿Pues qué pensabas? ¿Que porque ustedes están aquí mano sobre mano y alicaídos, yo debo pasar el tiempo mirándolos?

—*Mais, madame* —dijo Des Grieux acercándose—, *les chances peuvent tourner, une seule mauvaise chance et vous perdrez tout... surtout avec votre jeu... c'était terrible!*

— *Vous perdrez absolument* —gorjeó mademoiselle Blanche.

—¿Y eso qué les importa a ustedes? No será su dinero el que pierda, sino el mío. ¿Dónde está ese míster Astley? —me preguntó.

—Se quedó en el Casino, abuela.

—Lo siento. Es un hombre tan bueno.

Una vez en el hotel la abuela, encontrando en la escalera al *Oberkellner,* lo llamó y empezó a hablar con vanidad de sus ganancias. Luego llamó a Fedosya, le regaló tres federicos de oro y le mandó que sirviera la comida. Durante ésta, Fedosya y Marfa se desvivieron por atender a la señora.

—La miré a usted, señora —dijo Marfa en un arranque—, y le dije a Potapych ¿qué es lo que quiere hacer nuestra señora? Y en la mesa, dinero y más dinero, ¡santos benditos! En mi vida he visto tanto dinero. Y alrededor todo era señorío, nada más que señorío. ¿Pero de dónde viene todo este señorío?, le pregunté a Potapych. Y pensé: ¡Que la mismísima Madre de Dios la proteja! Recé por usted, señora, y estaba temblando, toda temblando, con el corazón en la boca, así como lo digo. Dios mío —pensé— concédeselo, y ya ve usted que el Señor se lo concedió. Todavía sigo temblando, señora, sigo toda temblando.

—Aleksei Ivanovich, después de la comida, a eso de las cuatro, prepárate y vamos. Pero adiós por ahora. Y no te olvides de mandarme un mediquillo, porque tengo que tomar las aguas. Y a lo mejor se te olvida.

Me alejé de la abuela como si estuviera ebrio. Procuraba imaginarme lo que sería ahora de nuestra gente y qué giro tomarían los acontecimientos. Veía claramente que ninguno de ellos (y, en particular, el general) se había repuesto todavía de la primera impresión. La aparición de la abuela en vez del telegrama esperado de un momento a otro anunciando su muerte (y, por lo tanto, la herencia) quebrantó el esquema de sus designios y acuerdos hasta el punto de que, con evidente atolondramiento y algo así como pasmo que los contagió a todos, presenciaron las ulteriores hazañas de la abuela en la ruleta. Mientras tanto, este segundo factor era casi tan importante como el primero, porque aunque la abuela había repetido dos veces que no daría dinero al general, ¿quién podía asegurar que así fuera? De todos modos no convenía perder aún la esperanza. No la había perdido Des Grieux, comprometido en todos los asuntos del general. Yo estaba seguro de que mademoiselle Blanche, que también andaba en ellos (¡cómo no! generala y con una herencia considerable), tampoco perdería la esperanza y usaría con la abuela de todos los hechizos de la coquetería, en contraste con las rígidas y desmañadas muestras de afecto de la altanera Polina. Pero ahora, ahora que la abuela había realizado tales hazañas en la ruleta, ahora que la personalidad de la abuela se dibujaba tan nítida y típicamente (una vieja testaruda y mandona y *tombée en enfance);* ahora quizá todo estaba perdido, porque estaba contenta, como un niño, de "haber dado el golpe" y, como sucede en tales casos, acabaría por perder hasta las pestañas. Dios mío, pensaba yo (y, que Dios me perdone, con hilaridad rencorosa), Dios mío, cada federico de oro que la abuela acababa de apostar había sido de seguro una puñalada en el corazón del general, había hecho rabiar a Des Grieux y puesto a mademoiselle de Cominges al borde del frenesí, porque para ella era como quedarse con la miel en los labios. Un detalle más: A pesar de las ganancias y el regocijo, cuando la abuela repartía dinero entre todos y tomaba a cada transeúnte por un mendigo, seguía diciendo con desgaire al general: "¡A ti, sin embargo, no te doy nada!". Ello suponía que estaba encastillada en esa idea, que no cambiaría de actitud, que se había prometido a sí misma mantenerse en sus trece. ¡Era peligroso, peligroso!

Yo llevaba la cabeza llena de cavilaciones de esta índole cuando desde la habitación de la abuela subía por la escalera principal a mi cuchitril, en el último piso. Todo ello me preocupaba hondamente. Aunque ya antes había podido vislumbrar los hilos principales, los más gruesos, que enlazaban a los actores; lo cierto era, sin embargo, que no conocía todas las trazas y secretos del juego. Polina nunca se había sincerado plenamente conmigo. Aunque era cierto que de cuando en cuando, como a regañadientes, me descubría su corazón, yo había notado que con frecuencia, mejor dicho, casi siempre después de tales confidencias, se burlaba de lo dicho, o lo tergiversaba y le daba de propósito un tono de embuste. ¡Ah, ocultaba muchas cosas! En todo caso, yo presentía que se acercaba el fin de esta situación místeriosa y tirante. Una conmoción más y todo quedaría concluido y al descubierto. En cuanto a mí, implicado también en todo ello, apenas me preocupaba de lo que podía pasar. Era raro mi estado de ánimo: En el bolsillo tenía en total veinte federicos de oro; me hallaba en tierra extraña, lejos de la propia, sin trabajo y sin medios de subsistencia, sin esperanza, sin posibilidades, y, sin embargo, no me sentía inquieto. Si no hubiera sido por Polina, me hubiera entregado sin más al interés cómico en el próximo desenlace y me hubiera reído a mandíbula batiente. Pero Polina me inquietaba; presentía que su suerte iba a decidirse, pero confieso que no era su suerte lo que me traía de cabeza. Yo quería penetrar en sus secretos. Yo deseaba que viniera a mí y me dijera: "Te quiero"; pero si eso no podía ser, si era una locura inconcebible, entonces... ¿qué cabía desear? ¿Acaso sabía yo mismo lo que quería? Me sentía despistado; sólo ambicionaba estar junto a ella, en su aureola, en su nimbo, siempre, toda la vida, eternamente. Fuera de eso no sabía nada. ¿Y acaso podía apartarme de ella?

En el tercer piso, en el corredor de ellos, sentí algo así como un empujón. Me volví y a veinte pasos o más de mí vi a Polina que salía de su habitación. Se diría que me había estado esperando y al momento me hizo seña de que me acercara.

—Polina Aleks...

—¡Más bajo! —me advirtió.

—Figúrese —murmuré—, acabo de sentir como un empellón en el costado. Miré a mi alrededor y ahí estaba usted. Es como si usted exhalara algo así como un fluido eléctrico.

—Tome esta carta —dijo Polina pensativa y ceñuda, probablemente sin haber oído lo que le había dicho— y enseguida entréguesela en propia mano a míster Astley. Cuanto antes, se lo ruego. No hace falta contestación. Él mismo...

No terminó la frase.

—¿A míster Astley? —pregunté con asombro. Pero Polina ya había cerrado la puerta.

—¡Hola, conque cartitas tenemos! —Fui, por supuesto, corriendo a buscar a míster Astley, primero en su hotel, donde no lo hallé, luego en el Casino, donde recorrí todas las salas, y, por último, camino ya de casa, irritado, desesperado, tropecé con él inopinadamente. Iba a caballo, formando parte de una cabalgata de ingleses de ambos sexos. Le hice una seña, se detuvo y le entregué la carta. No tuvimos tiempo ni para mirarnos; pero sospecho que míster Astley, adrede, espoleó enseguida a su montura.

¿Me atormentaban los celos? En todo caso, me sentía deshecho de ánimo. Ni siquiera deseaba averiguar sobre qué se escribían. ¡Con que él era su confidente! "Amigo, lo que se dice amigo —pensaba yo—, está claro que lo es (pero ¿cuándo ha tenido tiempo para llegar a serlo?); ahora bien, ¿hay aquí amor? Claro que no" —me susurraba el sentido común. Pero el sentido común, por sí solo, no basta en tales circunstancias. De todos modos, también esto quedaba por aclarar. El asunto se complicaba de modo desagradable.

Apenas entré en el hotel cuando el conserje y el *Oberkellner*, que salía de su habitación, me hicieron saber que se preguntaba por mí, que se me andaba buscando y que se había mandado tres veces a averiguar dónde estaba; y me pidieron que me presentara cuanto antes en la habitación del general. Yo estaba de pésimo humor. En el gabinete del general se encontraban, además de éste, Des Grieux y mademoiselle Blanche, sola, sin la madre. Estaba claro que la madre era postiza, utilizada sólo para cubrir las apariencias; pero cuando era cosa de bregar con un *asunto* de verdad, entonces mademoiselle Blanche se las arreglaba sola. Sin contar que la madre apenas sabía nada de los negocios de su supuesta hija.

Los tres estaban discutiendo acaloradamente de algo, y hasta la puerta del gabinete estaba cerrada, lo cual nunca había ocurrido antes. Cuando me acerqué a la puerta oí voces destempladas —las palabras insolentes y mordaces de Des Grieux, los gritos descarados, abusivos y furiosos de Blanche y la voz quejumbrosa del general, quien, por lo visto, se estaba disculpando de algo—. Al entrar yo, los tres parecieron serenarse y dominarse. Des Grieux se alisó los cabellos y de su rostro airado sacó una sonrisa, esa sonrisa francesa repugnante, oficialmente cortés, que tanto detesto. El acongojado y decaído general tomó un aire digno, aunque un tanto maquinalmente. Sólo mademoiselle Blanche mantuvo inalterada su fisonomía, que chispeaba de cólera. Calló, fijando en mí su mirada con impaciente expectación. Debo apuntar que hasta entonces me había tratado con la más absoluta indiferencia, sin contestar siquiera a mis saludos, como si no se percatara de mi presencia.

—Aleksei Ivanovich —dijo el general en un tono de suave reconvención—, permita que le indique que es extraño, sumamente extraño, que..., en una palabra, su conducta conmigo y con mi familia..., en una palabra, sumamente extraño...

—*Eh! ce n'est pas ça!* —interrumpió Des Grieux irritado y desdeñosamente. (Estaba claro que era él quien llevaba la voz cantante.)— *Mon cher monsieur, notre cher général se trompe,* al adoptar ese tono —continuaré sus comentarios en ruso—, pero él quería decirle... es decir, advertirle, o, mejor dicho, rogarle encarecidamente que no le arruine (eso, que no le arruine). Uso de propósito esa expresión...

—¿Pero qué puedo yo hacer? ¿Qué puedo? —interrumpí.

—Perdone, usted se propone ser el guía (¿o cómo llamarlo?) de esa vieja, *cette pauvre terrible vieille* —el propio Des Grieux perdía el hilo—, pero es que va a perder; perderá hasta la camisa. ¡Usted mismo vio cómo juega, usted mismo fue testigo de ello! Si empieza a perder no se apartará de la mesa, por terquedad, por porfía, y seguirá jugando y jugando, y en tales circunstancias nunca se recobra lo perdido, y entonces... entonces...

—¡Y entonces —corroboró el general—, entonces arruinará usted a toda la familia! A mí y a mi familia, que somos sus herederos, porque no tiene parientes más allegados. Le diré a usted con franqueza que mis asuntos van mal, rematadamente mal. Usted mismo sabe algo de ello... Si ella pierde una suma considerable o ¿quién sabe? toda su hacienda (¡Dios no lo quiera!), ¿qué será entonces de ellos, de mis hijos? (el general volvió los ojos a Des Grieux), ¿qué será de mí? (Miró a mademoiselle Blanche que con desprecio le volvió la espalda.) ¡Aleksei Ivanovich, sálvenos usted, sálvenos!

—Pero dígame, general, ¿cómo puedo yo, cómo puedo ... ? ¿Qué papel hago yo en esto?

—¡Niéguese, niéguese a ir con ella! ¡Déjela!

—¡Encontrará a otro! —exclamé.

—*Ce n'est pas la, ce n'est pas ça* —atajó de nuevo Des Grieux—, *que diable!* No, no la abandone, pero al menos amonéstela, trate de persuadirla, apártela del juego... y, como último recurso, no la deje perder demasiado, distráigala de algún modo.

—¿Y cómo voy a hacer eso? Si usted mismo se ocupase de eso, monsieur Des Grieux... —agregué con la mayor inocencia.

En ese momento noté una mirada rápida, ardiente e inquisitiva que mademoiselle Blanche dirigió a Des Grieux. Por la cara de éste pasó fugazmente algo peculiar, algo revelador que no pudo reprimir.

—¡Ahí está la cosa; que por ahora no me aceptará! —exclamó Des Grieux gesticulando con la mano—. Si por acaso... más tarde...

Des Grieux lanzó una mirada rápida y significativa a mademoiselle Blanche.

—*O mon cher monsieur Alexis, soyez si bon* —la propia mademoiselle Blanche dio un paso hacia mí sonriendo encantadoramente, me cogió ambas manos y me las apretó con fuerza. ¡Qué demonio! Ese rostro diabólico sabía transfigurarse en un segundo. ¡En ese momento tomó un aspecto tan suplicante, tan atrayente, se sonreía de manera tan candorosa y aun tan pícara! Al terminar la frase me hizo un guiño disimulado, a hurtadillas de los demás; se diría que quería rematarme allí mismo. Y no salió del todo mal, sólo que todo ello era grosero y, por añadidura, horrible.

Tras ella vino trotando el general, así como lo digo, trotando.

—Aleksei Ivanovich, perdóneme por haber empezado a decirle hace un momento lo que de ningún modo me proponía decirle... Le ruego, le imploro, se lo pido a la rusa, inclinándome ante usted... ¡Usted y sólo usted puede salvarnos! Mademoiselle Blanche y yo se lo rogamos... ¿Usted me comprende, no es verdad que me comprende? —imploró, señalándome con los ojos a mademoiselle Blanche. Daba lástima.

En ese instante se oyeron tres golpes leves y respetuosos en la puerta. Abrieron. Había llamado el camarero de servicio. Unos pasos detrás de él estaba Potapych. Venían de parte de la abuela, quien los había mandado a buscarme y llevarme a ella enseguida. Estaba "enfadada", aclaró Potapych.

—¡Pero si son sólo las tres y media!

—La señora no ha podido dormir; no hacía más que dar vueltas; y de pronto se levantó, pidió la silla y mandó a buscarle a usted. Ya está en el pórtico del hotel.

—*Quelle mégére!* —exclamó Des Grieux.

En efecto, encontré a la abuela en el pórtico, consumida de impaciencia porque yo no estaba allí. No había podido aguantar hasta las cuatro.

—¡Hala, levántenme! —chilló, y de nuevo nos pusimos en camino hacia la ruleta.

Capítulo 12

La abuela estaba de humor impaciente e irritable; era evidente que la ruleta le había causado honda impresión. Estaba inatenta para todo lo demás, y en general, muy distraída; durante el camino, por ejemplo, no hizo una sola pregunta como las que había hecho antes. Viendo un magnífico carruaje que pasó junto a nosotros como una exhalación apenas levantó la mano y preguntó: "¿Qué es eso? ¿De quién?", pero sin atender por lo visto a mi respuesta. Su ensimismamiento se veía interrumpido de continuo por gestos y estremecimientos abruptos e impacientes. Cuando ya cerca del

Casino le mostré desde lejos al barón y a la baronesa de Burmerhelm, los miró abstraída y dijo con completa indiferencia: "¡Ah!". Se volvió de pronto a Potapych y Marfa, que venían detrás, y les dijo secamente:

—Vamos a ver, ¿por qué me vienen siguiendo? ¡No voy a traerlos todas las veces! ¡Váyanse a casa! Contigo me basta —añadió dirigiéndose a mí cuando los otros se apresuraron a despedirse y volvieron sobre sus pasos.

En el Casino ya esperaban a la abuela. Al momento le hicieron sitio en el mismo lugar de antes, junto al *crupier*. Se me antoja que estos *crupieres*, siempre tan finos y tan empeñados en no parecer sino empleados ordinarios a quienes les da igual que la banca gane o pierda, no son en realidad indiferentes a que la banca pierda, y por supuesto reciben instrucciones para atraer jugadores y aumentar los beneficios oficiales; a este fin reciben sin duda premios y gratificaciones. Sea como fuere, miraban ya a la abuela como víctima. Acabó por suceder lo que veníamos temiendo.

He aquí cómo pasó la cosa.

La abuela se lanzó sin más sobre el *zéro* y me mandó apostar a él doce federicos de oro. Se hicieron una, dos, tres posturas... y el *zéro* no salió. "¡Haz la apuesta, hazla!" —decía la abuela dándome codazos de impaciencia. Yo obedecí.

—¿Cuántas apuestas has hecho? —preguntó, rechinando los dientes de ansiedad.

—Doce, abuela. He apostado ciento cuarenta y cuatro federicos de oro. Le digo a usted que quizá hasta la noche...

—¡Cállate! —me interrumpió—. Apuesta al *zéro* y pon al mismo tiempo mil *gulden* al rojo. Aquí tienes el billete.

Salió el rojo, pero esta vez falló el *zéro*; le entregaron mil *gulden*.

—¿Ves, ves? —murmuró la abuela—. Nos han devuelto casi todo lo apostado. Apuesta de nuevo al *zéro*; apostaremos diez veces más a él y entonces lo dejamos.

Pero a la quinta vez la abuela acabó por cansarse.

—¡Manda ese *zéro* asqueroso a la porra! ¡Ahora pon esos cuatro mil *gulden al* rojo! —ordenó.

—¡Abuela, eso es mucho! ¿Y qué, si no sale el rojo? —le dije en tono de súplica; pero la abuela casi me molió a golpes. (En efecto, me daba tales codazos que parecía que se estaba peleando conmigo.) No había nada que hacer. Aposté al rojo los cuatro mil *gulden* que ganamos esa mañana. Giró la rueda. La abuela, tranquila y orgullosa, se enderezó en su silla sin dudar de que ganaría irremisiblemente.

—*Zéro* —anunció el crupier.

Al principio la abuela no comprendió; pero cuando vio que el crupier recogía sus cuatro mil *gulden* junto con todo lo demás que había en la mesa, y se dio cuenta de que el *zéro*, que no había salido en tanto tiempo y al que habíamos apostado en vano casi doscientos federicos de oro, había salido como de propósito tan pronto como ella lo había insultado y abandonado, dio un suspiro y extendió los brazos con gesto que abarcaba toda la sala. En torno suyo rompieron a reír.

—¡Por vida de ... ! ¡Conque ha asomado ese maldito! —aulló la abuela—. ¡Pero se habrá visto qué condenado! ¡Tú tienes la culpa! ¡Tú! —y se echó sobre mí con saña, empujándome—. ¡Tú me lo quitaste de la cabeza!

—Abuela, yo le dije lo que dicta el sentido común. ¿Acaso puedo yo responder de las probabilidades?

—¡Ya te daré yo probabilidades! —murmuró en tono amenazador—. ¡Vete de aquí!

—Adiós, abuela —y me volví para marcharme.

—¡Aleksei Ivanovich, Aleksei Ivanovich, quédate! ¿Adónde vas? ¿Pero qué tienes? ¿Enfadado, eh? ¡Tonto! ¡Quédate, quédate, no te sulfures! La tonta soy yo. Pero dime, ¿qué hacemos ahora?

—Abuela, no me atrevo a aconsejarla porque me echará usted la culpa. Juegue sola. Usted decide qué apuesta hay que hacer y yo la hago.

— ¡Bueno, bueno! Pon otros cuatro mil *gulden* al rojo. Aquí tienes el monedero. Tómalos. —Sacó del bolso el monedero y me lo dio—. ¡Hala, tómalos! Ahí hay veinte mil rublos en dinero contante.

—Abuela —dije en voz baja—, una suma tan enorme...

—Que me muera si no gano todo lo perdido... ¡Apuesta! —

Apostamos y perdimos.

—¡Apuesta, apuesta los ocho mil!

—¡No se puede, abuela, el máximo son cuatro mil!...

—¡Pues pon cuatro!

Esta vez ganamos. La abuela se animó. "¿Ves, ves? —dijo dándome con el codo—. ¡Pon cuatro otra vez!".

Apostamos y perdimos; luego perdimos dos veces más.

—Abuela, hemos perdido los doce mil —le indiqué.

—Ya veo que los hemos perdido —dijo ella con tono de furia tranquila, si así cabe decirlo—; lo veo, amigo, lo veo —murmuró mirando ante sí, inmóvil y como cavilando algo—. ¡Ay, que me muero si no ... ! ¡Pon otros cuatro mil *gulden!*

—No queda dinero, abuela. En la cartera hay unos certificados rusos del cinco por ciento y algunas libranzas, pero no hay dinero.

—¿Y en el bolso?

—Calderilla, abuela.

—¿Hay aquí agencias de cambio? Me dijeron que podría cambiar todo nuestro papel —preguntó la abuela sin pararse en barras.

— ¡Oh, todo el que usted quiera! Pero de lo que perdería usted en el cambio se asustaría un judío.

—¡Tontería! Voy a ganar todo lo perdido. Llévame. ¡Llama a esos gandules!

Aparté la silla, aparecieron los cargadores y salimos del Casino. "¡De prisa, de prisa, de prisa!" —ordenó la abuela—. Enseña el camino, Aleksei Ivanovich, y llévame por el más corto... ¿Queda lejos?

—Está a dos pasos, abuela.

Pero en la glorieta, a la entrada de la avenida, salió a nuestro encuentro toda nuestra pandilla: El general, Des Grieux y mademoiselle. Blanche con su madre. Polina Aleksandrovna no estaba con ellos, ni tampoco míster Astley.

—¡Bueno, bueno, bueno! ¡No hay que detenerse! —gritó la abuela—. Pero ¿qué quieren? ¡No tengo tiempo que perder con ustedes ahora!

Yo iba detrás. Des Grieux se me acercó.

—Ha perdido todo lo que había ganado antes, y encima doce mil *gulden* de su propio dinero. Ahora vamos a cambiar unos certificados del cinco por ciento —le dije rápidamente por lo bajo.

Des Grieux dio una patada en el suelo y corrió a informar al general. Nosotros continuamos nuestro camino con la abuela.

—¡Deténgala, deténgala! —me susurró el general con frenesí.

—¡A ver quién es el guapo que la detiene! —le contesté también con un susurro.

—¡Tía! —dijo el general acercándose—, tía... casualmente ahora mismo... ahora mismo... —le temblaba la voz y se le quebraba— íbamos a alquilar caballos para ir de excursión al campo... Una vista espléndida... una cúspide... veníamos a invitarla a usted.

—¡Quítate allá con tu cúspide! —le dijo con enojo la abuela, indicándole con un gesto que se apartara.

—Allí hay árboles... tomaremos el té... —prosiguió el general, presa de la mayor desesperación.

—*Nous boirons du lait, sur l'herbe fraîche* —agregó Des Grieux con vivacidad brutal.

Du laít, de l'herbe fraiche —esto es lo que un burgués de París considera como lo más idílico; en esto consiste, como es sabido, su visión de *"la nature et la vérité"*.

—¡Y tú también, quítate allá con tu leche! ¡Bébetela tú mismo, que a mí me da dolor de vientre. ¿Y por qué me importunan? —gritó la abuela—. He dicho que no tengo tiempo que perder.

—¡Hemos llegado, abuela! —dije—. Es aquí.

Llegamos a la casa donde estaba la agencia de cambio. Entré a cambiar y la abuela se quedó a la puerta. Des Grieux, el general y mademoiselle Blanche se mantuvieron apartados sin saber qué hacer. La abuela les miró con ira y ellos tomaron el camino del Casino.

Me propusieron una tarifa de cambio tan atroz que no me decidí a aceptarla y salí a pedir instrucciones a la abuela.

—¡Qué ladrones! —exclamó levantando los brazos—. ¡En fin, no hay nada que hacer! ¡Cambia! —gritó con resolución—. Espera, dile al cambista que venga aquí.

—¿Uno cualquiera de los empleados, abuela?

—Cualquiera, da lo mismo. ¡Qué ladrones!

El empleado consintió en salir cuando supo que quien lo llamaba era una condesa anciana e impedida que no podía andar. La abuela, muy enojada, le reprochó largo rato y en voz alta por lo que consideraba una estafa y estuvo regateando con él en una mezcla de ruso, francés y alemán, a cuya traducción ayudaba yo. El empleado nos miraba gravemente, sacudiendo en silencio la cabeza. A la abuela la observaba con una curiosidad tan intensa que rayaba en descortesía. Por último, empezó a sonreírse.

—¡Bueno, andando! —exclamó la abuela—. ¡Ojalá se le atragante mi dinero! Que te lo cambie Aleksei Ivanovich; no hay tiempo que perder, y además habría que ir a otro sitio...

—El empleado dice que otros darán menos.

No recuerdo con exactitud la tarifa que fijaron, pero era horrible. Me dieron un total de doce mil florines en oro y billetes. Tomé el paquete y se lo llevé a la abuela.

—Bueno, bueno, no hay tiempo para contarlo —gesticuló con los brazos—, ¡de prisa, de prisa, de prisa! Nunca más volveré a apostar a ese condenado *zéro*; ni al rojo tampoco —dijo cuando llegábamos al Casino.

Esta vez hice todo lo posible para que apostara cantidades más pequeñas, para persuadirla de que cuando cambiara la suerte habría tiempo de apostar una cantidad considerable. Pero estaba tan impaciente que, si bien accedió al principio, fue del todo imposible refrenarla a la hora de jugar. No bien empezó a ganar posturas de diez o veinte federicos de oro, se puso a darme con el codo:

—¡Bueno, ya ves, ya ves! Hemos ganado. Si en lugar de diez hubiéramos apostado cuatro mil, habríamos ganado cuatro mil. ¿Y ahora qué? ¡Tú tienes la culpa, tú solo!

Y aunque irritado por su manera de jugar, decidí por fin callarme y no darle más consejos.

De pronto se acercó Des Grieux. Los tres estaban allí al lado. Yo había notado que mademoiselle Blanche se hallaba un poco aparte con su madre y que coqueteaba con el príncipe. El general estaba claramente en desgracia, casi postergado. Blanche ni siquiera le miraba, aunque él revoloteaba en torno a ella a más y mejor. ¡Pobre general! Empalidecía, enrojecía, temblaba y hasta apartaba los ojos del juego de la abuela. Blanche y el principito se fueron por fin y el general salió corriendo tras ellos.

—*Madame, madame* —murmuró Des Grieux con voz melosa, casi pegándose al oído de la abuela—. *Madame,* esa apuesta no resultará... no, no, no es posible... —dijo chapurreando el ruso—, ¡no!

—Bueno, ¿cómo entonces? ¡Vamos, enséñeme! —contestó la abuela, volviéndose a él. De pronto Des Grieux se puso a parlotear rápidamente en francés, a dar consejos, a agitarse; dijo que era preciso anticipar las probabilidades, empezó a citar cifras... la abuela no entendía nada. Él se volvía continuamente a mí para que tradujera; apuntaba a la mesa y señalaba algo con el dedo; por último, cogió un lápiz y se dispuso a apuntar unos números en un papel. La abuela acabó por perder la paciencia.

—¡Vamos, fuera, fuera! ¡No dices más que tonterías! *"Madame, madame"* y ni él mismo entiende jota de esto. ¡Fuera!

—*Mais, madame* —murmuró Des Grieux, empezando de nuevo a empujar y apuntar con el dedo.

—Bien, haz una puesta como dice —me ordenó la abuela—. Vamos a ver: Quizá salga en efecto.

Des Grieux quería disuadirla de hacer posturas grandes. Sugería que se apostase a dos números, uno a uno o en grupos. Siguiendo sus indicaciones puse un federico de oro en cada uno de los doce primeros números impares, cinco federicos de oro en los números del doce al dieciocho, y cuatro del dieciocho al veinticuatro. En total aposté dieciséis federicos de oro.

Giró la rueda. *"Zéro"* —gritó el banquero. Lo perdimos todo.

—¡Valiente majadero! —exclamó la abuela dirigiéndose a Des Grieux—. ¡Vaya franchute asqueroso! ¡Y el monstruo se las da de consejero! ¡Fuera, fuera! ¡No entiende jota y se mete donde no le llaman!

Des Grieux, terriblemente ofendido, se encogió de hombros, miró despreciativamente a la abuela y se fue. A él mismo le daba vergüenza de haberse entrometido, pero no había podido contenerse.

Al cabo de una hora, a pesar de nuestros esfuerzos, lo perdimos todo.

—¡A casa! —gritó la abuela.

No dijo palabra hasta llegar a la avenida. En ella, y cuando ya llegábamos al hotel, prorrumpió en exclamaciones:

—¡Qué imbécil! ¡Qué mentecata! ¡Eres una vieja, una vieja idiota!

No bien llegamos a sus habitaciones gritó: "¡Que me traigan té, y a prepararse enseguida, que nos vamos!".

—¿Adónde piensa ir la señora? —se aventuró a preguntar Marfa.

—¿Y a ti qué te importa? Cada mochuelo a su olivo. Potapych, prepáralo todo, todo el equipaje. ¡Nos volvemos a Moscú! He despilfarrado quince mil rublos.

—¡Quince mil, señora! ¡Dios mío! —exclamó Potapych, levantando los brazos con gesto conmovedor, tratando probablemente de ayudar en algo.

—¡Bueno, bueno, tonto! ¡Ya has empezado a lloriquear! ¡Silencio! ¡Prepara las cosas! ¡La cuenta, pronto, hala!

—El próximo tren sale a las nueve y media, abuela —indiqué yo para poner fin a su arrebato.

—¿Y qué hora es ahora?

—Las siete y media.

—¡Qué fastidio! En fin, es igual. Aleksei Ivanovich, no me queda un kopek. Aquí tienes estos dos billetes. Ve corriendo al mismo sitio y cámbialos también. De lo contrario no habrá con qué pagar el viaje.

Salí a cambiarlos. Cuando volví al hotel media hora después encontré a toda la pandilla en la habitación de la abuela. La noticia de que ésta salía inmediatamente para Moscú pareció inquietarles aún más que la de las pérdidas de juego que había sufrido. Pongamos, sí, que su fortuna se salvaba con ese regreso, pero ¿qué iba a ser ahora del general? ¿Quién iba a pagar a Des Grieux? Por supuesto, mademoiselle Blanche no esperaría hasta que muriera la abuela y escurriría el bulto con el príncipe o con otro cualquiera. Se hallaban todos ante la anciana, consolándola y tratando de persuadirla. Tampoco esta vez estaba Polina presente. La abuela les increpaba con furia.

—¡Déjenme en paz, demonios! ¿A ustedes qué les importa? ¿Qué quiere conmigo ese barba de chivo? —gritó a Des Grieux—. ¿Y tú, pájara, qué necesitas? —dijo dirigiéndose a mademoiselle Blanche—. ¿A qué viene ese mariposeo?

—¡Diantre! —murmuró mademoiselle Blanche con los ojos brillantes de rabia; pero de pronto lanzó una carcajada y se marchó.

—*Elle vivra cent ans!* —le gritó al general desde la puerta.

—¡Ah!, ¿conque contabas con mi muerte? —aulló la abuela al general—. ¡Fuera de aquí! ¡Échalos a todos, Aleksei Ivanovich! ¿A ellos qué les importa? ¡Me he jugado lo mío, no lo suyo!

El general se encogió de hombros, se inclinó y salió. Des Grieux se fue tras él.

—Llama a Praskovya —ordenó la abuela a Marfa.

Cinco minutos después Marfa volvió con Polina. Durante todo este tiempo Polina había permanecido en su cuarto con los niños y, al parecer, había resuelto no salir de él en todo el día. Su rostro estaba grave, triste y preocupado.

—Praskovya —comenzó diciendo la abuela—, ¿es cierto lo que he oído indirectamente, que ese imbécil de padrastro tuyo quiere casarse con esa gabacha frívola? ¿Es actriz, no? ¿O algo peor todavía? Dime, ¿es verdad?

—No sé nada de ello con certeza, abuela —respondió Polina—, pero, a juzgar por lo que dice la propia mademoiselle Blanche, que no estima necesario ocultar nada, saco la impresión...

—¡Basta! —interrumpió la abuela con energía—. Lo comprendo todo. Siempre he pensado que le sucedería algo así, y siempre le he tenido por hombre superficial y liviano. Está muy pagado de su generalato (al que le ascendieron de coronel cuando pasó al retiro) y no hace más que pavonearse. Yo, querida, lo sé todo; cómo enviaste un telegrama tras otro a Moscú preguntando "si la vieja estiraría pronto la pata". Esperaban la herencia; porque a él, sin dinero, esa mujerzuela, ¿cómo se llama, de Cominges?, no le aceptaría ni como lacayo, mayormente cuando tiene dientes postizos. Dicen que ella tiene un montón de dinero que da a usura y que ha amasado una fortuna. A ti, Praskovya, no te culpo; no fuiste tú la que mandó los telegramas; y de lo pasado tampoco quiero acordarme. Sé que tienes un humorcillo ruin, ¡una avispa!, que picas hasta levantar verdugones, pero te tengo lástima porque quería a tu madre Katerina, que en paz descanse. Bueno, ¿te animas? Deja todo esto de aquí y vente conmigo. En realidad no tienes donde meterte; y ahora es indecoroso que estés con ellos. ¡Espera —interrumpió la abuela cuando Polina iba a contestar—, que no he acabado todavía! No te exigiré nada. Tengo casa en Moscú, como sabes, un palacio donde puedes ocupar un piso entero y no venir a verme durante semanas y semanas si no te gusta mi genio. ¿Qué, quieres o no?

—Permita que le pregunte primero si de veras quiere usted irse enseguida.

—¿Es que estoy bromeando, niña? He dicho que me voy y me voy. Hoy he despilfarrado quince mil rublos en vuestra condenada ruleta. Hace cinco años hice la promesa de reedificar en piedra, en las afueras de Moscú, una iglesia de madera, y en lugar de eso me he jugado el dinero aquí. Ahora niña, me voy a construir esa iglesia.

—¿Y las aguas, abuela? Porque, al fin y al cabo, vino usted a beberlas.

—¡Quítate allá con tus aguas! No me irrites, Praskovya. Lo haces adrede, ¿no es verdad? Dime, ¿te vienes o no?

—Le agradezco mucho, pero mucho, abuela —dijo Polina emocionada—, el refugio que me ofrece. En parte ha adivinado mi situación. Le estoy tan agradecida que, créame, iré a reunirme con usted y quizá pronto; pero ahora de momento hay motivos... importantes... y no puedo decidirme en este mismo instante. Si se quedara usted un par de semanas más...

—Lo que significa que no quieres.

—Lo que significa que no puedo. En todo caso, además, no puedo dejar a mi hermano y a mi hermana, y como... como... como efectivamente puede ocurrir que queden abandonados, pues...; si nos recoge usted a los pequeños y a mí, abuela, entonces sí, por supuesto, iré a reunirme con usted, ¡y créame que haré merecimientos para ello! —añadió con ardor—; pero sin los niños no puedo.

—Bueno, no gimotees (Polina no pensaba en gimotear y no lloraba nunca); ya encontraremos también sitio para esos polluelos: Un gallinero grande. Además, ya es hora de que estén en la escuela. ¿De modo que no te vienes ahora? Bueno, mira, Praskovya, te deseo buena suerte, pues sé por qué no te vienes. Lo sé todo, Praskovya. Ese franchute no procurará tu bien.

Polina enrojeció. Yo por mi parte me sobresalté. (¡Todos lo saben! ¡Yo soy, pues, el único que no sabe nada!)

—Vaya, vaya, no frunzas el entrecejo. No voy a cotillear. Ahora bien, ten cuidado de que no ocurra nada malo, ¿entiendes? Eres una chica lista; me daría lástima de ti. Bueno, basta. Más hubiera valido no haber visto a ninguno de ustedes. ¡Anda, vete! ¡Adiós!

—Abuela, la acompañaré a usted —dijo Polina.

—No es preciso, déjame en paz; todos ustedes me fastidian.

Polina besó la mano a la abuela, pero ésta retiró la mano y besó a Polina en la mejilla.

Al pasar junto a mí, Polina me lanzó una rápida ojeada y enseguida apartó los ojos.

—Bueno, adiós a ti también, Aleksei Ivanovich. Sólo falta una hora para la salida del tren. Pienso que te habrás cansado de mi compañía. Vamos, toma estos cincuenta federicos de oro.

—Muy agradecido, abuela, pero me da vergüenza...

—¡Vamos, vamos! —gritó la abuela, pero en tono tan enérgico y amenazador que no me atreví a objetar y tomé el dinero.

—En Moscú, cuando andes sin colocación, ven a verme. Te recomendaré a alguien. ¡Ahora, fuera de aquí!

Fui a mi habitación y me eché en la cama. Creo que pasé media hora boca arriba, con las manos cruzadas bajo la cabeza. Se había producido ya la catástrofe y había en qué pensar. Decidí hablar en serio con Polina al día siguiente. ¡Ah, el franchute! ¡Así, pues, era verdad! ¿Pero qué podía haber en ello? ¿Polina y Des Grieux? ¡Dios, qué pareja!

Todo ello era sencillamente increíble. De pronto di un salto y salí como loco en busca de míster Astley para hacerle hablar fuera como fuera. Por supuesto que de todo ello sabía más que yo. ¿Míster Astley? ¡He ahí otro misterio para mí!

Pero de repente alguien llamó a mi puerta. Miré y era Potapych.

—Aleksei Ivanovich, la señora pide que vaya usted a verla.

—¿Qué pasa? ¿Se va, no? Faltan todavía veinte minutos para la salida del tren.

—Está intranquila; no puede estarse quieta. "¡De prisa, de prisa! ", es decir, que viniera a buscarle a usted. Por Dios santo, no se retrase.

Bajé corriendo al momento. Sacaban ya a la abuela al pasillo. Tenía el bolso en la mano.

—Aleksei Ivanovich, ve tú delante, ¡andando!

—¿Adónde, abuela?

—¡Que me muera si no gano lo perdido! ¡Vamos, en marcha, y nada de preguntas! ¿Allí se juega hasta medianoche?

Me quedé estupefacto, pensé un momento, y enseguida tomé una decisión.

—Haga lo que le plazca, Antonida Vasilyevna, pero yo no voy.

—¿Y eso por qué? ¿Qué hay de nuevo ahora? ¿Qué mosca te ha picado?

—Haga lo que guste, pero después yo mismo me reprocharía, y no quiero hacerlo. No quiero ser ni testigo ni participante. ¡No me eche usted esa carga encima, Antonida Vasilyevna! Aquí tiene sus cincuenta federicos de oro. ¡Adiós! —y poniendo el paquete con el dinero en la mesita junto a la silla de la abuela, saludé y me fui.

—¡Valiente tontería! —exclamó la abuela tras mí—; pues no vayas, que quizá yo misma encuentre el camino. ¡Potapych, ven conmigo! ¡A ver, levántenme y andando!

No hallé a míster Astley y volví a casa. Más tarde, a la una de la madrugada, supe por Potapych cómo acabó el día de la abuela. Perdió todo lo que poco antes yo le había cambiado, es decir, diez mil rublos más en moneda rusa. En el casino se pegó a sus faldas el mismo polaquillo a quien antes había dado dos federicos de oro, y quien estuvo continuamente dirigiendo su juego. Al principio, hasta que se presentó el polaco, mandó hacer las posturas a Potapych, pero pronto lo despidió; y fue entonces cuando asomó el polaco. Para mayor desdicha, éste entendía el ruso e incluso chapurreaba una mezcla de tres idiomas, de modo que hasta cierto punto se entendían. La abuela no paraba de insultarle sin piedad, aunque él decía de continuo que "se ponía a los pies de la señora".

—Pero ¿cómo compararle con usted, Aleksei Ivanovich? —decía Potapych—. A usted la señora le trataba *exactamente como a un caballero,* mientras que ése —mire, lo vi con mis propios ojos, que me quede en el sitio si miento— estuvo robándole lo que estaba allí mismo en la mesa; ella misma le cogió con las manos en la masa dos veces. Le puso como un trapo, con todas las palabras habidas y por haber, y hasta le tiró del pelo una vez, así como lo oye usted, que no miento, y todo el mundo alrededor se echó a reír. Lo perdió todo, señor, todo lo que tenía, todo lo que usted había cambiado. Trajimos aquí a la señora, pidió de beber sólo un poco de agua, se santiguó, y a su camita. Estaba rendida, claro, y se durmió en un tris. ¡Que Dios le haya mandado sueños de ángel! ¡Ay, estas tierras de extranjis! —concluyó Potapych—. ¡Ya decía yo que traerían mala suerte! ¡Cómo me gustaría estar en nuestro Moscú cuanto antes! ¡Y como si no tuviéramos una casa en Moscú! Jardín, flores de las que aquí no hay, aromas, las manzanas madurándose, mucho sitio... ¡Pues nada: Que teníamos que ir al extranjero! ¡Ay, ay, ay!

Capítulo 13

Ha pasado ya casi un mes desde que toqué por última vez estos apuntes míos que comencé bajo el efecto de impresiones tan fuertes como confusas. La catástrofe, cuya inminencia presentía, se produjo efectivamente, pero cien veces más devastadora e inesperada de lo que había pensado. En todo ello había algo extraño, ruin y hasta trágico, por lo menos en lo que a mí atañía. Me ocurrieron algunos lances casi milagrosos, o así los he considerado desde entonces, aunque bien mirado y, sobre todo, a juzgar por el remolino de sucesos a que me vi arrastrado entonces, quizá ahora quepa decir solamente que no fueron del todo ordinarios. Para mí, sin embargo, lo más prodigioso fue mi propia actitud ante estas peripecias. ¡Hasta ahora no he logrado comprenderme a mí mismo! Todo ello pasó flotando como un sueño, incluso mi pasión, que fue pujante y sincera, pero... ¿qué ha sido ahora de ella? Es verdad que de vez en cuando cruza por mi mente la pregunta: "¿No estaba loco entonces? ¿No pasé todo ese tiempo en algún manicomio, donde quizá todavía estoy, hasta tal punto que todo eso *me pareció* que pasaba y aún ahora sólo *me parece* que pasó?".

He recogido mis cuartillas y he vuelto a leerlas (¿quién sabe si las escribí sólo para convencerme de que no estaba en una casa de orates?). Ahora me hallo enteramente solo. Llega el otoño, amarillean las hojas. Estoy en este triste poblacho (¡oh, qué tristes son los poblachos alemanes!), y en lugar de pensar en lo que debo hacer en adelante, vivo influido por mis recientes sensaciones, por mis recuerdos aún frescos, por esa tolvanera aún no lejana que me arrebató en su giro y de la cual acabé por salir despedido. A veces se me antoja que todavía sigo dando vueltas en el torbellino, y que en cualquier momento la tormenta volverá a cruzar rauda, arrastrándome consigo, que perderé una vez más toda noción de orden, de medida, y que seguiré dando vueltas y vueltas y vueltas...

Pero pudiera echar raíces en algún sitio y dejar de dar vueltas si, dentro de lo posible, consigo explicarme cabalmente lo ocurrido este mes. Una vez más me atrae la pluma, amén de que a veces no tengo otra cosa que hacer durante las veladas. ¡Cosa rara! Para ocuparme en algo, saco prestadas de la mísera biblioteca de aquí las novelas de Paul de Kock (¡en traducción alemana!), que casi no puedo aguantar, pero las leo y me maravillo de mí mismo: Es como si temiera destruir con un libro serio o con cualquier otra ocupación digna el encanto de lo que acaba de pasar. Se diría que este sueño repulsivo, con las impresiones que ha traído consigo, me es tan amable que no permito que nada nuevo lo roce por temor a que se disipe en humo. ¿Me es tan querido todo esto? Sí, sin duda lo es. Quizá lo recordaré todavía dentro de cuarenta años...

Así, pues, me pongo a escribir. Sin embargo, todo ello se puede contar ahora parcial y brevemente: No se puede, en absoluto, decir lo mismo de las impresiones...

En primer lugar, acabemos con la abuela. Al día siguiente perdió todo lo que le quedaba. No podía ser de otro modo: Cuando una persona así se aventura una vez por ese camino es igual que si se deslizara en trineo desde lo alto de una montaña cubierta de nieve: Va cada vez más de prisa. Estuvo jugando todo el día, hasta las ocho de la noche. Yo no presencié el juego y sólo sé lo que he oído contar a otros.

Potapych pasó con ella en el Casino todo el día. Los polacos que dirigían el juego de la abuela se relevaron varias veces durante la jornada. Ella empezó mandando a paseo al polaco del día antes, al que había tirado del pelo, y tomó otro, pero éste resultó casi peor. Cuando despidió al segundo y volvió a tomar el primero —que no se había marchado sino que durante su ostracismo había seguido empujando tras la silla de ella y asomando a cada minuto la cabeza—, la abuela acabó por desesperarse del todo. El segundo polaco, a quien había despedido, tampoco quería irse por nada del mundo; uno se colocó a la derecha de la señora y otro a la izquierda. No paraban de reñir y se insultaban con motivo de las apuestas y el juego, llamándose mutuamente *laidak* y otras lindezas polacas por el estilo. Más tarde hicieron las paces, movían el dinero sin orden ni concierto y apostaban a la buena de Dios. Cuando se peleaban, cada uno hacía apuestas por su cuenta, uno, por ejemplo, al rojo y otro al negro. De esta manera acabaron por marear y sacar de quicio a la abuela, hasta que ésta, casi llorando, rogó al viejo *crupier* que la protegiera echándoles de allí. Enseguida, efectivamente, los expulsaron a pesar de sus gritos y protestas; ambos chillaban en coro y perjuraban que la abuela les debía dinero, que los había engañado en algo y que los había tratado indigna y vergonzosamente. El infeliz Potapych, con lágrimas en los ojos, me lo contó todo esa misma noche, después de la pérdida del dinero, y se quejaba de que los polacos se llenaban los bolsillos de dinero; decía que él mismo había visto cómo lo robaban descaradamente y se lo embolsaban a cada instante. Uno de ellos, por ejemplo, le sacaba a la abuela cinco federicos de oro por sus servicios y los ponía junto por junto con las apuestas de la abuela. La abuela ganaba y él exclamaba que era su propia apuesta la que había ganado y que la de ella había perdido. Cuando los expulsaron, Potapych se adelantó y dijo que llevaban los bolsillos llenos de oro. Inmediatamente la abuela pidió al *crupier* que tomara las medidas pertinentes, y aunque los dos polacos se pusieron a alborotar como gallos apresados, se presentó la policía y en un dos por tres vaciaron sus bolsillos en provecho de la abuela. Ésta, hasta que lo perdió todo, gozó durante ese día de indudable prestigio entre los *crupieres* y los empleados del Casino. Poco a poco su fama se extendió por toda la ciudad. Todos los visitantes del balneario, de todas las naciones, la gente ordinaria lo mismo que la de más campanillas, se apiñaban para ver a *une vieille comtesse russe, tombée en enfance*, que había perdido ya "algunos millones".

La abuela, sin embargo, no sacó mucho provecho de que la rescataran de los dos polaquillos. A reemplazarlos en su servicio surgió un tercer polaco, que hablaba el ruso muy correctamente. Iba vestido como un *gentleman* aunque parecía un lacayo, con enormes bigotes y mucha arrogancia. También él besó "los pies de la señora" y "se puso a los pies de la señora", pero con los circunstantes se mostró altivo y se condujo despóticamente, en suma, que desde el primer momento se instaló no como sirviente, sino como amo de la abuela. A cada instante, con cada jugada, se volvía a ella y juraba con terribles juramentos que era un pan honorable y que no tomaría un solo *kopek* del dinero de la abuela. Repetía estos juramentos tan a menudo que ella acabó por asustarse. Pero como al principio el *pan* pareció, en efecto, mejorar el juego de ella y empezó a ganar, la abuela misma ya no quiso deshacerse de él. Una hora más tarde los otros dos polaquillos expulsados del Casino aparecieron de nuevo tras la silla de la abuela, ofreciendo una vez más sus servicios, aunque sólo fuera para hacer mandados. Potapych juraba que el "honorable *pan*" cambiaba guiños con ellos y, por añadidura, les alargaba algo. Como la abuela no había comido y casi no se había movido de la silla, uno de los polacos quiso, en efecto, serle útil: Corrió al comedor del Casino, que estaba allí al lado, y le trajo primero una taza de caldo y después té. En realidad, los dos no hacían más que ir y venir. Al final de la jornada, cuando ya todo el mundo veía que la abuela iba a perder hasta el último billete, había detrás de su silla hasta seis polacos, nunca antes vistos u oídos. Cuando la abuela ya perdía sus últimas monedas, no sólo dejaron de escucharla, sino que ni la tomaban en cuenta, se deslizaban junto a ella para llegar a la mesa, cogían ellos mismos el dinero, tomaban decisiones, hacían apuestas, discutían y gritaban, charlaban con el "honorable *pan*" como con un compinche, y el honorable *pan* casi dejó de acordarse de la existencia de la abuela. Hasta cuando ésta, después de perderlo todo, volvía a las ocho de la noche al hotel, había aún tres o cuatro polacos que no se resignaban a dejarla, corriendo en torno a la silla y a ambos lados de ella, gritando a voz en cuello y perjurando en un rápido guirigay que la abuela les había engañado y debía resarcirles de algún modo. Así llegaron hasta el mismo hotel, de donde por fin los echaron a empujones.

Según cálculo de Potapych, en ese solo día había perdido su señora hasta noventa mil rublos, sin contar lo que había perdido la víspera. Todos sus billetes —todas las obligaciones de la deuda interior al cinco por ciento, todas las acciones que llevaba encima—, todo ello lo había ido cambiando sucesivamente. Yo me maravillaba de que hubiera podido aguantar esas siete u ocho horas, sentada en su silla y casi sin apartarse de la mesa, pero Potapych me dijo que en tres ocasiones empezó a ganar de veras sumas considerables, y que, deslumbrada de nuevo por la esperanza, no pudo abandonar el juego. Pero bien saben los jugadores que puede uno estar sentado jugando a las cartas casi veinticuatro horas sin mirar a su derecha o a su izquierda.

En ese mismo día, mientras tanto, ocurrieron también en nuestro hotel incidentes muy decisivos. Antes de las once de la mañana, cuando la abuela estaba todavía en casa, nuestra gente, esto es, el general y Des Grieux, habían acordado dar el último paso. Habiéndose enterado de que la abuela ya no pensaba en marcharse, sino que, por el contrario, volvía al Casino, todos ellos (salvo Polina) fueron en cónclave a verla para hablar con ella de manera definitiva y sin *rodeos*. El general, trepidante y con el alma en un hilo, habida cuenta de las consecuencias tan terribles para él, llegó a sobrepasarse: Al cabo de media hora de ruegos y súplicas y hasta de hacer confesión general, es decir, de admitir sus deudas y hasta su pasión por mademoiselle Blanche (no daba en absoluto pie con bola), el general adoptó de pronto un tono amenazador y hasta se puso a chillar a la abuela y a dar patadas en el suelo. Decía a gritos que deshonraba su nombre, que había escandalizado a toda la ciudad y por último... por último: "¡Deshonra usted el nombre ruso, señora —exclamaba— y para casos así está la policía!". La abuela lo arrojó por fin de su lado con un bastón (con un bastón de verdad). El general y Des Grieux tuvieron una o dos consultas más esa mañana sobre si efectivamente era posible recurrir de algún modo a la policía. He aquí, decían, que una infeliz, aunque respetable anciana, víctima de la senilidad, se había jugado todo su dinero, etc., etc. En suma, ¿no se podía encontrar un medio de vigilarla o contenerla?... Pero Des Grieux se limitaba a encogerse de hombros y se reía en las barbas del general, que ya desbarraba abiertamente corriendo de un extremo al otro del gabinete. Des Grieux acabó por encogerse de hombros y escurrir el bulto. A la noche se supo que había abandonado definitivamente el hotel, después de haber tenido una conversación grave y secreta con mademoiselle Blanche. Mademoiselle Blanche, por su parte, tomó medidas definitivas a partir de esa misma mañana. Despidió sin más al general y ni siquiera le permitió que se presentara ante ella. Cuando el general corrió a buscarla en el Casino y la encontró del brazo del príncipe, ni ella ni madame veuve Cominges le reconocieron. El príncipe tampoco le saludó. Todo ese día mademoiselle Blanche estuvo trabajando al príncipe para que éste acabara por declararse (sin ambages). Pero, ¡ay!, se equivocó cruelmente en sus cálculos. Esta pequeña catástrofe sucedió también esa noche. De pronto se descubrió que el príncipe era más pobre que Job y que, por añadidura, contaba con pedirle dinero a ella, previa firma de un pagaré, y probar fortuna a la ruleta. Blanche, indignada, le mandó a paseo y se encerró en su habitación.

En la mañana de ese mismo día fui a ver a míster Astley, o, mejor dicho, pasé toda la mañana buscando a míster Astley sin poder dar con él. No estaba en casa, ni en el Casino, ni en el parque. No comió en su hotel ese día. Eran más de las cuatro de la tarde cuando tropecé con él; volvía de la estación del ferrocarril al Hotel d'Angleterre. Iba de prisa y estaba muy preocupado, aunque era difícil distinguir en su rostro preocupación o pesadumbre. Me alargó cordialmente la mano con su exclamación habitual: "¡Ah!", pero no detuvo el paso y continuó su camino apresuradamente. Emparejé con él, pero se las arregló de tal modo para contestarme, que no tuve tiempo de preguntarle nada. Además, por no sé qué razón, me daba muchísima vergüenza hablar de Polina. Él tampoco dijo una palabra de ella. Le conté lo de la abuela, me escuchó atenta y gravemente y se encogió de hombros.

—Lo perderá todo —dije.

—Oh, sí —respondió—, porque fue a jugar cuando yo salía y después me enteré que lo había perdido todo. Si tengo tiempo iré al Casino a echar un vistazo porque se trata de un caso curioso...

—¿A dónde ha ido usted? —grité, asombrado de no haber preguntado antes.

—He estado en Francfort.

—¿Viaje de negocios?

—Sí, de negocios.

Ahora bien, ¿qué más tenía que preguntarle? Sin embargo, seguía caminando junto a él, pero de improviso torció hacia el *Hotel des Quatre Saisons*, que estaba en el camino, me hizo una inclinación de cabeza y desapareció. Cuando regresaba a casa me di cuenta de que aun si hubiera hablado con él dos horas no habría sacado absolutamente nada en limpio porque... ¡no tenía nada que preguntarle! ¡Sí, así era yo, por supuesto! No sabía formular mis preguntas.

Todo ese día lo pasó Polina errando por el parque con los niños y la niñera o recluida en casa. Hacía ya tiempo que evitaba encontrarse con el general y casi no hablaba con él de nada, por lo menos de nada serio. Yo ya había notado esto mucho antes. Pero conociendo la situación en que ahora estaba el general pensé que éste no podría dar esquinazo a Polina, es decir, que era imposible que no hubiese una importante conversación entre ellos sobre asuntos de familia. Sin embargo, cuando al volver al hotel después de hablar con míster Astley, tropecé con Polina y los niños, el rostro de ella reflejaba la más plácida tranquilidad, como si sólo ella hubiera salido indemne de todas las broncas familiares. A mi saludo contestó con una inclinación de cabeza. Volví a casa presa de malignos sentimientos.

Yo, naturalmente, había evitado hablar con ella y no la había visto (apenas) desde mi aventura con los Burmerhelm. Cierto es que a veces me había mostrado petulante y bufonesco, pero a medida que pasaba el tiempo sentía rebullir en mí verdadera indignación. Aunque no me tuviera ni pizca de cariño, me parecía que no debía pisotear así mis sentimientos ni recibir con tanto despego mis confesiones. Ella bien sabía que la amaba de verdad, y me toleraba y consentía que le hablara de mi amor. Cierto es que ello había surgido entre nosotros de modo extraño. Desde hacía ya bastante tiempo, cosa de dos meses a decir verdad, había comenzado yo a notar que quería hacerme su amigo, su confidente, y que hasta cierto punto lo había intentado; pero dicho propósito, no sé por qué motivo, no cuajó entonces; y en su lugar habían surgido las extrañas relaciones que ahora teníamos, lo que me llevó a hablar con ella como ahora lo hacía. Pero si le repugnaba mi amor, ¿por qué no me prohibía sencillamente que hablase de él?

No me lo prohibía; hasta ella misma me incitaba alguna vez a hablar y... claro, lo hacía en broma. Sé de cierto —lo he notado bien— que, después de haberme escuchado hasta el fin y soliviantado hasta el colmo, le gustaba desconcertarme con alguna expresión de suprema indiferencia y desdén. Y, no obstante, sabía que no podía vivir sin ella. Habían pasado ya tres días desde el incidente con el barón y yo ya no podía soportar nuestra *separación*. Cuando poco antes la encontré en el Casino, me empezó a martillar el corazón de tal modo que perdí el color. ¡Pero es que ella tampoco podía vivir sin mí! Me necesitaba, ¿pero es posible que sólo como bufón o hazmerreír?

Tenía un secreto, ello era evidente. Su conversación con la abuela fue para mí una dolorosa punzada en el corazón. Mil veces la había instado a ser sincera conmigo y sabía que estaba de veras dispuesto a dar la vida por ella; y, sin embargo, siempre me tenía a raya, casi con desprecio, y en lugar del sacrificio de mi vida que le ofrecía me exigía una travesura como la de tres días antes con el barón. ¿No era esto una ignominia? ¿Era posible que todo el mundo fuese para ella ese francés? ¿Y míster Astley? Pero al llegar a este punto, el asunto se volvía absolutamente incomprensible, y mientras tanto... ¡ay, Dios, qué sufrimiento el mío!

Cuando llegué a casa, en un acceso de furia cogí la pluma y le garrapateé estos renglones:

"Polina Aleksandrovna, veo claro que ha llegado el desenlace, que, por supuesto, le afectará a usted también. Repito por última vez: ¿Necesita usted mi vida o no? Si la necesita, para lo que sea, disponga de ella. Mientras tanto esperaré en mi habitación, al menos la mayor parte del tiempo, y no iré a ninguna parte. Si es necesario, escríbame o llámeme".

Sellé la nota y la envié con el camarero de servicio, con orden de que la entregara en propia mano. No esperaba respuesta, pero al cabo de tres minutos volvió el camarero con el recado de que se me mandaban "saludos".

Eran más de las seis cuando me avisaron que fuera a ver al general. Éste se hallaba en su gabinete, vestido como para ir a alguna parte. En el sofá se veían su sombrero y su bastón. Al entrar me pareció que estaba en medio de la habitación, con las piernas abiertas y la cabeza caída, hablando consigo mismo en voz alta; mas no bien me vio se arrojó sobre mí casi gritando, al punto de que involuntariamente di un paso atrás y casi eché a correr; pero me cogió de ambas manos y me llevó a tirones hacia el sofá. En él se sentó, hizo que yo me sentara en un sillón frente a él ya sin soltarme las manos, temblorosos los labios y con las pestañas brillantes de lágrimas, me dijo con voz suplicante:

—¡Aleksei Ivanovich, sálveme, sálveme, tenga piedad!

Durante algún tiempo no logré comprender nada. Él no hacía más que hablar, hablar y hablar, repitiendo sin cesar: "¡Tenga piedad, tenga piedad!". Acabé por sospechar que lo que de mí esperaba era algo así como un consejo; o, mejor aún, que, abandonado de todos, en su angustia y zozobra se había acordado de mí y me había llamado sólo para hablar, hablar, hablar.

Desvariaba, o por lo menos estaba muy aturdido. Juntaba las manos y parecía dispuesto a arrodillarse ante mí para que (¿lo adivinan ustedes?) fuera enseguida a ver a mademoiselle Blanche y le pidiera, le implorara, que volviese y se casara con él.

—Perdón, general —exclamé—, ¡pero si es posible que mademoiselle Blanche no se haya fijado en mí todavía! ¿Qué es lo que yo puedo hacer?

Era, sin embargo, inútil objetar; no entendía lo que se le decía. Empezó a hablar también de la abuela, pero de manera muy inconexa. Seguía aferrado a la idea de llamar a la policía.

—Entre nosotros, entre nosotros —comenzó, hirviendo súbitamente de indignación—, en una palabra, entre nosotros, en un país con todos los adelantos, donde hay autoridades, hubieran puesto inmediatamente bajo tutela a viejas como ésa. Sí, señor mío, sí —continuó, adoptando de pronto un tono de reconvención, saltando de su sitio y dando vueltas por la habitación—, usted todavía no sabía esto, señor mío —dijo dirigiéndose a un imaginario señor suyo en el rincón—; pues ahora lo sabe usted... sí, señor.. en nuestro país a tales viejas se las mete en cintura, en cintura, en cintura, sí, señor... ¡Oh, qué demonio!

Y se lanzó de nuevo al sofá; pero un minuto después, casi sollozando y sin aliento, se apresuró a decirme que mademoiselle Blanche no se casaba con él porque en lugar de un telegrama había llegado la abuela y ahora estaba claro que no heredaría. Él creía que yo no sabía aún nada de esto. Empecé a hablar de Des Grieux; hizo un gesto con la mano: "Se ha ido. Todo lo mío lo tengo hipotecado con él: ¡Me he quedado en cueros! Ese dinero que trajo usted... ese dinero... no sé cuánto era, parece que quedan setecientos francos, y... bueno, eso es todo, y en cuanto al futuro... no sé, no sé".

—¿Cómo va a pagar usted el hotel? —pregunté alarmado—; ¿y después qué hará usted?

Me miraba pensativo, pero parecía no comprender y quizá ni siquiera me había oído. Probé hablar de Polina Aleksandrovna, de los niños, me respondió con premura: "¡Sí, sí! ", pero enseguida volvió a hablar del príncipe, a decir que Blanche se iría con él y entonces... y entonces... ¿qué voy a hacer, Aleksei Ivanovich? —preguntó, volviéndose de pronto a mí—, ¡juro a Dios que no lo sé! ¿Qué voy a hacer? Dígame, ¿ha visto usted ingratitud semejante? ¿No es verdad que es ingratitud? —Por último, se disolvió en un torrente de lágrimas.

Nada cabía hacer con un hombre así. Dejarle solo era también peligroso; podía ocurrirle algo. De todos modos, logré librarme de él, pero advertí a la niñera que fuera a verle a menudo y hablé además con el camarero de servicio, chico despierto, quien me prometió vigilar también por su parte.

Apenas dejé al general cuando vino a verme Potapych con una llamada de la abuela. Eran las ocho, y ésta acababa de regresar del Casino después de haberlo perdido todo. Fui a verla. La anciana estaba en su silla, completamente agotada y, a juzgar por las trazas, enferma. Marfa le daba una taza de té y la obligaba a bebérselo casi a la fuerza. La voz y el tono de la abuela habían cambiado notablemente.

—Dios te guarde, amigo Aleksei Ivanovich —dijo con lentitud e inclinando gravemente la cabeza—. Lamento volver a molestarte; perdona a una mujer vieja. Lo he dejado allí todo, amigo mío, casi cien mil rublos. Hiciste bien en no ir conmigo ayer. Ahora no tengo dinero, ni un ochavo. No quiero quedarme aquí un minuto más y me marcho a las nueve y media. He mandado un recado a ese inglés tuyo, Astley, ¿no es eso? y quiero pedirle prestados tres mil francos por una semana. Convéncele, pues, de que no tiene nada que temer y de que no me lo rehúse. Todavía, amigo, soy bastante rica. Tengo tres fincas rurales y dos urbanas; sin contar el dinero, pues no me lo traje todo. Digo esto para que no tenga recelo alguno... ¡Ah, aquí viene! Bien se ve que es un hombre bueno.

Míster Astley vino así que recibió la primera llamada de la abuela. No mostró recelo alguno y no habló mucho. Al momento le contó tres mil francos bajo pagaré que la abuela firmó. Acabado el asunto, saludó y se marchó de prisa.

—Y tú vete también ahora, Aleksei Ivanovich. Falta hora y pico y quiero acostarme, que me duelen los huesos. No seas duro conmigo, con esta vieja imbécil. En adelante no acusaré a la gente joven de liviandad, y hasta me parecería pecado acusar a ese infeliz general suyo. Pero, con todo, no le daré dinero a pesar de sus deseos, porque en mi opinión es un necio; sólo que yo, vieja imbécil, no tengo más seso que él. Verdad es que Dios pide cuentas y castiga la soberbia incluso en la vejez. Bueno, adiós. Marfusha, levántame.

Yo, sin embargo, quería despedir a la abuela. Además, estaba un poco a la expectativa, aguardando que de un momento a otro sucediese algo. No podía parar en mi habitación. Salí al pasillo, y hasta erré un momento por la avenida. Mi carta a Polina era clara y terminante y la presente catástrofe, por supuesto, definitiva. En el hotel oí hablar de la marcha de Des Grieux. En fin de cuentas, si me rechazaba como amigo quizá no me rechazase como criado, pues me necesitaba aunque sólo fuera para hacer mandados. Le sería útil, ¡cómo no!

A la hora de la salida del tren corrí a la estación y acomodé a la abuela. Todos tomaron asiento en un compartimiento reservado. "Gracias, amigo, por tu afecto desinteresado —me dijo al despedirse— y repite a Praskovya lo que le dije ayer: Que la esperaré".

Fui a casa. Al pasar junto a las habitaciones del general tropecé con la niñera y pregunté por él. "Va bien, señor" —me respondió abatida—. No obstante, decidí entrar un momento, pero me detuve a la puerta del gabinete presa del mayor asombro. Mademoiselle Blanche y el general, a cual mejor, estaban riendo a carcajadas. La *veuve* Cominges se hallaba también allí, sentada en el sofá. El general, por lo visto, estaba loco de alegría, cotorreaba toda clase de sandeces y se deshacía en una risa larga y nerviosa que le encogía el rostro en una incontable multitud de arrugas, entre las que desaparecían los ojos. Más tarde supe por la propia mademoiselle Blanche que, después de mandar a paseo al príncipe y habiéndose enterado del llanto del general, decidió consolar a éste y entró a verle un momento. El pobre general no sabía que ya en ese momento estaba echada su suerte, y que Blanche había empezado a hacer las maletas para irse volando a París en el primer tren del día siguiente.

En el umbral del gabinete del general cambié de parecer y me escurrí sin ser visto. Subí a mi cuarto, abrí la puerta y en la semioscuridad noté de pronto una figura sentada en una silla, en el rincón, junto a la ventana. No se levantó cuando yo entré. Me acerqué, miré... y se me cortó el aliento: Era Polina.

Capítulo 14

Lancé un grito.

—¿Qué pasa?, ¿qué pasa? —me preguntó en tono raro. Estaba pálida y su aspecto era sombrío.

—¿Cómo que qué pasa? ¿Usted? ¿Aquí en mi cuarto?

—Si vengo, vengo toda. Ésa es mi costumbre. Lo verá usted pronto. Encienda una bujía.

Encendí la bujía. Se levantó, se acercó a la mesa y me puso delante una carta abierta.

—Lea —me ordenó.

—Ésta... ¡ésta es la letra de Des Grieux! —exclamé tomando la carta. Me temblaban las manos y los renglones me bailaban ante los ojos. He olvidado los términos exactos de la carta, pero aquí va, si no palabra por palabra, al menos pensamiento por pensamiento.

"Mademoiselle —escribía Des Grieux—: Circunstancias desagradables me obligan a marcharme inmediatamente. Usted misma ha notado, sin duda, que he evitado adrede tener con usted una explicación definitiva mientras no se aclarasen esas circunstancias. La llegada de su anciana pariente *(de la vieille dame)* y su absurda conducta aquí han puesto fin a mis dudas. El embrollo en que se hallan mis propios asuntos me impide alimentar en el futuro las dulces esperanzas con que me permitió usted embriagarme durante algún tiempo. Lamento el pasado, pero espero que en mi comportamiento no haya usted encontrado nada indigno de un caballero y un hombre de bien *(gentíl-homme et honnête homme)*. Habiendo perdido casi todo mi dinero en préstamos a su padrastro, me encuentro en la extrema necesidad de utilizar con provecho lo que me queda. Ya he hecho saber a mis amigos de Petersburgo que procedan sin demora a la venta de los bienes hipotecados a mi favor. Sabiendo, sin embargo, que el irresponsable de su tío ha malversado el propio dinero de usted, he decidido perdonarle cincuenta mil francos y a este fin le devuelvo la parte de hipoteca sobre sus bienes correspondiente a esta suma; así, pues, tiene usted ahora la posibilidad de recuperar lo que ha perdido, reclamándoselo por vía judicial. Espero, mademoiselle, que, tal como están ahora las cosas, este acto mío le resulte altamente beneficioso. Con él espero asimismo cumplir plenamente con el deber de un hombre honrado y un caballero. Créame que el recuerdo de usted quedará para siempre grabado en mi corazón".

—¿Bueno, y qué? Esto está perfectamente claro —dije volviéndome a Polina—. ¿Esperaba usted otra cosa? —añadí indignado.

—No esperaba nada —respondió con sosiego aparente, pero con una punta de temblor en la voz—. Hace ya tiempo que tomé una determinación. Leía sus pensamientos y supe lo que pensaba. Él pensaba que yo procuraría... que insistiría... (se detuvo, y sin terminar la frase se mordió el labio y guardó silencio). De propósito redoblé el desprecio que sentía por él —prosiguió de nuevo—, y aguardaba a ver lo que haría. Si llegaba el telegrama sobre la herencia, le hubiera tirado a la cara el dinero que le debía ese idiota (el padrastro) y le hubiera echado con cajas destempladas. Me era odioso desde hacía mucho, muchísimo tiempo. ¡Ah, no era el mismo hombre de antes, mil veces no, y ahora, ahora ... ! ¡Oh, con qué gusto le tiraría ahora a su cara infame esos cincuenta mil francos! ¡Cómo le escupiría y le restregaría la cara con el escupitajo!

—Pero el documento ese de la hipoteca por valor de cincuenta mil francos que ha devuelto lo tendrá el general. Tómelo y devuélvaselo a Des Grieux.

—¡Oh, no es eso, no es eso!

—¡Sí, es verdad, es verdad que no es eso! Y ahora, ¿de qué es capaz el general? ¿Y la abuela?

—¿Por qué la abuela? —preguntó Polina con irritación—. No puedo ir a ella... y no voy a pedirle perdón a nadie —agregó exasperada.

—¿Qué hacer? —exclamé—. ¿Cómo... sí, cómo puede usted querer a Des Grieux? ¡Oh, canalla, canalla! ¡Si usted lo desea, lo mato en duelo! ¿Dónde está ahora?

—Ha ido a Francfort y estará allí tres días.

—¡Basta una palabra de usted y mañana mismo voy allí en el primer tren! —dije con entusiasmo un tanto pueril.

Ella se rió.

—¿Y qué? Puede que diga que se le devuelvan primero los cincuenta mil francos. ¿Y para qué batirse con él?... ¡Qué tontería!

—Bien, pero ¿dónde, dónde agenciarse esos cincuenta mil francos? —repetí rechinando los dientes, como si hubiera sido posible recoger el dinero del suelo—. Oiga, ¿y míster Astley? —pregunté dirigiéndome a ella con el chispazo de una idea peregrina.

Le centellearon los ojos.

—¿Pero qué? ¿Es que tú mismo quieres que me aparte de ti para ver a ese inglés? —preguntó, fijando sus ojos en los míos con mirada penetrante y sonriendo amargamente. Por primera vez en la vida me tuteaba.

Se diría que en ese momento tenía trastornada la cabeza por la emoción que sentía. De pronto se sentó en el sofá como si estuviera agotada.

Fue como si un relámpago me hubiera alcanzado. No daba crédito a mis ojos ni a mis oídos. ¿Pero qué? Estaba claro que me amaba. ¡Había venido a mí y no a míster Astley! Ella, ella sola, una muchacha, había venido a mi cuarto, en un hotel, comprometiéndose con ello ante los ojos de todo el mundo...; y yo, de pie ante ella, no comprendía todavía.

Una idea delirante me cruzó por la mente.

—¡Polina, dame sólo una hora! ¡Espera aquí sólo una hora... que volveré! ¡Es... es indispensable! ¡Ya verás! ¡Quédate aquí, quédate aquí!

Y salí corriendo de la habitación sin responder a su mirada inquisitiva y asombrada. Gritó algo tras de mí, pero no me volví.

Sí, a veces la idea más delirante, la que parece más imposible, se le clava a uno en la cabeza con tal fuerza que acaba por juzgarla realizable... Más aún, si esa idea va unida a un deseo fuerte y apasionado acaba uno por considerarla a veces como algo fatal, necesario, predestinado, como algo que es imposible que no sea, que no ocurra. Quizá haya en ello más: Una cierta combinación de presentimientos, un cierto esfuerzo inhabitual de la voluntad, un autoenvenenamiento de la propia fantasía, o quizá otra cosa... no sé. Pero esa noche (que en mi vida olvidaré) me sucedió una maravillosa aventura. Aunque puede ser justificada por la aritmética, lo cierto es que para mí sigue siendo todavía milagrosa. ¿Y por qué, por qué se arraigó en mí tan honda y fuertemente esa convicción y sigue arraigada hasta el día de hoy? Cierto es que ya he reflexionado sobre esto –repito–, no como sobre un caso entre otros (y, por lo tanto, que puede no ocurrir entre otros), sino como sobre algo que tenía que producirse irremediablemente.

Eran las diez y cuarto. Entré en el Casino con una firme esperanza y con una agitación como nunca había sentido hasta entonces. En las salas de juego había todavía bastante público, aunque sólo la mitad del que había habido por la mañana.

Entre las diez y las once se encuentran junto a las mesas de juego los jugadores auténticos, los desesperados, los individuos para quienes el balneario existe sólo por la ruleta, que han venido sólo por ella, los que apenas se dan cuenta de lo que sucede en torno suyo ni por nada se interesan durante toda la temporada sino por jugar de la mañana a la noche y quizá jugarían de buena gana toda la noche, hasta el amanecer si fuera posible. Siempre se dispersan con enojo cuando se cierra la sala de ruleta a medianoche. Y cuando el *crupier* más antiguo, antes del cierre de la sala a las doce, anuncia: *Les trois derniers coups, messieurs!*, están a veces dispuestos a arriesgar en esas tres últimas posturas todo lo que tienen en los bolsillos –y, en realidad– lo pierden en la mayoría de los casos. Yo me acerqué a la misma mesa a la que la abuela había estado sentada poco antes. No había muchas apreturas, de modo que muy pronto encontré lugar, de pie, junto a ella. Directamente frente a mí, sobre el paño verde, estaba trazada la palabra *Passe*. Este *passe* es una serie de números desde el 19 hasta el 36 inclusive. La primera serie, del 1 al 18 inclusive, se llama *Manque*. ¿Pero a mí qué me importaba nada de eso? No hice cálculos, ni siquiera oí en qué número había caído la última suerte, y no lo pregunté cuando empecé a jugar, como lo hubiera hecho cualquier jugador prudente. Saqué mis veinte federicos de oro y los apunté al *passe* que estaba frente a mí.

–*Vingt-deux!* –gritó el crupier.

Gané y volví a apostarlo todo: Lo anterior y lo ganado.

–*Trente et un!* –anunció el *crupier*–. ¡Había ganado otra vez!

Tenía, pues, en total ochenta federicos de oro. Puse los ochenta a los doce números medios (triple ganancia pero dos probabilidades en contra), giró la rueda y salió el veinticuatro. Me entregaron tres paquetes de cincuenta federicos cada uno y diez monedas de oro. junto con lo anterior ascendía a doscientos federicos de oro. Estaba como febril y empujé todo el montón de dinero al rojo y de repente volví en mi acuerdo. Y sólo una vez en toda esa velada, durante toda esa partida, me sentí poseído de terror, helado de frío, sacudido por un temblor de brazos y piernas. Presentí con espanto y comprendí al momento lo que para mí significaría perder ahora. Toda mi vida dependía de esa apuesta.

–*¡Rouge!* –gritó el *crupier*–, y volví a respirar. Ardientes estremecimientos me recorrían el cuerpo. Me pagaron en billetes de banco: En total cuatro mil florines y ochenta federicos de oro (aun en ese estado podía hacer bien mis cuentas).

Recuerdo que luego volví a apostar dos mil florines a los doce números medios y perdí; aposté el oro que tenía además de los ochenta federicos de oro y perdí. Me puse furioso: Cogí los últimos dos mil florines que me quedaban y los aposté a los doce primeros números al buen tuntún, a lo que cayera, sin pensar. Hubo, sin embargo, un momento de expectación parecido quizá a la impresión que me produjo madame Blanchard en París cuando desde un globo bajó volando a la tierra.

–*Quatre!* –gritó el banquero. Con la apuesta anterior resultaba de nuevo un total de seis mil florines. Yo tenía ya aire de vencedor; ahora nada, lo que se dice nada, me infundía temor, y coloqué cuatro mil florines al negro. Tras de mí, otros nueve individuos apostaron también al negro. Los *crupieres* se miraban y cuchicheaban entre sí. En torno, la gente hablaba y esperaba.

Salió el negro. Ya no recuerdo ni el número ni el orden de mis posturas. Sólo recuerdo, como en sueños, que por lo visto gané dieciséis mil florines; seguidamente perdí doce mil de ellos en tres apuestas desafortunadas. Luego puse los últimos cuatro mil a *passe* (pero ya para entonces no sentía casi nada; estaba sólo a la expectativa, se diría que mecánicamente, vacío de pensamientos) y volví a ganar, y después de ello gané cuatro veces seguidas. Me acuerdo sólo de que recogía el dinero a montones, y también que los doce números medios a que apunté salían más a menudo que los demás. Aparecían con bastante regularidad, tres o cuatro veces seguidas, luego desaparecían un par de veces para volver de nuevo tres o cuatro veces consecutivas. Esta insólita regularidad se presenta a veces en rachas, y he aquí por qué desbarran los jugadores experimentados que hacen cálculos lápiz en mano. ¡Y qué crueles son a veces en este terreno las burlas de la suerte!

Pienso que no había transcurrido más de media hora desde mi llegada. De pronto el *crupier* me hizo saber que había ganado treinta mil florines, y que como la banca no respondía de mayor cantidad en una sola sesión se suspendería la ruleta hasta el día siguiente. Eché mano de todo mi oro, me lo metí en el bolsillo, recogí los billetes y pasé seguidamente a otra sala, donde había otra mesa de ruleta; tras mí, agolpada, se vino toda la gente. Al instante me despejaron un lugar y empecé de nuevo a apostar sin orden ni concierto. ¡No sé qué fue lo que me salvó!

Pero de vez en cuando empezaba a hurgarme un conato de cautela en el cerebro. Me aferraba a ciertos números y combinaciones, pero pronto los dejaba y volvía a apuntar inconscientemente. Estaba, por lo visto, muy distraído, y recuerdo que los *crupieres* corrigieron mi juego más de una vez. Cometí errores groseros. Tenía las sienes bañadas en sudor y me temblaban las manos. También vinieron trotando los polacos con su oferta de servicios, pero yo no escuchaba a nadie. La suerte no me volvió la espalda. De pronto se oyó a mi alrededor un rumor sordo y risas. "¡Bravo, bravo!", gritaban todos, y algunos incluso aplaudieron. Recogí allí también treinta mil florines y la banca fue clausurada hasta el día siguiente.

—¡Váyase, váyase! —me susurró la voz de alguien a mi derecha. Era la de un judío de Francfort que había estado a mi lado todo ese tiempo y que, al parecer, me había ayudado de vez en cuando en mi juego.

—¡Váyase, por amor de Dios! —murmuró a mi izquierda otra voz. Vi en una rápida ojeada que era una señora al filo de la treintena, vestida muy modesta y decorosamente, de rostro fatigado, de palidez enfermiza, pero que aun ahora mostraba rastros de su peregrina belleza anterior. En ese momento estaba yo atiborrándome el bolsillo de billetes, arrugándolos al hacerlo, y recogía el oro que quedaba en la mesa. Al levantar el último paquete de cincuenta federicos de oro logré ponerlo en la mano de la pálida señora sin que nadie lo notara. Sentí entonces grandísimo deseo de hacer eso, y recuerdo que sus dedos finos y delicados me apretaron fuertemente la mano en señal de viva gratitud. Todo ello sucedió en un instante.

Una vez embolsado todo el dinero me dirigí apresuradamente a la mesa de *trente et quarente.* En torno a ella estaba sentado un público aristocrático. Esto no es ruleta; son cartas. La banca responde de hasta cien mil táleros de una vez. La postura máxima es también aquí de cuatro mil florines. Yo no sabía nada de este juego y casi no conocía las posturas, salvo el rojo y el negro, que también existen en él. A ellos me adherí. Todo el casino se agolpó en torno. No recuerdo si pensé una sola vez en Polina durante ese tiempo. Lo que sentía era un deleite irresistible de atrapar billetes de banco, de ver crecer el montón de ellos que ante mí tenía.

En realidad, era como si la suerte me empujase. En esta ocasión se produjo, como de propósito, una circunstancia que, sin embargo, se repite con alguna frecuencia en el juego. Cae, por ejemplo, la suerte en el rojo y sigue cayendo en él diez, hasta quince veces seguidas. Anteayer oí decir que el rojo había salido veintidós veces consecutivas la semana pasada, lo que no se recuerda que haya sucedido en la ruleta y de lo cual todo el mundo hablaba con asombro. Como era de esperar, todos abandonaron al momento el rojo y al cabo de diez veces, por ejemplo, casi nadie se atrevía a apostar a él. Pero ninguno de los jugadores experimentados tampoco apuesta entonces al negro. El jugador avezado sabe lo que significa esta "suerte veleidosa", a saber, que después de salir el rojo dieciséis veces, la decimoséptima saldría necesariamente el negro. A tal conclusión se lanzan casi todos los novatos, quienes doblan o triplican las posturas y pierden sumas enormes.

Ahora bien, no sé por qué extraño capricho, cuando noté que el rojo había salido siete veces seguidas, continué apostando a él. Estoy convencido de que en ello terció un tanto el amor propio: Quería asombrar a los mirones con mi arrojo insensato y —¡oh, extraño sentimiento!— recuerdo con toda claridad que, efectivamente, sin provocación alguna de mi orgullo, me sentí de repente arrebatado por una terrible apetencia de riesgo. Quizá después de experimentar tantas sensaciones, mi espíritu no estaba todavía saciado, sino sólo azuzado por ellas, y exigía todavía más sensaciones, cada vez más fuertes, hasta el agotamiento final. Y, de veras que no miento: Si las reglas del juego me hubieran permitido apostar cincuenta mil florines de una vez, los hubiera apostado seguramente. En torno mío gritaban que esto era insensato, que el rojo había salido por decimocuarta vez.

–*Monsieur a gagné déjà cent mille florins* –dijo una voz junto a mí.

De pronto volví en mí. ¿Cómo? ¡Había ganado esa noche cien mil florines! ¿Qué más necesitaba? Me arrojé sobre los billetes, los metí a puñados en los bolsillos, sin contarlos, recogí todo el oro, todos los fajos de billetes, y salí corriendo del Casino. En torno mío la gente reía al verme atravesar las salas con los bolsillos abultados y al ver los trompicones que me hacía dar el peso del oro. Creo que pesaba bastante más de veinte libras. Varias manos se alargaron hacia mí. Yo repartía cuanto podía coger, a puñados. Dos judíos me detuvieron a la salida.

–¡Es usted audaz! ¡Muy audaz! –me dijeron–, pero márchese sin falta mañana por la mañana, lo más temprano posible; de lo contrario lo perderá todo, pero todo...

No les hice caso. La avenida estaba oscura, tanto que me era imposible distinguir mis propias manos. Había media versta hasta el hotel. Nunca he tenido miedo a los ladrones ni a los atracadores, ni siquiera cuando era pequeño. Tampoco pensaba ahora en ellos. A decir verdad, no recuerdo en qué iba pensando durante el camino; tenía la cabeza vacía de pensamientos. Sólo sentía un enorme deleite: Éxito, victoria, poderío, no sé cómo expresarlo. Pasó ante mí también la imagen de Polina. Recordé y me di plena cuenta de que iba a su encuentro, de que pronto estaría con ella, de que le contaría, le mostraría... pero apenas recordaba ya lo que me había dicho poco antes, ni por qué yo había salido; todas esas sensaciones recientes, de hora y media antes, me parecían ahora algo sucedido tiempo atrás, algo superado, vetusto, algo que ya no recordaríamos, porque ahora todo empezaría de nuevo. Cuando ya llegaba casi al final de la avenida me sentí de pronto sobrecogido de espanto: "¿Y si ahora me mataran y robaran?". Con cada paso mi temor se redoblaba. Iba corriendo. Pero al final de la avenida surgió de pronto nuestro hotel, rutilante de luces innumerables. ¡Gracias a Dios, estaba en casa!

Subí corriendo a mi piso y abrí de golpe la puerta. Polina estaba allí, sentada en el sofá y cruzada de brazos ante una bujía encendida. Me miró con asombro y, por supuesto, mi aspecto debía de ser bastante extraño en ese momento. Me planté frente a ella y empecé a arrojar sobre la mesa todo mi montón de dinero.

Capítulo 15

Recuerdo que me miró cara a cara, con terrible fijeza, pero sin moverse de su sitio para cambiar de postura.

—He ganado doscientos mil francos —exclamé, arrojando el último envoltorio. La ingente masa de billetes y paquetes de monedas de oro cubría toda la mesa. Yo no podía apartar los ojos de ella. Durante algunos minutos olvidé por completo a Polina. Ora empezaba a poner orden en este cúmulo de billetes de banco juntándolos en fajos, ora ponía el oro aparte en un montón especial, ora lo dejaba todo y me ponía a pasear rápidamente por la habitación; a ratos reflexionaba, luego volvía a acercarme impulsivamente a la mesa y empezaba a contar de nuevo el dinero. De pronto, como si hubiera recobrado el juicio, me abalancé a la puerta y la cerré con dos vueltas de llave. Luego me detuve, sumido en mis reflexiones, delante de mi pequeña maleta.

—¿No convendría quizá meterlo en la maleta hasta mañana? —pregunté volviéndome a Polina, de quien me acordé de pronto. Ella seguía inmóvil en su asiento, en el mismo sitio, pero me observaba fijamente. Había algo raro en la expresión de su rostro, y esa expresión no me gustaba. No me equivoco si digo que en él se retrataba el aborrecimiento.

Me acerqué de prisa a ella.

—Polina, aquí tiene veinticinco mil florines, o sea, cincuenta mil francos; más todavía. Tómelos y tíreselos mañana a la cara.

No me contestó.

—Si quiere usted, yo mismo se los llevo mañana temprano. ¿Qué dice?

De pronto se echó a reír y estuvo riendo largo rato. Yo la miraba asombrado y apenado. Esa risa era muy semejante a aquella otra frecuente y sarcástica con que siempre recibía mis declaraciones más apasionadas. Cesó de reír por fin y arrugó el entrecejo. Me miraba con severidad, ceñudamente.

—No tomaré su dinero —dijo con desprecio.

—¿Cómo? ¿Qué pasa? —grité—. Polina, ¿por qué no?

—No tomo dinero de balde.

—Se lo ofrezco como amigo. Le ofrezco a usted mi vida.

Me dirigió una mirada larga y escrutadora como si quisiera atravesarme con ella.

—Usted paga mucho —dijo con una sonrisa irónica—. La amante de Des Grieux no vale cincuenta mil francos.

—Polina, ¿cómo es posible que hable usted así conmigo? —exclamé en tono de reproche—. ¿Soy yo acaso Des Grieux?

—¡Le detesto a usted! ¡Sí... sí... ! No le quiero a usted más que a Des Grieux —exclamó con ojos relampagueantes.

Y en ese instante se cubrió la cara con las manos y tuvo un ataque de histeria. Yo corrí a su lado.

Comprendí que le había sucedido algo en mi ausencia. Parecía no estar enteramente en su juicio.

—¡Cómprame! ¿Quieres? ¿Quieres? ¿Por cincuenta mil francos como Des Grieux? —exclamaba con voz entrecortada por sollozos convulsivos. Yo la cogí en mis brazos, la besé las manos, y caí de rodillas ante ella.

Se le pasó el acceso de histeria. Me puso ambas manos en los hombros y me miró con fijeza. Quería por lo visto leer algo en mi rostro. Me escuchaba, pero al parecer sin oír lo que le decía. Algo como ansiedad y preocupación se reflejaba en su semblante. Me causaba sobresalto, porque se me antojaba que de veras iba a perder el juicio. De pronto empezó a atraerme suavemente hacia sí, y una sonrisa confiada afloró en su cara; pero una vez más, inesperadamente, me apartó de sí y se puso a escudriñarme con mirada sombría.

De repente se abalanzó a abrazarme.

—¿Conque me quieres? ¿Me quieres? —decía—. ¡Conque querías batirte con el barón por mí! —Y soltó una carcajada, como si de improviso se hubiera acordado de algo a la vez ridículo y simpático.

Lloraba y reía a la vez. Pero yo ¿qué podía hacer? Yo mismo estaba como febril. Recuerdo que empezó a contarme algo, pero yo apenas pude entender nada. Aquello era una especie de delirio, de garrulidad, como si quisiera contarme cosas lo más de prisa posible, un delirio entrecortado por la risa más alegre, que acabó por atemorizarme.

—¡No, no, tú eres bueno, tú eres bueno! —repetía—. ¡Tú eres mi amigo fiel! —y volvía a ponerme las manos en los hombros, me miraba y seguía repitiendo: "Tú me quieres... me quieres... ¿me querrás?". Yo no apartaba los ojos de ella; nunca antes había visto en ella estos arrebatos de ternura y amor. Por supuesto, era un delirio, y sin embargo... Notando mi mirada apasionada, empezó de pronto a sonreír con picardía. Inopinadamente se puso a hablar de míster Astley.

Bueno, habló de míster Astley sin interrupción (sobre todo cuando trató de contarme algo de esa velada), pero no pude enterarme de lo que quería decir exactamente. Parecía incluso que se reía de él. Repetía sin cesar que la estaba esperando... ¿sabía yo que de seguro estaba ahora mismo debajo de la ventana? "¡Sí, sí, debajo de la ventana; anda, abre, mira, mira, que está ahí, ahí!". Me empujaba hacia la ventana, pero no bien hacía yo un movimiento, se derretía de risa y yo permanecía junto a ella y ella se lanzaba a abrazarme.

—¿Nos vamos? Porque nos vamos mañana, ¿no? —idea que se le metió de repente en la cabeza—. Bueno (y se puso a pensar). Bueno, pues alcanzamos a la abuela, ¿qué te parece? Creo que la alcanzaremos en Berlín. ¿Qué crees que dirá cuando nos vea? ¿Y míster Astley? Bueno, ése no se tirará desde lo alto del Schlangenberg, ¿no crees? (Soltó una carcajada.) Oye, ¿sabes adónde va el verano que viene? Quiere ir al Polo Norte a hacer investigaciones científicas y me invita a acompañarle, ¡ja, ja, ja! Dice que nosotros los rusos no podemos hacer nada sin los europeos y que no somos capaces de nada... ¡Pero él también es bueno! ¿Sabes que disculpa al general? Dice que si Blanche, que si la pasión..., pero no sé, no sé repitió de pronto como perdiendo el hilo—. ¡Son pobres! ¡Qué lástima me da de ellos! Y la abuela... Pero oye, oye, ¿tú no habrías matado a Des Grieux? ¿De veras, de veras pensabas matarlo? ¡Tonto! ¿De veras podías creer que te dejaría batirte con él? Y tampoco matarás al barón —añadió, riendo—. ¡Ay, qué divertido estuviste entonces con el barón! Los estaba mirando a los dos desde el banco. ¡Y de qué mala gana fuiste cuando te mandé! ¡Cómo me reí, cómo me reí entonces! —añadió entre carcajadas.

Y vuelta de nuevo a besarme y abrazarme, vuelta de nuevo a apretar su rostro contra el mío con pasión y ternura. Yo no pensaba en nada ni nada oía. La cabeza me daba vueltas...

Creo que eran las siete de la mañana, poco más o menos, cuando desperté. El sol alumbraba la habitación. Polina estaba sentada junto a mí y miraba en torno suyo de modo extraño, como si estuviera saliendo de un letargo y ordenando sus recuerdos. También ella acababa de despertar y miraba atentamente la mesa y el dinero. A mí me pesaba y dolía la cabeza. Quise coger a Polina de la mano, pero ella me rechazó y de un salto se levantó del sofá. El día naciente se anunciaba encapotado; había llovido antes del alba. Se acercó a la ventana, la abrió, asomó la cabeza y el pecho y, apoyándose en los brazos, con los codos pegados a las jambas, pasó tres minutos sin volverse hacia mí ni escuchar lo que le decía. Me pregunté con espanto qué pasaría ahora y cómo acabaría esto. De pronto se apartó de la ventana, se acercó a la mesa y, mirándome con una expresión de odio infinito con los labios temblorosos de furia, me dijo:

—¡Bien, ahora dame mis cincuenta mil francos!

—Polina, ¿otra vez? ¿Otra vez? —empecé a decir.

—¿O es que lo has pensado mejor? ¡Ja, ja, ja! ¿Quizá ahora te arrepientes?

En la mesa había veinticinco mil florines contados ya la noche antes. Los tomé y se los di.

—¿Con que ahora son míos? ¿No es eso, no es eso? —me preguntó aviesamente con el dinero en las manos.

—¡Siempre fueron tuyos! —dije yo.

—¡Pues ahí tienes tus cincuenta mil francos! —levantó el brazo y me los tiró. El paquete me dio un golpe cruel en la cara y el dinero se desparramó por el suelo. Hecho esto, Polina salió corriendo del cuarto.

Sé, claro, que en ese momento no estaba en su juicio, aunque no comprendo esa perturbación temporal. Cierto es que aun hoy día, un mes después, sigue enferma. ¿Pero cuál fue la causa de ese estado suyo y, sobre todo, de esa salida? ¿El amor propio lastimado? ¿La desesperación por haber decidido venir a verme? ¿Acaso di muestra de jactarme de mi buena fortuna, de que, al igual que Des Grieux, quería desembarazarme de ella regalándole cincuenta mil francos? Pero no fue así; lo sé por mi propia conciencia. Pienso que su propia vanidad tuvo parte de la culpa; su vanidad la incitó a no creerme, a injuriarme, aunque quizá sólo tuviera una idea vaga de ello. En tal caso, por supuesto, yo pagué por Des Grieux y resulté responsable, aunque quizá no en demasía. Es verdad que era sólo un delirio; también es verdad que yo sabía que se hallaba en estado delirante, y... no lo tomé en cuenta.

Acaso no me lo pueda perdonar ahora. Sí, ahora, pero ¿entonces?, ¿y entonces? ¿Es que su enfermedad y delirio eran tan graves que había olvidado por completo lo que hacía cuando vino a verme con la carta de Des Grieux? ¡Claro que sabía lo que hacía!

A toda prisa metí los billetes y el montón de oro en la cama, lo cubrí todo y salí diez minutos después de Polina. Estaba seguro de que se había ido corriendo a casa, y yo quería acercarme sin ser notado y preguntar a la niñera en el vestíbulo por la salud de su señorita. ¡Cuál no sería mi asombro cuando me enteré por la niñera, a quien encontré en la escalera, que Polina no había vuelto todavía a casa y que la niñera misma iba a la mía a buscarla!

—Hace un momento —le dije—, hace sólo un momento que se separó de mí; hace diez minutos. ¿Dónde podrá haberse metido?

La niñera me miró con reproche.

Y mientras tanto salió a relucir todo el lance, que ya circulaba por el hotel. En la conserjería y entre las gentes del *Oberkellner* se murmuraba que la *Fráulein* había salido corriendo del hotel, bajo la lluvia, con dirección al *Hotel d'Angleterre*. Por sus palabras y alusiones me percaté de que ya todo el mundo sabía que había pasado la noche en mi cuarto. Por otra parte, hablaban ya de toda la familia del general: Se supo que éste había perdido el juicio la víspera y había estado llorando por todo el hotel. Decían, además, que la abuela era su madre, que había venido *ex professo* de Rusia para impedir que su hijo se casase con mademoiselle de Cominges y que si éste desobedecía, le privaría de la herencia; y como efectivamente había desobedecido, la condesa, ante los propios ojos de su hijo, había perdido todo su dinero a la ruleta para que no heredase nada. "*Diesen Russen!*" —repetía el *Oberkellner* meneando la cabeza con indignación. Otros reían. El *Oberkellner* preparó la cuenta. Se sabía ya lo de mis ganancias. Karl, el camarero de mi piso, fue el primero en darme la enhorabuena. Pero yo no tenía humor para atenderlos. Salí disparado para el *Hotel d'Angleterre*.

Era todavía temprano y míster Astley no recibía a nadie, pero cuando supo que era yo, salió al pasillo y se me puso delante, mirándome de hito en hito con sus ojos color de estaño y esperando a ver lo que yo decía. Le pregunté al instante por Polina.

—Está enferma —respondió míster Astley, quien seguía mirándome con fijeza y sin apartar de mí los ojos.

—¿De modo que está con usted?

—¡Oh, sí! Está conmigo.

—¿Así es que usted... que usted tiene la intención de retenerla consigo?

— Oh, sí! Tengo esa intención.

—Míster Astley, eso provocaría un escándalo; eso no puede ser. Además, está enferma de verdad. ¿No lo ha notado usted?

—¡Oh, sí! Lo he notado, y ya he dicho que está enferma. Si no lo estuviese no habría pasado la noche con usted.

—¿Conque usted también sabe eso?

—Lo sé. Ella iba a venir aquí anoche y yo iba a llevarla a casa de una pariente mía, pero como estaba enferma se equivocó y fue a casa de usted.

—¡Hay que ver! Bueno, le felicito, míster Astley. A propósito, me hace usted pensar en algo. ¿No pasó usted la noche bajo nuestra ventana? Miss Polina me estuvo pidiendo toda la noche que la abriera y que mirase a ver si estaba usted bajo ella, y se reía a carcajadas.

—¿De veras? No, no estuve debajo de la ventana; pero sí estuve esperando en el pasillo y dando vueltas.

—Pues es preciso ponerla en tratamiento, míster Astley.

— Oh, sí! Ya he llamado al médico; y si muere, le haré a usted responsable de su muerte.

Me quedé perplejo.

—Vamos, míster Astley, ¿qué es lo que quiere usted?

—¿Es cierto que ganó usted ayer doscientos mil táleros?

—Sólo cien mil florines.

—Vaya, hombre. Se irá usted, pues, esta mañana a París.

—¿Por qué?

—Todos los rusos que tienen dinero van a París —explicó míster Astley con la voz y el tono que emplearía si lo hubiera leído en un libro.

—¿Qué haría yo en París ahora, en verano? La quiero, míster Astley, usted mismo lo sabe.

—¿De veras? Estoy convencido de que no. Además, si se queda usted aquí lo perderá probablemente todo y no tendrá con qué ir a París. Bueno, adiós. Estoy completamente seguro de que irá usted a París hoy.

—Pues bien, adiós, pero no iré a París. Piense, míster Astley, en lo que ahora será de nosotros. En una palabra, el general... y ahora esta aventura con miss Polina; porque lo sabrá toda la ciudad.

—Sí, toda la ciudad. Creo, sin embargo, que el general no piensa en eso y que le trae sin cuidado. Además, miss Polina tiene el perfecto derecho de vivir donde le plazca. En cuanto a esa familia, cabe decir que en rigor ya no existe.

Me fui, riéndome del extraño convencimiento que tenía este inglés de que me iría a París. "Con todo, quiere matarme de un tiro en duelo —pensaba— si mademoiselle Polina muere, ¡vaya complicación!". Juro que sentía lástima de Polina, pero, cosa rara, desde el momento en que la víspera me acerqué a la mesa de juego y empecé a amontonar fajos de billetes, mi amor pareció desplazarse a un segundo término. Esto lo digo ahora, pero entonces no me daba cuenta cabal de ello. ¿Soy efectivamente un jugador? ¿Es que efectivamente... amaba a Polina de modo tan extraño? No, la sigo amando en este instante, bien lo sabe Dios. Cuando me separé de míster Astley y fui a casa, sufría de verdad y me culpaba a mí mismo. Pero... entonces me sucedió un lance extraño y ridículo.

Iba de prisa a ver al general cuando no lejos de sus habitaciones se abrió una puerta y alguien me llamó. Era madame veuve Cominges, y me llamaba por orden de mademoiselle Blanche. Entré en la habitación de ésta.

Su alojamiento era exiguo, compuesto de dos habitaciones. Oí la risa y los gritos de mademoiselle Blanche en la alcoba. Se levantaba de la cama.

–*Ah, c'est lui! Viens donc, bête!* Es cierto que *tu as gagné une montagne d'or et d'argent? J'aimerais mieux l'or.*

–La he ganado –dije riendo.

–¿Cuánto?

–Cien mil florines.

–*Bibi, comme tu es béte.* Sí, anda, acércate, que no oigo nada. *Nous ferons bombance, n'est-cepas?*

Me acerqué a ella. Se retorcía bajo la colcha de raso color de rosa, de debajo de la cual surgían unos hombros maravillosos, morenos y robustos, de los que quizá sólo se ven en sueños, medio cubiertos por un camisón de batista guarnecido de encajes blanquísimos que iban muy bien con su cutis oscuro.

–*Mon fils, as-tu du coeur?* –gritó al verme y soltó una carcajada. Se reía siempre con mucho alborozo y a veces con sinceridad.

–*Tout autre...* –empecé a decir parafraseando a Corneille.

–Pues mira, *vois-tu* –parloteó de pronto–, en primer lugar, búscame las medias y ayúdame a calzarme; y, en segundo lugar, si *tu n'es pas trop béte, je te prends à Paris.* ¿Sabes? Me voy enseguida.

–¿Enseguida?

–Dentro de media hora.

En efecto, estaba hecho el equipaje. Todas las maletas y los efectos estaban listos. Se había servido el café hacía ya rato.

–*Eh, bien!* ¿quieres? *Tu verras Paris. Dis donc, qu'est-ce que c'est qu'un outchitel? Tu étais bien bête, quand tu étais outchitel!* ¿Dónde están mis medias? ¡Pónmelas, anda!

Levantó un pie verdaderamente admirable, moreno, pequeño, perfecto de forma, como lo son por lo común esos piececitos que lucen tan bien en botines. Yo, riendo, me puse a estirarle la media de seda. Mademoiselle Blanche mientras tanto parloteaba sentada en la cama.

–*Eh bien, que feras-tu si je te prends avec?* Para empezar *je veux cinquante mille francs.* Me los darás en Francfort. *Nous allons à Paris.* Allí viviremos juntos *et je te ferai voir des étoiles en plein jour.* Verás mujeres como no las has visto nunca. Escucha...

—Espera, si te doy cincuenta mil francos, ¿qué es lo que me queda a mí?

– *Et cent cinquante mille francs,* ¿lo has olvidado? y, además, estoy dispuesta a vivir contigo un mes, dos meses, *que sais-je?* No cabe duda de que en dos meses nos gastaremos esos ciento cincuenta mil francos. Ya ves que *je suis bonne enfant* y que te lo digo de antemano, *mais tu verras des étoiles.*

—¿Cómo? ¿Gastarlo todo en dos meses?

—¿Y qué? ¿Te asusta eso? *Ah, vil esclave!* ¿Pero no sabes que un mes de esa vida vale más que toda tu existencia? Un mes... *et aprés le déluge! Mais tu ne peux comprendre, va!* ¡Vete, vete de aquí, que no lo vales! *Aïe, que fais-tu?*

En ese momento estaba yo poniéndole la otra media, pero no pude contenerme y le besé el pie. Ella lo retiró y con la punta de él comenzó a darme en la cara. Acabó por echarme de la habitación.

– *Eh bien, mon outchitel, je t'attends, si tu veux,* ¡dentro de un cuarto de hora me voy! —gritó tras mí.

Cuando volvía a mi cuarto me sentía como mareado. Pero, al fin y al cabo, no tengo yo la culpa de que mademoiselle Polina me tirara todo el dinero a la cara ni de que ayer, por añadidura, prefiriera a míster Astley que a mí. Algunos de los billetes estaban aún desparramados por el suelo. Los recogí. En ese momento se abrió la puerta y apareció el *Oberkellner* (que antes ni siquiera quería mirarme) con la invitación de que, si me parecía bien, me mudara abajo, a un aposento soberbio, ocupado hasta poco antes por el conde V.

Yo, de pie, reflexioné.

—¡La cuenta! —exclamé—. Me voy al instante, en diez minutos. "Pues si ha de ser París, a París" —pensé para mis adentros. Es evidente que ello está escrito.

Un cuarto de hora después estábamos, en efecto, los tres sentados en un compartimiento reservado: mademoiselle Blanche, madame veuve Cominges y yo. Mademoiselle Blanche me miraba riéndose, casi al borde de la histeria. Veuve Cominges la secundaba; yo diré que estaba alegre. Mi vida se había partido en dos, pero ya estaba acostumbrado desde el día antes a arriesgarlo todo a una carta. Quizá, y efectivamente es cierto, ese dinero era demasiado para mí y me había trastornado. *Peut-étre, je ne demandais pas mieux.* Me parecía que por algún tiempo —pero sólo por algún tiempo— había cambiado la decoración. "Ahora bien, dentro de un mes estaré aquí, y entonces... y entonces nos veremos las caras, míster Astley." No, por lo que recuerdo ahora ya entonces me sentía terriblemente triste, aunque rivalizaba con la tonta de Blanche a ver quién soltaba las mayores carcajadas.

—¿Pero qué tienes? ¡Qué bobo eres! ¡Oh, qué bobo! —chillaba Blanche, interrumpiendo su risa y riñéndome en serio—. Pues sí, pues sí, sí, nos gastaremos tus doscientos mil francos, pero... *mais tu seras heureux, comme un petit roi;* yo misma te haré el nudo de la corbata y te presentaré a Hortense. Y cuando nos gastemos todo nuestro dinero vuelves aquí y una vez más harás saltar la banca. ¿Qué te dijeron los judíos? Lo importante es la audacia, y tú la tienes, y más de una vez me llevarás dinero a París. *Quant à moi, je veux cinquante mille francs de rente et alors...*

—¿Y el general? —le pregunté.

—El general, como bien sabes, viene ahora a verme todos los días con un ramo de flores. Esta vez le he mandado de propósito a que me busque flores muy raras. Cuando vuelva el pobre, ya habrá volado el pájaro. Nos seguirá a toda prisa, ya verás. ¡Ja, ja, ja! ¡Qué contenta estaré con él! En París me será útil. Míster Astley pagará aquí por él...

Y he aquí cómo fui entonces a París.

Capítulo 16

¿Qué diré de París? Todo ello, por supuesto, fue una locura y estupidez. En total permanecí en París algo más de tres semanas y en ese tiempo se volatilizaron por completo mis cien mil francos. Hablo sólo de cien mil; los otros cien mil se los di a mademoiselle Blanche en dinero contante y sonante: Cincuenta mil en Francfort, y al cabo de tres días en París le entregué cincuenta mil más, en un pagaré, por el cual me sacó también dinero al cabo de ocho días, *"et les cent mille francs que nous restent tu les mangeras avec moi, mon outchitel"*. Me llamaba siempre *"outchitel"*, esto es, tutor. Es difícil imaginarse nada en este mundo más mezquino, más avaro y más ruin que la clase de criaturas a que pertenecía mademoiselle Blanche. Pero esto en cuanto a su propio dinero. En lo tocante a mis cien mil francos, me dijo más tarde, sin rodeos que los necesitaba para su instalación inicial en París: "Puesto que ahora me establezco como Dios manda y durante mucho tiempo nadie me quitará del sitio; al menos así lo tengo proyectado" —añadió. Yo, sin embargo, casi no vi esos cien mil francos. Era ella la que siempre guardaba el dinero, y en mi faltriquera, en la que ella misma huroneaba todos los días, nunca había más de cien francos y casi siempre menos.

—¿Pero para qué necesitas dinero? —me preguntaba de vez en cuando con la mayor sinceridad; y yo no disputaba con ella. Ahora bien, con ese dinero iba amueblando y decorando su apartamento bastante bien, y cuando más tarde me condujo al nuevo domicilio me decía enseñándome las habitaciones: "Mira lo que con cálculo y gusto se puede hacer aun con los medios más míseros". Esa miseria ascendía, sin embargo, a cincuenta mil francos, ni más ni menos. Con los cincuenta mil restantes se procuró un carruaje y caballos, amén de lo cual dimos dos bailes, mejor dicho, dos veladas a las que asistieron Hortense y Lisette y Cléopátre, mujeres notables por muchos conceptos y hasta bastante guapas. En esas dos veladas me vi obligado a desempeñar el estúpido papel de anfitrión, recibir y entretener a comerciantes ricos e imbéciles, inaguantables por su ignorancia y descaro, a varios tenientes del ejército, a escritorzuelos miserables y a insectos del periodismo, que llegaban vestidos de frac muy a la moda, con guantes pajizos, y dando muestras de un orgullo y una arrogancia inconcebibles aun entre nosotros, en Petersburgo, lo que ya es decir. Se les ocurrió incluso reírse de mí, pero yo me emborraché de champaña y fui a tumbarme en un cuarto trasero. Todo esto me resultaba repugnante en alto grado. "*C'est un outchitel* —decía de mí mademoiselle Blanche—. *Il a gagné deux cent mille francs* y no sabría gastárselos sin mí. Más tarde volverá a ser tutor. ¿No sabe aquí nadie dónde colocarlo? Hay que hacer algo por él". Recurrí muy a menudo al champaña porque a menudo me sentía horriblemente triste y aburrido. Vivía en un ambiente de lo más burgués, de lo más mercenario, en el que se calculaba y se llevaba cuenta de cada *sou*. Blanche no me quería mucho en los primeros quince días, cosa que noté; es verdad que me vistió con elegancia y que todos los días me hacía el nudo de la corbata, pero en su fuero interno me despreciaba cordialmente, lo cual me traía sin cuidado. Aburrido y melancólico, empecé a frecuentar el "Château des Fleurs", donde todas las noches, con regularidad, me embriagaba y aprendía el cancán (que allí se baila con la mayor desvergüenza) y, en consecuencia, llegué a adquirir cierta fama en tal quehacer. Por fin Blanche llegó a calar mi verdadera índole; no sé por qué se había figurado que durante nuestra convivencia yo iría tras ella con papel y lápiz, apuntando todo lo que había gastado, lo que había robado y lo que aún había de gastar y robar; y, por supuesto, estaba segura de que por cada diez francos se armaría entre nosotros una trifulca. Para cada una de las embestidas mías que había imaginado de antemano tenía preparada una réplica: Pero viendo que yo no embestía empezó a objetar por su cuenta. Algunas veces se arrancaba con ardor, pero al notar que yo guardaba silencio —porque lo corriente era que estuviera tumbado en el sofá mirando inmóvil el techo— acabó por sorprenderse. Al principio pensaba que yo era simplemente un mentecato, "un *outchitel*", y se limitaba a poner fin a sus explicaciones, pensando probablemente para sí: "Pero si es tonto; no hay por qué explicarle nada, puesto que ni se entera". Entonces se iba, pero volvía diez minutos después (esto ocurría en ocasiones en que estaba haciendo los gastos más exorbitantes, gastos muy por encima de nuestros medios: Por ejemplo, se deshizo de los caballos que tenía y compró otro tronco en dieciséis mil francos).

—Bueno, ¿conque no te enfadas, Bibi? —dijo acercándose a mí.

—¡Noooo! Me fastidias —contesté apartándola de mí con el brazo. Esto le pareció tan curioso que al momento se sentó junto a mí.

—Mira, si he decidido pagar tanto es porque los vendían de lance. Se pueden revender en veinte mil francos.

—Sin duda, sin duda. Los caballos son soberbios. Ahora tienes un magnífico tronco. Te va bien. Bueno, basta.

—¿Entonces no estás enfadado?

—¿Por qué había de estarlo? Haces bien en adquirir las cosas que estimas indispensables. Todo te será de utilidad más tarde. Yo veo que, efectivamente, necesitas establecerte bien; de otro modo no llegarás a millonaria. Nuestros cien mil francos son nada más que el principio, una gota de agua en el mar.

Lo menos que Blanche esperaba de mí eran tales razonamientos en vez de gritos y reproches; para ella fue como caer del cielo.

—Pero tú... ¡hay que ver cómo eres! *Mais tu as l'esprit pour comprendre! Sais-tu, mon garçon,* aunque sólo eres un *outchitel,* deberías haber nacido príncipe. ¿Conque no lamentas que el dinero se nos acabe pronto?

—Cuanto antes, mejor.

—*Mais... sais-tu... mais dis donc,* ¿es que eres rico? *Mais, sais-tu,* desprecias el dinero demasiado. *Qu'est – ce que tu feras après, dis donc?*

—*Aprés,* voy a Homburg y vuelvo a ganar cien mil francos.

—*Oui, oui! c'est ça, c'est magnifique!* Y yo sé que los ganarás y que los traerás aquí. *Dis donc,* vas a hacer que te quiera. *Eh bien,* por ser como eres te voy a querer todo este tiempo y no te seré infiel ni una sola vez. Ya ves, no te he querido hasta ahora *parce queje croyais que tu n'es qu'un outchitel (quelque chose comme un laquais, n'est-ce pas?),* pero a pesar de ello te he sido fiel, *parce queje suís bonnefille.*

—¡Anda, que mientes! ¿Es que crees que no te vi la última vez con Albert, con ese oficialito moreno?

—Oh, oh, *mais tu es...*

—Vamos, mientes, mientes, pero ¿piensas que me enfado? Me importa un comino; *il faut que jeunesse se passe.* No debes despedirlo si fue mi predecesor y tú le quieres. Ahora bien, no le des dinero, ¿me oyes?

—¿Conque no te enfadas por eso tampoco? *Mais tu es un vrai philosophe, sais-tu? Un vrai philosophe!* —exclamó con entusiasmo—. *Eh, bien, je t'aimerai, je t'aimerai, tu verras, tu seras content!*

Y, en efecto, desde ese momento se mostró conmigo muy apegada, se portó hasta con afecto, y así pasaron nuestros últimos diez días. No vi las "estrellas" prometidas; pero en ciertos particulares cumplió de veras su palabra. Por añadidura, me presentó a Hortense que era, a su modo, una mujer admirable y a quien en nuestro círculo llamaban *Thérésephilosophe...*

Pero no hay por qué extenderse en estos detalles; todo esto podría constituir un relato especial, con un colorido especial que no quiero intercalar en esta historia. Lo que quiero subrayar es que deseaba con toda el alma que aquello acabara lo antes posible. Pero con nuestros cien mil francos hubo bastante, como ya he dicho, casi para un mes, lo que de veras me maravillaba. De esta suma, ochenta mil francos por lo menos los invirtió Blanche en comprarse cosas: Vivimos sólo de veinte mil francos y, sin embargo, fue bastante. Blanche, que en los últimos días era ya casi sincera conmigo (por lo menos no me mentía en algunas cosas), confesó que al menos no recaerían sobre mí las deudas que se veía obligada a contraer. "No te he dado a firmar cuentas y pagarés porque me ha dado lástima de ti; pero otra lo hubiera hecho sin duda y te hubiera llevado a la cárcel. ¡Ya ves, ya ves, cómo te he querido y lo buena que soy! ¡Sólo que esa endiablada boda me costará un ojo de la cara!".

Y, efectivamente, tuvimos una boda. Se celebró al final mismo de nuestro mes, y es preciso admitir que en ella se fueron los últimos residuos de mis cien mil francos. Con ello se terminó el asunto, es decir, con ello se terminó nuestro mes y pasé formalmente a la condición de jubilado.

Ello ocurrió del modo siguiente: Ocho días después de instalarnos en París se presentó el general. Vino directamente a ver a Blanche y desde la primera visita casi se alojó con nosotros. Tenía, es cierto, su propio domicilio, no sé dónde. Blanche le recibió gozosamente, con carcajadas y chillidos, y hasta se precipitó a abrazarlo; la cosa llegó al punto de que ella misma era la que no le soltaba y él hubo de seguirla a todas partes: Al bulevar, a los paseos en coche, al teatro y a visitar a los amigos. Para estos fines el general era todavía útil, pues tenía un porte bastante impresionante y decoroso, con su estatura relativamente elevada, sus patillas y bigote teñido (había servido en los coraceros) y su rostro agradable aunque algo adiposo. Sus modales eran impecables y vestía el frac con soltura. En París empezó a llevar sus condecoraciones. Con alguien así no sólo era posible, sino hasta *recomendable,* si se permite la expresión, circular por el bulevar. Por tales motivos el bueno e inútil general estaba que no cabía en sí de gozo, porque no contaba con ello cuando vino a vernos a su llegada a París. Entonces se presentó casi temblando de miedo, creyendo que Blanche prorrumpiría en gritos y mandaría que lo echaran; y en vista del cariz diferente que habían tomado las cosas, estaba rebosante de entusiasmo y pasó todo ese mes en un estado de absurda exaltación, estado en que seguía cuando yo le dejé. Me enteré en detalle de que después de nuestra repentina partida de Roulettenburg, le había dado esa misma mañana algo así como un ataque. Cayó al suelo sin conocimiento y durante toda la semana siguiente estuvo como loco, hablando sin cesar. Le pusieron en tratamiento, pero de repente lo dejó todo, se metió en el tren y se vino a París. Ni que decir tiene que el recibimiento que le hizo Blanche fue la mejor medicina para él, pero, a despecho de su estado alegre y exaltado, persistieron durante largo tiempo los síntomas de la enfermedad. Le era imposible razonar o incluso mantener una conversación si era un poco seria; en tal caso se limitaba a mover la cabeza y a decir "¡hum!" a cada palabra, con lo que salía del paso. Reía a menudo con risa nerviosa, enfermiza, que tenía algo de carcajada; a veces también permanecía sentado horas enteras, tétrico como la noche, frunciendo sus pobladas cejas. Por añadidura, era ya poco lo que recordaba; llegó a ser escandalosamente distraído y adquirió la costumbre de hablar consigo mismo. Blanche era la única que podía animarle; y, en realidad, los accesos de depresión y taciturnidad, cuando se acurrucaba en un rincón, significaban sólo que no había visto a Blanche en algún tiempo, que ésta había ido a algún sitio sin llevarle consigo o que se había ido sin hacerle alguna caricia. Por otra parte, ni él mismo hubiera podido decir qué quería y ni siquiera se daba cuenta de que estaba triste y decaído. Después de permanecer sentado una hora o dos (noté esto un par de veces cuando Blanche estuvo fuera todo el día, probablemente con Albert), empezaba de pronto a mirar a su alrededor, a agitarse, a aguzar la mirada, a hacer memoria, como si quisiera encontrar alguna cosa; pero al no ver a nadie y al no recordar siquiera lo que quería preguntar, volvía a caer en la distracción hasta que se presentaba Blanche, alegre, vivaracha, emperifollada, con su risa sonora, quien iba corriendo a él, se ponía a zarandearlo y hasta lo besaba, galardón, sin embargo, que raras veces le otorgaba. En una ocasión el general llegó a tal punto en su regocijo que hasta se echó a llorar, de lo cual quedé maravillado.

Tan pronto como el general apareció en París, Blanche se puso a abogar su causa ante mí. Recurrió incluso a la elocuencia; me recordaba que le había engañado por mí, que había sido casi prometida suya, que le había dado su palabra; que por ella había él abandonado a su familia y, por último, que yo había servido en casa de él y debía recordarlo; y que ¿cómo no me daba vergüenza...? Yo me limitaba a callar mientras ella hablaba como una cotorra. Por fin, solté una risotada, con lo que terminó aquello; esto es, primero me tomó por un imbécil, pero al final quedó con la impresión de que era hombre bueno y acomodaticio. En resumen, que tuve la suerte de acabar mereciendo el absoluto beneplácito de esta digna señorita (Blanche, por otra parte, era en efecto una chica excelente, claro que en su género; yo no la aprecié como tal al principio). "Eres bueno y listo —me decía hacia el final— y... y... ¡sólo lamento que seas tan pazguato! ¡Nunca harás fortuna!".

"Un vrai Russe, un calmouk!". Algunas veces me mandaba sacar al general de paseo por las calles, ni más ni menos que como un lacayo sacaría de paseo a una galguita. Yo, por lo demás, lo llevaba al teatro, al Bal-Mabille y a los restaurantes. A este fin Blanche facilitaba el dinero, aunque el general tenía el suyo propio y gustaba de tirar de cartera en presencia de la gente. En cierta ocasión tuve casi que recurrir a la fuerza para impedir que comprase un broche en setecientos francos, del que se prendó en el Palais Royal y que a toda costa quería regalar a Blanche. ¿Pero qué representaba para ella un broche de setecientos francos? Al general no le quedaban más que mil francos y nunca pude enterarme de cómo se los había procurado. Supongo que procedían de míster Astley, puesto que éste había pagado lo que el general debía en el hotel. En cuanto a cómo me consideraba durante todo este tiempo, creo que ni siquiera sospechaba mis relaciones con Blanche. Aunque había oído vagamente que yo había ganado una fortuna, probablemente suponía que en casa de Blanche yo era algo así como secretario particular o quizá sólo criado. Al menos me hablaba siempre con altivez, en tono autoritario, igual que antes, y de vez en cuando hasta me echaba una filípica. En cierta ocasión nos dio muchísimo que reír una mañana a Blanche y a mí. No era hombre susceptible al agravio, que digamos; y he aquí que de pronto se ofendió conmigo; ¿por qué?, hasta este momento sigo sin enterarme. Por supuesto que él mismo lo ignoraba. En resumen, que se puso a despotricar sin ton ni son, *à bâtons rompus,* gritaba que yo era un pilluelo, que iba a darme una lección... que me haría comprender... etcétera, etcétera. Nadie pudo entender nada. Blanche se partía de risa, hasta que por fin lograron tranquilizarle no sé cómo y lo sacaron a dar

un paseo. Muchas veces noté, sin embargo, que se ponía triste, que sentía lástima de algo o de alguien, incluso cuando Blanche estaba presente. En tal estado se puso a hablar conmigo un par de veces, aunque sin explicarse claramente, trajo a colación sus años de servicio, a su difunta esposa, sus propiedades, su hacienda. Se le ocurría una frase y se entusiasmaba con ella, y la repetía cien veces al día, aunque no correspondiera ni por asomo a sus sentimientos ni a sus ideas. Intenté hablar con él de sus hijos, pero dio esquinazo al tema con el consabido trabalenguas y pasó enseguida a otro: "¡Sí, sí! Los niños, los niños, tiene usted razón, los niños". Sólo una vez se mostró conmovido, cuando iba con nosotros al teatro: "¡Son unos niños infelices!". Y luego, durante la velada repitió varias veces las palabras "niños infelices". Una vez, cuando empecé a hablar de Polina, montó en cólera: "¡Es una desagradecida! —gritó—; ¡es mala y desagradecida! ¡Ha deshonrado a la familia! ¡Si aquí hubiera leyes, ya la ataría yo corto! ¡Sí, señor, sí!". De Des Grieux ni siquiera podía escuchar el nombre. "Me ha arruinado —decía—, me ha robado, me ha perdido! ¡Ha sido mi pesadilla durante dos años enteros! ¡Se me ha aparecido en sueños durante meses y meses! Es... es... es... ¡Oh, no vuelva usted a hablarme de él!".

Vi que traían algo entre manos, pero guardé silencio como de costumbre. Fue Blanche la primera en explicármelo, justamente ocho días antes de separarnos. *"Il a du chance* —chachareó—; la *babouchka* está ahora enferma de veras y se muere sin remedio. Míster Astley ha telegrafiado; no puedes negar que a pesar de todo es su heredero. Y aunque no lo sea, no es ningún estorbo para mí. En primer lugar, tiene su pensión, y en segundo lugar, vivirá en el cuarto de al lado y estará más contento que unas pascuas. Yo seré "mádame la générale". Entraré en la buena sociedad (Blanche soñaba con esto continuamente), luego llegaré a ser, una terrateniente rusa, *j'aurai un château, des moujiks, et puis j'aùrai toujours mon million!"*.

—Bueno, pero si empieza a tener celos, preguntará... sabe Dios qué cosas, ¿entiendes?

—¡Oh, no, non, non, non! ¡No se atrevería! He tomado mis medidas, no te preocupes. Ya le he hecho firmar algunos pagarés en nombre de Albert. Al menor paso en falso será castigado en el acto. ¡No se atreverá!

—Bueno, cásate con él...

La boda se celebró sin especial festejo, en familia y discretamente. Entre los invitados figuraban Albert y algunos de los íntimos. Hortense, Cléopâtre y las demás quedaron excluidas sin contemplaciones. El novio se interesó enormemente en su situación. La propia Blanche le anudó la corbata y le puso pomada en el pelo. Con su frac y chaleco blanco ofrecía un aspecto *trés comme ilfaut.*

—*Il est pourtant trés comme il faut* —me explicó la misma Blanche, saliendo de la habitación del general, como sorprendida de que éste fuera en efecto *trés comme il faut.* Yo, que participé en todo ello como espectador indolente, me enteré de tan pocos detalles que he olvidado mucho de lo que sucedió. Sólo recuerdo que el apellido de Blanche resultó no ser "de Cominges" —y, claro, su madre no era la veuve Cominges—, sino "du Placet". No sé por qué ambas se habían hecho pasar por de Cominges hasta entonces. Pero el general también quedó contento de ello, y hasta prefería *du Placet* a *de Cominges.* La mañana de la boda, ya enteramente vestido, se estuvo paseando de un extremo a otro de la sala, repitiendo en voz baja con seriedad e importancia nada comunes, "¡Mademoiselle Blanche du Placet! ¡Blanche du Placet! ¡Du Placet!". Y en su rostro brillaba cierta fatuidad. En la iglesia, en la alcaldía y en casa, donde se sirvió un refrigerio, se mostró no sólo alegre y satisfecho, sino hasta orgulloso. Algo les había ocurrido a los dos, porque también Blanche revelaba una particular dignidad.

—Es menester que ahora me conduzca de manera enteramente distinta —me dijo con seriedad poco común—, *mais vois*—tú, no he pensado en una cosa horrenda— imagínate que todavía no he podido aprender mi nuevo apellido: Zagorianski, Zagozianski, madame la générale de Sago-Sago, *ces diables de noms russes, en fin madame la générale à quatorze consonnes! Comme c'est agréable, n'est-ce pas?*

Por fin nos separamos, y Blanche, la tonta de Blanche, hasta derramó unas lagrimitas al despedirse de mí: *"Tu étais bon enfant* —dijo gimoteando—. *je te croyais bête et tu en avais l'air;* pero eso te sienta bien". Y al darme el último apretón de manos exclamó de pronto: *Attends!,* fue corriendo a su gabinete y volvió al cabo de un minuto para entregarme dos billetes de mil francos. ¡Nunca lo hubiera creído! "Esto te vendrá bien; quizá como *outchitel* seas muy listo, pero como hombre eres terriblemente tonto. Por nada del mundo te daré más de dos mil, porque los perderías al juego. ¡Bueno, adiós! *Nous serons toujours bons amis,* y si ganas otra vez ven a verme sin falta, *et tu seras heureux!"*.

A mí me quedaban todavía quinientos francos, sin contar un magnífico reloj que valdría mil, un par de gemelos de brillantes y alguna otra cosa, con lo que podría ir tirando bastante tiempo todavía sin preocuparme de nada. Vine a instalarme de propósito en este villorio para hacer inventario de mí mismo, pero sobre todo para esperar a míster Astley. He sabido que probablemente pasará por aquí en viaje de negocios y se detendrá. Me enteraré de todo... y después... después me iré derecho a Homburg. No iré a Roulettenburg; quizá el año que viene. En efecto, dicen que es de mal agüero probar suerte dos veces seguidas en la misma mesa de juego; y en Homburg se juega en serio.

Capítulo 17

Ya hace un año y ocho meses que no he echado un vistazo a estas notas, y sólo ahora, desalentado y melancólico, con la intención de distraerme, las he vuelto a leer por casualidad. Me quedé entonces en el punto en que salía para Homburg. ¡Dios mío! ¡Con qué ligereza de corazón, hablando relativamente, escribí entonces esas últimas frases! ¡Mejor dicho, no con qué ligereza, sino con qué presunción, con qué firmes esperanzas! ¿Tenía acaso alguna duda de mí mismo? ¡Y he aquí que ha pasado algo más de año y medio y, a mi modo de ver, estoy mucho peor que un mendigo! ¿Qué digo mendigo? ¡Nada de eso! Sencillamente estoy perdido. Pero no hay nada con qué compararlo y no tengo por qué darme a mí mismo lecciones de moral. Nada sería más estúpido que moralizar ahora. ¡Oh, hombres satisfechos de sí mismos! ¡Con qué orgullosa jactancia se disponen esos charlatanes a recitar sus propias máximas! Si supieran cómo yo mismo comprendo lo abominable de mi situación actual, no se atreverían a darme lecciones. Porque vamos a ver, ¿qué pueden decirme que yo no sepa? ¿Y acaso se trata de eso? De lo que se trata es de que basta un giro de la rueda para que todo cambie, y de que estos moralistas —estoy seguro de ello— serán entonces los primeros en venir a felicitarme con chanzas amistosas. Y no me volverán la espalda, como lo hacen ahora. ¡Que se vayan a freír espárragos! ¿Qué soy yo ahora? Un cero a la izquierda. ¿Qué puedo ser mañana? Mañana puedo resucitar de entre los muertos y empezar a vivir de nuevo. Aún puedo, mientras viva, rescatar al hombre que va dentro de mí.

En efecto, fui entonces a Homburg, pero... más tarde estuve otra vez en Roulettenburg, estuve también en Spa, estuve incluso en Baden, adonde fui como ayuda de cámara del Consejero Hinze, un bribón que fue mi amo aquí. Sí, también serví de lacayo ¡nada menos que cinco meses! Eso fue recién salido de la cárcel (porque estuve en la cárcel en Roulettenburg por una deuda contraída aquí. Un desconocido me sacó de ella. ¿Quién sería? ¿Míster Astley? ¿Polina? No sé, pero la deuda fue pagada, doscientos táleros en total, y fui puesto en libertad). ¿En dónde iba a meterme? Y entré al servicio de ese Hinze. Es éste un hombre joven y voluble, amante de la ociosidad, y yo sé hablar y escribir tres idiomas. Al principio entré a trabajar con él en calidad de secretario o algo por el estilo, con treinta *gulden* al mes, pero acabé como verdadero lacayo, porque llegó el momento en que sus medios no le permitieron tener un secretario y me rebajó el salario. Como yo no tenía adonde ir, me quedé, y de esa manera, por decisión propia, me convertí en lacayo. En su servicio no comí ni bebí lo suficiente, con lo que en cinco meses ahorré setenta *gulden.* Una noche, en Baden, le dije que quería dejar su servicio, y esa misma noche me fui a la ruleta. ¡Oh, cómo me martilleaba el corazón! No, no era el dinero lo que me atraía. Lo único que entonces deseaba era que todos estos Hinze, todos estos *Oberkellner,* todas estas magníficas damas de Baden hablasen de mí, contasen mi historia, se asombrasen de mí, me colmaran de alabanzas y rindieran pleitesía a mis nuevas ganancias. Todo esto son quimeras y afanes pueriles, pero... ¿quién sabe?, quizá tropezaría con Polina y le contaría —y ella vería— que estoy por encima de todos estos necios reveses del destino. ¡Oh, no era el dinero lo que me tentaba! Seguro estoy de que lo hubiera despilfarrado una vez más en alguna Blanche y de que una vez más me hubiera paseado en coche por París durante tres semanas, con un tronco de mis propios caballos valorados en dieciséis mil francos; porque la verdad es que no soy avaro; antes bien, creo que soy un manirroto. Y sin embargo, ¡con qué temblor, con qué desfallecimiento del corazón escucho el grito del *crupier*: *trente et un, rouge, impaire et passe*, o bien: *quatre, noir, pair et manque*! Con qué avidez miro la mesa de juego, cubierta de luises, federicos y táleros, las columnas de oro, el rastrillo del *crupier* que desmorona en montoncillos, como brasas candentes, esas columnas o los altos rimeros de monedas de plata en torno a la rueda. Todavía, cuando me acerco a la sala de juego, aunque haya dos habitaciones de por medio, casi siento un calambre al oír el tintín de las monedas desparramadas.

Ah, esa noche en que llegué a la mesa de juego con mis setenta *gulden* fue también notable. Empecé con diez *gulden*, una vez más *enpasse*. Perdí. Me quedaban sesenta *gulden en* plata; reflexioné y me decidí por el zéro. Comencé a apuntar al zéro cinco *gulden* por puesta, y a la tercera salió de pronto el zéro; casi desfallecí de gozo cuando me entregaron ciento setenta y cinco *gulden*. No había sentido tal alegría ni siquiera aquella vez que gané cien mil *gulden;* seguidamente aposté cien *gulden* al rojo, y salió; los doscientos al rojo, y salió; los cuatrocientos al negro, y salió; los ochocientos al *manque,* y salió; contando lo anterior hacía un total de mil setecientos *gulden,* ¡y en menos de cinco minutos! Sí, en tales momentos se olvidan todos los fracasos anteriores. Porque conseguí esto arriesgando más que la vida; me atreví a arriesgar... y me pude contar de nuevo entre los hombres.

Tomé habitación en un hotel, me encerré en ella y estuve contando mi dinero hasta la tres de la madrugada. A la mañana siguiente, cuando me desperté, ya no era lacayo. Decidí irme a Homburg ese mismo día; allí no había servido como lacayo ni había estado en la cárcel. Media hora antes de la salida del tren fui a hacer dos apuestas, sólo dos, y perdí centenar y medio de florines. A pesar de ello me trasladé a Homburg y hace ya un mes que estoy aquí...

Vivo, ni que decir tiene, en perpetua zozobra; juego cantidades muy pequeñas y estoy a la espera de algo, hago cálculos, paso días enteros junto a la mesa de juego observándolo, hasta lo veo en sueños; y de todo esto deduzco que voy como insensibilizándome, como hundiéndome en agua estancada. Llego a esta conclusión por la impresión que me ha producido tropezar con míster Astley. No nos habíamos visto desde entonces y nos encontramos por casualidad. He aquí cómo sucedió eso. Fui a los jardines y calculé que estaba casi sin dinero pero que aún tenía cincuenta *gulden,* amén de que tres días antes había pagado en su totalidad la cuenta del hotel en que tengo alquilado un cuchitril. Por lo tanto, me queda la posibilidad de acudir a la ruleta, pero sólo una vez; si gano algo, podré continuar el juego; si pierdo, tendré que meterme a lacayo otra vez, a menos que se presenten enseguida algunos rusos que necesiten un tutor. Pensando así, iba yo dando mi paseo diario por el parque y por el bosque en el principado vecino. A veces me paseaba así hasta cuatro horas y volvía a Homburg cansado y hambriento. Apenas hube pasado de los jardines al parque cuando de repente vi a míster Astley sentado en un banco. Él fue el primero en verme y me llamó a voces. Me senté junto a él. Al notar en él cierta gravedad moderé al momento mi regocijo, pero aun así me alegré muchísimo de verle.

—¡Conque está usted aquí! Ya pensaba yo que iba a tropezar con usted —me dijo—. No se moleste en contarme nada: Lo sé todo, todo. Me es conocida toda la vida de usted durante los últimos veinte meses.

—¡Bah, conque espía usted a los viejos amigos! —respondí—. Le honra a usted el hecho de que no se olvida... Pero, espere, me hace usted pensar en algo: ¿No fue usted quien me sacó de la cárcel de Roulettenburg donde estaba preso por una deuda de doscientos *gulden?* Fue un desconocido quien me rescató.

—¡No, oh, no! Yo no le saqué de la cárcel de Roulettenburg donde estaba usted por una deuda de doscientos *gulden,* pero sí sabía que estaba usted en la cárcel por una deuda de doscientos *gulden.*

—¿Quiere decir eso, sin embargo, que sabe usted quién me sacó?

—Oh no, no puedo decir que sepa quién le sacó.

—Cosa rara. No soy conocido de ninguno de nuestros rusos, y quizá aquí los rusos no rescatan a nadie. Allí en Rusia es otra cosa: Los ortodoxos rescatan a los ortodoxos. Pensé que algún inglés estrambótico podría haberlo hecho por excentricidad.

Míster Astley me escuchó con cierto asombro. Por lo visto esperaba encontrarme triste y abatido.

—Me alegra mucho, de todos modos, ver que conserva plenamente su independencia espiritual y hasta su jovialidad —dijo con tono algo desagradable.

—Es decir, que está usted rabiando por dentro porque no me ve deprimido y humillado —dije yo, riendo.

No comprendió al instante, pero cuando comprendió se sonrió.

—Me gustan sus observaciones. Reconozco en esas palabras a mi antiguo amigo, listo y entusiasmado al par que único. Los rusos son los únicos que pueden reconciliar en sí mismos tantas contradicciones a la vez. Es cierto; a uno le gusta ver humillado a su mejor amigo; y en gran medida la amistad se funda en la humillación. Ésta es una vieja verdad conocida de todo hombre inteligente. Pero le aseguro a usted que esta vez me alegra de veras que no haya perdido el coraje. Diga, ¿no tiene intención de abandonar el juego?

—¡Maldito sea el juego! Lo abandonaré en cuanto...

—¿En cuanto se desquite? Ya me lo figuraba; no siga... ya lo sé; lo ha dicho usted sin querer, por consiguiente ha dicho la verdad. Diga, fuera del juego, ¿no se ocupa usted en nada?

—No, en nada.

Empezó a hacerme preguntas. Yo no sabía nada, apenas había echado un vistazo a los periódicos, y durante todo ese tiempo ni siquiera había abierto un libro.

—Se ha anquilosado usted —observó—; no sólo ha renunciado a la vida, a sus intereses personales y sociales, a sus deberes como ciudadano y como hombre, a sus amigos (porque los tenía usted a pesar de todo)..., no sólo ha renunciado usted a todo propósito que no sea ganar en el juego, sino que ha renunciado incluso a sus recuerdos. Yo le recuerdo a usted en un momento ardiente y pujante de su vida, pero estoy seguro de que ha olvidado todas sus mejores impresiones de entonces. Sus ilusiones, sus ambiciones de ahora, aun las más apremiantes, no van más allá del *pair et impair, rouge, noir,* los doce números medios, etcétera, etcétera. Estoy seguro.

—Basta, míster Astley, por favor, por favor, no haga memoria —exclamé con enojo vecino al rencor—. Sepa que no he olvidado absolutamente nada, sino que por el momento he excluido todo eso de mi mente, incluso los recuerdos, hasta que mejore mi situación de modo radical. Entonces... ¡entonces ya verá usted cómo resucito de entre los muertos!

—Estará usted aquí todavía dentro de diez años —dijo—. Le apuesto que se lo recordaré a usted en este mismo banco, si vivo todavía.

—Bueno, basta —interrumpí con impaciencia—, y para demostrarle que no me he olvidado tanto del pasado, permita que le pregunte: ¿Dónde está miss Polina? Si no fue usted quien me sacó de la cárcel sería probablemente ella. No he tenido noticia ninguna de ella desde aquel tiempo.

—¡No, oh no! No creo que fuera ella quien le sacara. Está ahora en Suiza, y me haría usted un gran favor si dejara de preguntarme por miss Polina —dijo sin ambages y hasta con enfado.

—Eso quiere decir que le ha herido también a usted mucho —dije riendo involuntariamente.

—Miss Polina es la mejor de todas las criaturas más dignas de respeto, pero le repito que me hará un gran favor si deja de preguntarme por miss Polina. Usted no la conoció nunca, y considero insultante a mi sentido moral oír su nombre en labios de usted.

—¡Conque ahí estamos! Pero se equivoca usted. ¿De qué cree usted que hablaríamos, usted y yo, si no de eso? Porque en eso consisten todos nuestros recuerdos. Pero no se preocupe, que no me hace falta conocer ninguno de sus asuntos íntimos o confidenciales... Me interesan sólo, por así decirlo, las condiciones externas de miss Polina, sólo su situación aparente en la actualidad. Eso puede decirse en dos palabras.

—Bueno, para que todo quede concluido con esas dos palabras: Miss Polina estuvo enferma largo tiempo; lo está todavía. Durante algún tiempo estuvo viviendo con mi madre y mi hermana en el norte de Inglaterra. Hace medio año su abuela —usted se acuerda, aquella mujer tan loca— murió y le dejó, a ella personalmente, bienes por valor de siete mil libras. En la actualidad miss Polina viaja en compañía de la familia de mi hermana, que ahora está casada. Su hermano y su hermana menores también llevaron su parte en el testamento de la abuela y están en colegios de Londres. El general, su padrastro, murió de apoplejía en París hace un mes. Mademoiselle Blanche se portó bien con él, aunque consiguió apoderarse de todo lo que le dejó la abuela .... me parece que eso es todo.

—¿Y Des Grieux? ¿No está viajando también por Suiza?

—No, Des Grieux no está viajando por Suiza, y no sé dónde está Des Grieux; por lo demás, le prevengo por última vez que desista de tales alusiones y conexiones innobles de nombres, o tendrá usted que vérselas conmigo.

—¿Cómo? ¿A pesar de nuestras relaciones amistosas de antes?

—Sí, a pesar de nuestras relaciones amistosas de antes.

—Le pido mil perdones, míster Astley, pero permítame decirle que nada injurioso o innoble hay en ello, porque de nada culpo a miss Polina. Amén de que un francés y una señorita rusa, hablando en términos generales, forman una conexión, míster Astley, que ni a usted ni a mí nos es dado calibrar ni entender por completo.

—Si no menciona usted el nombre de Des Grieux en relación con otro nombre, le pido que me explique qué quiere usted dar a entender con la expresión "un francés y una señorita rusa". ¿Qué conexión es ésa? ¿Por qué precisamente un francés y necesariamente una señorita rusa?

—Ya veo que se interesa usted. Pero es largo de contar míster Astley. Habría mucho que saber de antemano. Por lo demás, es una cuestión importante, aunque parezca ridícula a primera vista. El francés, míster Astley, es una forma bella, perfecta. Usted, como británico, puede no estar conforme con este aserto; yo, como ruso, tampoco lo estoy, aunque quizá por envidia; pero nuestras damas pueden opinar de manera muy distinta. Usted puede juzgar a Racine artificial, amanerado y relamido; es probable que ni siquiera aguante su lectura. También yo lo encuentro artificial, amanerado y relamido, hasta ridículo desde cierto punto de vista; pero es delicioso, míster Astley, y, lo que es aún más importante, es un gran poeta, querámoslo o no usted y yo. La forma nacional del francés, es decir, del parisiense, adquirió su finura cuando nosotros éramos osos todavía. La revolución fue heredera de la aristocracia. Hoy día el francés más vulgar tiene maneras, expresiones y hasta ideas del mayor refinamiento, sin que haya contribuido a ello ni con su iniciativa, ni con su espíritu, ni con su corazón; todo ello lo tiene por herencia. En sí mismos, los franceses pueden ser fatuos e infames hasta más no poder. Bueno, míster Astley, le hago saber ahora que no hay criatura en este mundo más crédula y sincera que una mocita rusa que sea buena, juiciosa y no demasiado afectada. Des Grieux, presentándose en un papel cualquiera, pre sentándose enmascarado, puede conquistar su corazón con facilidad extraordinaria; posee una forma refinada, míster Astley, y la señorita creerá que esa forma es la índole real del caballero, la forma natural de su ser y su sentir, y no la tomará por un disfraz que ha adquirido por herencia. Por muy desagradable que a usted le parezca, debo confesarle que la mayoría de los ingleses son desmañados y toscos; los rusos, por su parte, saben reconocer con bastante tino la belleza y son sensibles a ella. Pero para reconocer la belleza espiritual y la originalidad de la persona se requiere mucha más independencia, mucha más libertad de la que tienen nuestras mujeres, sobre todo las jovencitas, y en todo caso más experiencia. Miss Polina, pues, necesitaba mucho, muchísimo tiempo para darle a usted la preferencia sobre el canalla de Des Grieux. Le estimará a usted, le dará su amistad, le abrirá su corazón, pero en él seguirá reinando ese odioso canalla, ese Des Grieux mezquino, ruin y mercenario. Y esto será incluso consecuencia, por así decirlo, de la terquedad y el orgullo, ya que este mismo Des Grieux se presentó tiempo atrás ante ella con la aureola de un marqués elegante, de un liberal desilusionado, que se había arruinado por lo visto tratando de ayudar a la familia de ella y al mentecato del general. Todas estas bribonadas salieron a la luz más tarde; pero no importa que hayan salido. Devuélvale usted ahora al Des Grieux de antes —eso es lo que necesita—. Y cuanto más detesta al Des Grieux de ahora, tanto más echa de menos al de antes, aunque el de antes existía sólo en su imaginación. ¿Es usted fabricante de azúcar, míster Astley?

—Sí, soy socio de la conocida fábrica de azúcar "Lowell and Company".

—Bueno, pues ya ve, míster Astley. De un lado un fabricante de azúcar, y de otro el Apolo de Belvedere. Estas dos cosas me parece que no tienen relación entre sí. Yo ni siquiera soy fabricante de azúcar; no soy más que un insignificante jugador de ruleta y hasta he servido de lacayo, lo que seguramente conoce miss Polina porque al parecer tiene una policía excelente.

—Está usted furioso y por eso dice esas tonterías —comentó míster Astley con calma y en tono pensativo—. Además, lo que dice no tiene nada de original.

—De acuerdo; pero lo terrible del caso, noble amigo mío, es que todas estas acusaciones mías, por trilladas, chabacanas y grotescas que sean, son verdad. En fin, usted y yo no hemos sacado nada en limpio.

—Eso es una tontería repugnante, porque... porque... sepa usted —dijo míster Astley con voz trémula y un relámpago en los ojos—, sepa usted, hombre innoble e indigno, hombre mezquino y desgraciado, que he venido a Homburg por encargo de ella para verle a usted, para hablarle detenida y seriamente, y para dar a ella cuenta de todo, de los sentimientos de usted, de sus pensamientos, de sus esperanzas y... ¡de sus recuerdos!

—¿De veras? ¿De veras? —grité, y se me saltaron las lágrimas. No pude contenerlas, al parecer por primera vez en mi vida.

—Sí, desgraciado; ella le quería a usted, y puedo revelárselo porque es usted ya un hombre perdido. Más aún, si le digo que aún ahora le quiere... pero, en fin, da lo mismo, porque usted se quedará aquí. Sí, se ha destruido usted. Usted tenía ciertas aptitudes, un carácter vivaz y era hombre bastante bueno; hasta hubiera podido ser útil a su país, que tan necesitado anda de gente útil, pero... permanecerá usted aquí y con ello acabará su vida. No le echo la culpa. En mi opinión, así son todos los rusos o así tienden a serlo. Si no es la ruleta, es otra cosa por el estilo. Las excepciones son raras. No es usted el primero que no comprende lo que es el trabajo (y no hablo del pueblo ruso). La ruleta es un juego predominantemente ruso. Hasta ahora ha sido usted honrado y ha preferido ser lacayo a robar..., pero me aterra pensar en lo que puede pasar en el futuro. ¡Bueno, basta, adiós! Supongo que necesita usted dinero. Aquí tiene diez louis *d'or,* no le doy más porque de todos modos se los jugará usted. ¡Tómelos y adiós! ¡Tómelos, vamos!

—No, míster Astley, después de todo lo que se ha dicho...

—¡Tó-me-los! —gritó—. Estoy convencido de que es usted todavía un hombre honrado y se los doy como un amigo puede dárselos a un amigo de verdad. Si pudiera estar seguro de que al instante dejaría de jugar, de que se iría de Homburg y volvería a su país, estaría dispuesto a darle a usted inmediatamente mil libras para que empezara una nueva carrera. Pero no le doy mil libras y sí sólo diez *louis d'or* porque a decir verdad mil libras o diez *louis d'or* vienen a ser para usted, en su situación presente, exactamente lo mismo: Se las jugaría usted. Tome el dinero y adiós.

—Lo tomaré si me permite un abrazo de despedida.

—¡Oh, con gusto!

Nos abrazamos sinceramente y míster Astley se marchó.

¡No, no tiene razón! Si bien yo me mostré áspero y estúpido con respecto a Polina y Des Grieux, él se mostró áspero y estúpido con respecto a los rusos. De mí mismo no digo nada. Sin embargo.... sin embargo, no se trata de eso ahora. ¡Todo eso son palabras, palabras y palabras, y lo que hace falta son hechos! ¡Ahora lo importante es Suiza! Mañana... ¡oh, si fuera posible irse de aquí mañana! Regenerarse, resucitar. Hay que demostrarles... Que Polina sepa que todavía puedo ser un hombre. Basta sólo con... ahora, claro, es tarde, pero mañana... ¡Oh tengo un presentimiento, y no puede ser de otro modo! Tengo ahora quince luises y empecé con quince *gulden*. Si comenzara con cautela... ¡pero de veras, de verás que soy un chicuelo! ¿De veras que no me doy cuenta de que estoy perdido? Pero... ¿por qué no puedo volver a la vida? Sí, basta sólo con ser prudente y perseverante, aunque sólo sea una vez en la vida... y eso es todo. Basta sólo con mantenerse firme una sola vez en la vida y en una hora puedo cambiar todo mi destino. Firmeza de carácter, eso es lo importante. Recordar sólo lo que me ocurrió hace siete meses en Roulettenburg, antes de mis pérdidas definitivas en el juego. ¡Ah, ése fue un ejemplo notable de firmeza: Lo perdí todo entonces, todo... salí del casino, me registré los bolsillos, y en el del chaleco me quedaba todavía un *gulden:* "¡Ah, al menos me queda con qué comer!", pensé, pero cien pasos más adelante cambié de parecer y volví al casino. Aposté ese *gulden* a *manque* (esa vez fue a *manque)* y, es cierto, hay algo especial en esa sensación, cuando está uno solo, en el extranjero, lejos de su patria, de sus amigos, sin saber si va a comer ese día, y apuesta su último *gulden,* así como suena, el último de todos. Gané y al cabo de veinte minutos salí del casino con ciento setenta *gulden* en el bolsillo. ¡Así sucedió, sí! ¡Eso es lo que a veces puede significar el último *gulden!*

¿*Y* qué hubiera sido de mí si me hubiera acobardado entonces, si no me hubiera atrevido a tomar una decisión?

¡Mañana, mañana acabará todo!

Noches blancas

Novela sentimental
(Recuerdos de un soñador)

¿O fue creado para estar siquiera
un momento en las cercanías
de tu corazón?

I. Turgeniev

Noche primera

Era una noche maravillosa, una de esas noches, amable lector, que quizá sólo existen en nuestros años mozos. El cielo estaba tan estrellado, tan luminoso, que mirándolo no podía uno menos de preguntarse: ¿Pero es posible que bajo un cielo como éste pueda vivir tanta gente atrabiliaria y caprichosa? Ésta, amable lector, es también una pregunta de los años mozos, muy de los años mozos, pero Dios quiera que te la hagas a menudo. Hablando de gente atrabiliaria y por varios motivos caprichosa, debo recordar mi buena conducta durante todo ese día. Ya desde la mañana me atormentaba una extraña melancolía. Me pareció de pronto que a mí, hombre solitario, me abandonaba todo el mundo, que todos me rehuían. Claro que tienes derecho a preguntar: ¿Y quiénes son esos "todos"? Porque hace ya ocho años que vivo en Petersburgo y no he podido trabar conocimiento con nadie. ¿Pero qué falta me hace conocer a gente alguna? Porque aun sin ella, a mí todo Petersburgo me es conocido. He aquí por qué me pareció que todos me abandonaban cuando Petersburgo entero se levantó y salió acto seguido para el campo. Fue horrible quedarme solo. Durante tres días enteros recorrí la ciudad dominado por una profunda angustia, sin darme clara cuenta de lo que me pasaba. Fui a la perspectiva Nevski, fui a los jardines, me paseé por los muelles; pues bien, no vi ni una sola de las personas que solía encontrar durante el año en tal o cual lugar, a esta o aquella hora. Esas personas, por supuesto, no me conocen a mí, pero yo sí las conozco a ellas. Las conozco a fondo, casi me he aprendido de memoria sus fisonomías, me alegro cuando las veo alegres y me entristezco cuando las veo tristes. Estuve a punto de trabar amistad con un anciano a quien encontraba todos los días a la misma hora en la Fontanka. ¡Qué rostro tan impresionante, tan pensativo, el suyo! Caminaba murmurando continuamente y accionando con la mano izquierda, mientras que en la derecha blandía un bastón nudoso con puño de oro. Él también se percató de mí y me miraba con vivo interés. Estoy seguro de que se ponía triste si por ventura yo no pasaba a esa hora precisa por ese lugar de la Fontanka. He ahí por qué algunas veces estuvimos a punto de saludarnos, sobre todo cuando estábamos de buen humor. No hace mucho, cuando nos encontramos al cabo de tres días de no vernos, casi nos llevamos la mano al sombrero, pero afortunadamente nos dimos cuenta a tiempo, bajamos el brazo y pasamos uno junto a otro con un gesto de simpatía. También las casas me son conocidas. Cuando voy por la calle parece que cada una de ellas me sale al encuentro, me mira con todas sus ventanas y casi me dice: "¡Hola! ¿Qué tal? Yo, gracias a Dios, voy bien, y en mayo me añaden un piso". O bien: "¿Cómo va esa salud? A mí mañana me ponen en reparaciones". O bien: "Estuve a punto de arder y me llevé un buen susto". Y así por el estilo. Entre ellas tengo mis preferidas, mis amigas íntimas. Una de ellas tiene la intención de ponerse en tratamiento este verano con un arquitecto. Iré de propósito a verla todos los días para que no la curen al buen tuntún. ¡Dios la proteja!

Nunca olvidaré lo que me pasó con una casita preciosa pintada de rosa claro. Era una casita adorable, de piedra, y me miraba de un modo tan afable y observaba con tanto orgullo a sus desgarbadas vecinas que mi corazón se henchía de gozo cuando pasaba ante ella. Pero de repente, la semana pasada, cuando bajaba por la calle y eché una mirada a mi amiga, oí un grito de dolor: "¡Me van a pintar de amarillo!". ¡Malvados, bárbaros! No han perdonado nada, ni siquiera las columnas o las cornisas; y mi amiga se ha puesto amarilla como un canario. A mí casi me dio un ataque de ictericia con ese motivo. Y ésta es la hora en que no he tenido fuerzas para ir a ver a mi pobre amiga desecrada, teñida del color nacional del Imperio Celeste.

Así, pues, lector, ya ves de qué manera conozco todo Petersburgo.

Ya he dicho que durante tres días enteros me tuvo atormentado la inquietud hasta que por fin averigüé su causa. En la calle no me sentía bien —éste ya no está aquí, ni este otro; y ¿adónde habrá ido aquel otro?—, ni tampoco en casa. Durante dos noches seguidas hice un esfuerzo: ¿Qué echo de menos en mi rincón?, ¿por qué me es tan molesto permanecer en él? Miraba perplejo las paredes verdes y mugrientas, el techo cubierto de telarañas que con gran éxito cultivaba Matryona; volvía a examinar todo mi mobiliario, a inspeccionar cada silla, pensando si no estaría ahí la clave de mi malestar (porque basta que una sola de mis sillas no esté en el mismo sitio que ayer para que ya no me sienta bien), miré por la ventana, y todo en vano..., no hallé alivio. Decidí incluso llamar a Matryona y reprenderla paternalmente por lo de las telarañas y, en general, por la falta de limpieza, pero ella se limitó a mirarme con asombro y me volvió la espalda sin decir palabra; así, pues, las telarañas siguen todavía felizmente en su sitio. Por fin esta mañana logré averiguar de qué se trataba. Pues nada, que todo el mundo estaba saliendo de estampida para el campo. Pido perdón por la frase vulgar, pero es que ahora no estoy para expresarme en estilo elevado... porque, así como suena, todo lo que encierra Petersburgo se iba a pie o en vehículo al campo. Todo caballero de digno y próspero aspecto que tomaba un coche de alquiler se convertía al punto en mis ojos en un honrado padre de familia que, después de las consabidas labores de su cargo, se dirigía desembarazado de equipaje al seno de su familia en una casa de campo. Cada transeúnte tomaba ahora un aire singular, como si quisiera decir a sus congéneres: "Nosotros, señores, estamos aquí sólo de paso. Dentro de un par de horas nos vamos al campo". Se abría una ventana, se oía primero el teclear de unos dedos finos y blancos como el azúcar, y asomaba la cabeza de una muchacha bonita que llamaba al vendedor ambulante de flores; al punto me figuraba yo que estas flores se compraban, no para disfrutar de ellas y de la primavera en el aire cargado de una habitación ciudadana, sino porque todos se iban pronto al campo y querían llevarse las flores consigo. Pero hay más, y es que había adquirido ya tal destreza en este nuevo e insólito género de descubrimientos que podía, sin equivocarme, guiado sólo por el aspecto físico, determinar en qué tipo de casa de campo vivía cada cual. Los que las tenían en las islas Kamenny y Aptekarski o en el camino de Peterhof, se distinguían por la estudiada elegancia de sus modales, por su atildada indumentaria veraniega y por los soberbios carruajes en que venían a la ciudad. Los que las tenían en Pargolov, o aún más lejos, impresionaban desde el primer momento por su prestancia y prudencia. Los de la isla Krestovski destacaban por su continente invariablemente alegre. Sucedía que tropezaba a veces con una larga hilera de carreteros que con las riendas en la mano caminaban perezosamente junto a sus carromatos, cargados de verdaderas montañas de muebles de toda laya; mesas, sillas, divanes turcos y no turcos, y otros enseres domésticos; y encima de todo ello, en la cumbre misma de la montaña, iba a menudo sentada una macilenta cocinera, protectora de la hacienda de sus señores como si fuera oro en paño. O veía pasar, cargadas hasta los topes de utensilios domésticos, barcas que se deslizaban por el Neva o la Fontanka hasta al río Chorny o las islas. Los carros y las barcas se multiplicaban por diez o por ciento a mis ojos. Parecía que todo se levantaba y se iba, que todo se trasladaba al campo en caravanas enteras, que Petersburgo amenazaba con quedarse desierto —y llegué al punto de tener vergüenza, de sentirme ofendido y triste. Yo no tenía adónde ir, ni por qué ir al campo, pero estaba dispuesto a irme con cualquier carromato, con cualquier caballero de aspecto respetable que alquilara un coche de punto. Nadie, sin embargo, absolutamente nadie me invitaba. Era como si se hubieran olvidado de mí, como si efectivamente fuera un extraño para todos.

Anduve mucho, largo tiempo, hasta que, como me ocurre a menudo, perdí la noción de dónde estaba, y cuando volví en mi acuerdo me hallé a las puertas de la ciudad. De pronto me sentí contento, rebasé el puesto de peaje y me adentré por los sembrados y praderas sin parar mientes en el cansancio, sintiendo sólo con todo mi cuerpo que se me quitaba un peso del alma. Los transeúntes me miraban con tanta afabilidad que se diría que les faltaba poco para saludarme. No sé por qué todos estaban alegres, y todos, sin excepción, iban fumando cigarros. También yo estaba alegre, alegre como hasta entonces nunca lo había estado. Era como si de pronto me encontrase en Italia —tanto me afectaba la naturaleza, a mí, hombre de ciudad, medio enfermo, que casi comenzaba a asfixiarme entre los muros urbanos.

Hay algo inefablemente conmovedor en nuestra naturaleza petersburguesa cuando, a la llegada de la primavera, despliega de pronto toda su pujanza, todas las fuerzas de que el cielo la ha dotado, cuando gallardea, se engalana y se tiñe con los mil matices de las flores. Me recuerda a una de esas muchachas endebles y enfermizas a las que a veces se mira con lástima, a veces con una especie de afecto compasivo, y a veces, sencillamente, no se fija uno en ellas, pero que de pronto, en un abrir y cerrar de ojos, sin que se sepa cómo, se convierten en beldades singulares y prodigiosas. Y uno, asombrado, cautivado, se pregunta sin más: ¿Qué impulso ha hecho brillar con tal fuego esos ojos tristes y pensativos?, ¿qué ha hecho volver la sangre a esas mejillas pálidas y sumidas?, ¿qué ha regado de pasión los rasgos de ese tierno rostro?, ¿de qué palpita ese pecho?, ¿qué ha traído de súbito vida, vigor y belleza al rostro de la pobre muchacha?, ¿qué la ha hecho iluminarse con tal sonrisa, animarse con esa risa cegadora y chispeante? Mira uno en torno suyo buscando a alguien, sospechando algo. Pero pasa ese momento y quizás al día siguiente encuentra uno la misma mirada vaga y pensativa de antes, el mismo rostro pálido, la misma humildad y timidez en los movimientos; y más aún: Remordimiento, rastros de cierta torva melancolía y aun irritación ante el momentáneo enardecimiento. Y le apena a uno que esa instantánea belleza se haya marchitado de manera tan rápida e irrevocable, que haya brillado tan engañosa e ineficazmente ante uno; le apena el que ni siquiera hubiese tiempo bastante para enamorarse de ella...

Mi noche, sin embargo, fue mejor que el día. He aquí lo que pasó:

Regresé a la ciudad muy tarde y ya daban las diez cuando llegué cerca de casa. Mi camino me llevaba por el muelle del canal, en el que a esa hora no encontré alma viviente, aunque verdad es que vivo en uno de los barrios más apartados de la ciudad. Iba cantando porque cuando me siento feliz siempre tarareo algo entre dientes, como cualquier hombre feliz que carece de amigos o de buenos conocidos y que, cuando llega un momento alegre, no tiene con quien compartir su alegría. De repente me sucedió la aventura más inesperada.

A unos pasos de mí, de codos en la barandilla del muelle, estaba una mujer que parecía observar con gran atención el agua turbia del canal. Vestía un chal negro muy coqueto y llevaba un bonito sombrero amarillo. "Es, sin duda, joven y morena", pensé. Por lo visto no había oído mis pasos y ni siquiera se movió cuando, conteniendo el aliento y con el corazón a galope, pasé junto a ella. "Es extraño —me dije—, algo la tiene muy abstraída". De pronto me quedé clavado en el sitio. Creí haber oído un sollozo ahogado. Sí, no me había equivocado, porque momentos después oí otros sollozos. ¡Dios mío! Se me encogió el corazón. Soy muy tímido con las mujeres, pero en esta ocasión giré sobre los talones, me acerqué a ella y le hubiera dicho "¡Señorita!" de no saber que esta exclamación ha sido pronunciada ya un millar de veces en novelas rusas que versan sobre la alta sociedad. Eso fue lo único que me contuvo. Pero mientras buscaba otra palabra, la muchacha recobró su compostura, miró en torno suyo, bajó los ojos y se deslizó junto a mí a lo largo del muelle. Al momento me puse a seguirla, pero ella, adivinándolo, se apartó del muelle, cruzó la calle y siguió caminando por la acera. Yo no me atreví a cruzar la calle. El corazón me latía como el de un pajarillo que se tiene cogido en la mano. Inopinadamente la casualidad vino en mi ayuda.

Por la acera, no lejos de mi desconocida, apareció de pronto un caballero vestido de frac, impresionante por los años, aunque no lo fuera por su manera de andar. Caminaba haciendo eses y apoyándose con tiento en la pared. La muchacha iba como una flecha, rauda y tímida, como van por lo común las mocitas que no quieren que se las acompañe a casa de noche, y, por supuesto, el caballero tambaleante no hubiera podido alcanzarla si mi suerte no le hubiera sugerido recurrir a una estratagema. Sin decir palabra, el caballero se arrancó de repente y se puso a galopar en persecución de mi desconocida. Ella volaba, pero no obstante el caballero de los trompicones iba alcanzándola, la alcanzó por fin, la muchacha lanzó un grito... y yo doy gracias al destino por el excelente bastón de nudos que mi mano derecha empuñaba en tal ocasión. En un abrir y cerrar de ojos me planté en la acera opuesta, el caballero importuno comprendió al instante de qué se trataba, tomó en consideración el argumento irresistible que yo blandía, calló, se desvió, y sólo cuando se halló bastante lejos protestó contra mí en términos bastante enérgicos, pero sus palabras apenas se percibían desde donde estábamos.

—Deme usted la mano —le dije a mi desconocida—. Ese sujeto ya no se atreverá a acercarse.

Ella, en silencio, me alargó la mano, que aún temblaba de agitación y espanto. ¡Oh, caballero importuno, cómo te di las gracias en ese momento! La miré fugazmente. Era bonita y morena. Había acertado. En sus pestañas negras brillaban aún lágrimas de miedo reciente o de tristeza anterior. No sé. Pero a los labios afloraba ya una sonrisa. Ella también me miró de soslayo, se ruborizó ligeramente y bajó los ojos.

—¿Por qué me rechazó usted antes? Si yo hubiera estado allí no habría pasado esto.

—No le conocía. Pensé que también usted...

—¿Pero es que me conoce usted ahora?

—Un poco. Por ejemplo, ¿por qué tiembla usted?

—¡Ah, ha acertado a la primera mirada! —respondí entusiasmado de saberla inteligente, lo que, unido a la belleza, no es humo de pajas—. Sí, a la primera mirada ha adivinado usted qué clase de persona soy. Es verdad, soy tímido con las mujeres. Estoy agitado, no lo niego; ni más ni menos que usted misma lo estaba hace un minuto cuando la asustó ese señor. Ahora el que tiene miedo soy yo. Parece un sueño, pero ni aun en sueños hubiera creído que hablaría con una mujer.

—¿Cómo? ¿Es posible?

—Sí. Si me tiembla la mano es porque hasta ahora no había apretado nunca otra tan pequeña y bonita como la suya. He perdido la costumbre de estar con las mujeres; mejor dicho, nunca la he tenido, soy un solitario. Ni siquiera sé hablar con ellas. Ni ahora tampoco. ¿No le he soltado a usted alguna majadería? Dígamelo con franqueza. Le advierto que no me ofendo.

—No, nada. Todo lo contrario. Y si me pide usted que sea franca le diré que a las mujeres les gusta esa clase de timidez. Y si quiere saber algo más, también a mí me gusta, y no le diré que se vaya hasta que lleguemos a casa.

—Lo que hará usted conmigo —dije jadeante de entusiasmo— es que dejaré de ser tímido y entonces ¡adiós a todos mis métodos!

—¿Métodos? ¿Qué clase de métodos? ¿Y para qué sirven? Eso ya no me suena bien.

—Perdón. No será así. Se me fue la lengua. Pero ¿cómo quiere que en un momento como éste no tenga el deseo...?

—¿De agradar, no es eso?

—Pues sí. Por amor de Dios, sea usted buena. Juzgue quién soy. Tengo ya veintiséis años y nunca he conocido a nadie. ¿Cómo puedo hablar bien, con facilidad y buen sentido? Mejor irán las cosas cuando todo quede explicado, con claridad y franqueza. No sé callar cuando habla el corazón dentro de mí. Bueno, da lo mismo. ¿Puede usted creer que nunca he hablado con una mujer, nunca jamás?, ¿que no he conocido a ninguna? Ahora bien, todos los días sueño que por fin voy a encontrar a alguien. ¡Si supiera usted cuántas veces he estado enamorado de esa manera!

—Pero ¿cómo? ¿Con quién?

—Con nadie, con un ideal, con la mujer con que se sueña. En mis sueños compongo novelas enteras. Ah, usted no me conoce. Es verdad que he conocido a dos o tres mujeres; otra cosa sería inconcebible, pero ¿qué mujeres? Una especie de patronas... Pero voy a hacerla reír, voy a decirle que algunas veces he pensado entablar conversación en la calle con alguna mujer de la buena sociedad. Así, sin cumplidos. Claro está que cuando se halle sola. Hablar, por supuesto, con timidez, respeto y apasionamiento; decirle que me muero solo, que no me rechace, que no hallo otro medio de conocer a mujer alguna, insinuarle incluso que es obligación de las mujeres el no rechazar la tímida súplica de un hombre tan infeliz como yo; y que, al fin y al cabo, lo que pido es sólo que me diga con simpatía un par de palabras amistosas, que no me mande a paseo desde el primer instante, que me crea bajo palabra, que escuche lo que le digo, que se ría de mí si le da gusto, que me dé esperanzas, que me diga dos palabras, tan sólo dos palabras, aunque no nos volvamos a ver jamás. Pero usted se ríe... Por lo demás, hablo sólo para hacerla reír...

—No se enfade. Me río porque es usted su propio enemigo. Si probara usted, quizá lograra todo eso aun en la calle misma. Cuanto más sencillo, mejor. No hay mujer buena, a menos que sea tonta o esté enfadada en ese momento por cualquier motivo, que pensara despedirle a usted sin esas dos palabras que implora con tanta timidez. Por otro lado, ¿quién soy yo para hablar? Lo más probable es que le tuviera a usted por loco. Juzgo por mí misma. ¡Bien sé yo cómo viven las gentes en el mundo!

—Se lo agradezco —exclamé—. ¡No sabe usted lo que acaba de hacer por mí!

—Bien. Ahora dígame cómo conoció usted que soy de las mujeres con quienes... bueno, a quienes usted considera dignas de... atención y amistad. En otras palabras, no una patrona, como decía usted. ¿Por qué decidió acercarse a mí?

—¿Por qué? ¿Por qué? Pues porque estaba usted sola, porque ese caballero era demasiado atrevido y porque es de noche. No dirá usted que no es obligación...

—No, no, antes de eso. Allí, al otro lado de la calle. Usted quería acercárseme, ¿verdad?

—¿Allí, al otro lado? De veras que no sé qué decir. Temo que... Hoy, sabe usted, me he sentido feliz. He estado andando y cantando. Salí a las afueras. Nunca hasta ahora he tenido momentos tan felices. Usted... me parecía quizá... Bueno, perdone que se lo recuerde: Me parecía que lloraba usted y me era intolerable oírlo. Se me oprimía el corazón. ¡Ay, Dios mío! ¿Cree usted que podía oírla sin afligirme? ¿Es que fue pecado sentir compasión fraternal por usted? Perdone que diga compasión... En suma, ¿acaso podía ofenderla cuando se me ocurrió acercarme a usted?

—Bueno, basta; no diga más —repuso la joven, bajando los ojos y apretándome la mano—. Yo misma tengo la culpa por haber hablado de eso. Pero estoy contenta de no haberme equivocado con usted. Bueno, ya hemos llegado. Tengo que meterme por esta callejuela. Son dos pasos nada más. Adiós, le agradezco...

—¿Pero es de veras posible que no volvamos a vernos? ¿Es posible que las cosas queden así?

—Mire —dijo riendo la muchacha—. Al principio sólo quería usted dos palabras, y ahora... Pero, en fin, no le prometo nada. Puede que nos encontremos.

—Mañana vengo aquí —dije—. Ah, perdone, ya estoy exigiendo...

—Sí, es usted impaciente. Exige casi...

—Escuche —la interrumpí—. Perdone que se lo diga otra vez, pero no puedo dejar de venir aquí mañana. Soy un soñador. Hay en mí tan poca vida real, los momentos como éste, como el de ahora, son para mí tan raros que me es imposible no repetirlos en mis sueños. Voy a soñar con usted toda la noche, toda la semana, todo el año. Mañana vendré aquí sin falta, aquí mismo, a este mismo sitio, a esta misma hora, y seré feliz recordando el día de hoy. Este sitio ya me es querido. Tengo otros dos o tres sitios como éste en Petersburgo. Una vez hasta lloré recordando algo, igual que usted. Quién sabe, quizá usted también hace diez minutos lloraba recordando alguna cosa. Pero perdón, estoy desbarrando de nuevo. Puede que usted, alguna vez, fuera especialmente feliz en este lugar.

—Bueno —dijo la muchacha—. Quizá yo también venga aquí mañana. A las diez también. Veo que ya no puedo impedirle... pero, mire, es que necesito venir aquí. No piense usted que le doy una cita. Le aseguro que tengo que estar aquí por asuntos míos. Ahora bien, se lo digo sin titubeos: No me importaría que también viniera usted. En primer lugar porque pudieran ocurrir incidentes desagradables como el de hoy; pero dejemos eso... En suma, sencillamente me gustaría verle... para decirle dos palabras. Ahora, vamos a ver, ¿no me condena usted? ¿No piensa que le estoy dando una cita sin más ni más? No se la daría si...; pero, bueno, eso es un secreto mío. Antes de todo una condición.

—¡Una condición! Hable, dígalo todo de antemano. Estoy de acuerdo con todo, dispuesto a todo —exclamé exaltado—. Respondo de mí, seré atento, respetuoso... Usted me conoce.

—Precisamente porque le conozco le invito para mañana —dijo la joven riendo—. Le conozco muy bien. Pero, mire, venga con una condición: En primer lugar (sea usted bueno y haga lo que le pido; ya ve que hablo con franqueza) no se enamore de mí. Eso no puede ser, se lo aseguro. Estoy dispuesta a ser amiga suya. Aquí tiene mi mano. Pero lo de enamorarse no puede ser. Se lo ruego.

—Le juro —grité yo, cogiéndole la mano...

—Basta, no jure, porque es usted capaz de estallar como la pólvora. No piense mal de mí porque le hablo así. Si usted supiera... Yo tampoco tengo a nadie con quien poder cambiar una palabra o a quien pedir consejo. Claro que la calle no es sitio indicado para encontrar consejeros. Usted es la excepción. Le conozco a usted como si fuésemos amigos desde hace veinte años. ¿De veras que no cambiará usted?

—Usted lo verá. Lo que no sé, sin embargo, es cómo voy a sobrevivir las próximas veinticuatro horas.

—Duerma usted a pierna suelta. Buenas noches. Recuerde que ya he confiado en usted. Hace un momento lanzó usted una exclamación tan hermosa que justifica cualquier sentimiento, incluso el de simpatía fraternal. ¿Sabe? Lo dijo usted de un modo tan bello que al instante pensé que podía fiarme de usted.

—¿Pero en qué asunto? ¿Para qué?

—Hasta mañana. Mientras tanto hay que guardar secreto. Tanto mejor para usted, porque a cierta distancia parece una novela. Quizá mañana se lo diga, o quizá no. Ya hablaremos, nos conoceremos mejor...

—Yo mañana le voy a contar a usted todo lo mío. Pero ¿qué es esto? Parece como si me ocurriera un milagro. ¿Dónde estoy, Dios mío? ¿No está usted contenta de no haberse enfadado conmigo, como lo hubiera hecho otra mujer? ¿De no haberme rechazado desde el primer momento? En dos minutos me ha hecho usted feliz para siempre. Sí, feliz. Quién sabe, quizá me ha reconciliado usted conmigo mismo, quizá ha resuelto mis dudas... Quizá hay también para mí minutos así... Pero ya le contaré todo mañana, ya se enterará usted de todo.

—Bueno, acepto. Usted empezará.

—De acuerdo.

—Hasta la vista.

—Hasta la vista.

Nos separamos. Pasé la noche andando, sin decidirme a volver a casa. ¡Me sentía tan feliz! ¡Hasta mañana!

Noche segunda

—Bueno, ya veo que ha sobrevivido usted —me dijo riendo y estrechándome ambas manos.

—Ya llevo aquí dos horas. ¡No puede usted figurarse qué día he pasado!

—Me lo figuro, sí. Pero al grano. ¿Sabe usted para qué he venido? Pues no para decir tonterías como ayer. Mire, es preciso que en adelante seamos más sensatos. Ayer estuve pensando mucho en todo esto.

—¿Pero en qué ser más sensatos? ¿En qué? Por mí estoy dispuesto, pero la verdad es que en mi vida me han ocurrido cosas tan sensatas como ahora.

—¿De veras? Para empezar le ruego que no me apriete las manos tanto. En segundo lugar le advierto que hoy ya he pensado mucho en usted.

—Bien, ¿y con qué conclusión?

—¿Con qué conclusión? Pues con la conclusión de que tenemos que empezar por el principio, porque hoy estoy persuadida de que aún no le conozco bien. Ayer me porté como una niña, como una chicuela. Por supuesto, mi buen corazón tiene la culpa de todo. Me estuve dando importancia, como sucede siempre que empezamos a examinar nuestra vida. Y para corregir esa falta me he propuesto enterarme detalladamente de todo lo que toca a usted. Ahora bien, como no tengo a nadie que me pueda dar informes, usted mismo habrá de contármelo todo, revelarme todo el secreto. A ver, ¿qué clase de hombre es usted? ¡Hala, empiece, cuénteme toda la historia!

—¡Historia! —exclamé sobrecogido—. ¡Historia! ¿Pero quién le ha dicho que tengo historia? Yo no tengo historia...

—Puesto que ha vivido usted, ¿cómo no va a tener historia? —me interrumpió riendo.

—No ha habido historia de ninguna clase, ninguna. He vivido, como quien dice, conmigo mismo, es decir, enteramente solo, solo, completamente solo. ¿Entiende usted lo que es estar solo?

—¿Cómo solo? ¿Es que no ve nunca a nadie?

—¡Ah, no! Ver, sí veo; pero solo, a pesar de ello.

—¿Entonces qué? ¿Es que no habla con nadie?

—En sentido estricto, con nadie.

—Entonces, explíquese. ¿Qué clase de hombre es usted? Déjeme adivinarlo. Usted, como yo, probablemente tiene una abuela. La mía está ciega. Nunca me deja ir a ninguna parte, de modo que casi se me ha olvidado hablar. Y cuando un par de años atrás hice ciertas travesuras, y ella vio que no podía hacer carrera de mí, me llamó y prendió mi vestido al suyo con un imperdible. Desde entonces así nos pasamos sentadas días enteros. Ella hace calceta aunque está ciega; y yo, sentada a su lado, coso o le leo algún libro.

De esta manera tan rara, prendida a otra persona con un alfiler, llevo ya dos años.

—¡Qué desgracia, Dios santo! No, yo no tengo una abuela como ésa.

—Si no la tiene, ¿por qué se queda usted en casa?

—Escuche. ¿Quiere saber qué clase de persona soy?

—Pues sí.

—¿En el sentido riguroso de la palabra?

—En el sentido más riguroso de la palabra.

—Pues bien, soy... un tipo.

—Un tipo. ¿Un tipo? ¿Qué clase de tipo? —gritó la muchacha, riendo a borbotones, como si no lo hubiera hecho en todo un año—. Es usted divertidísimo. Mire, aquí hay un banco. Sentémonos. Por aquí no pasa nadie. Nadie nos oye y... empiece su historia. Porque, no pretenda lo contrario, usted tiene una historia y trata sólo de escurrir el bulto. En primer lugar, ¿qué es un tipo?

—¿Un tipo? Un tipo es un original, un hombre ridículo —contesté con una carcajada que empalmaba con su risa infantil—. Es un bicho raro. Oiga, ¿sabe usted lo que es un soñador?

—¿Un soñador? ¿Cómo no voy a saberlo? Yo misma soy una soñadora. Hay veces, cuando estoy sentada junto a la abuela, que no sé por qué motivo no se me ocurre nada. Pero me pongo a soñar y a ensimismarme hasta que..., en fin, que me caso con un príncipe chino. A veces eso de soñar está bien... Por otra parte, quizá no. Sobre todo si ya hay bastantes cosas en que pensar —agregó la joven hablando ahora con relativa seriedad.

—¡Magnífico! Si alguna vez decide casarse con un emperador chino, entenderá lo que digo. Bueno, oiga... Pero, perdón, todavía no sé cómo se llama usted.

—Por fin. ¡Pues sí que se ha acordado usted temprano!

—¡Ay, Dios mío! No se me ha ocurrido siquiera. Como lo he estado pasando tan bien...

—Me llamo... Nastenka.

—Nastenka. ¿Nada más?

—¿Nada más? ¿Le parece poco, hombre insaciable?

—¿Poco? Todo lo contrario. Mucho, mucho, muchísimo. Nastenka, es usted una chica estupenda si desde el primer momento ha sido Nastenka para mí.

—Precisamente. Ya ve.

—Bueno, Nastenka, escuche y verá qué historia más ridícula me sale.

Me senté junto a ella, tomé una postura pedantescamente seria y empecé como si leyera un texto escrito:

—Hay en Petersburgo, Nastenka, si no lo sabe usted, bastantes rincones curiosos. Se diría que a esos lugares no se asoma el mismo Sol que brilla para todos los petersburgueses, sino que es otro el que se asoma, otro diferente, que parece encargado de propósito para esos sitios y que brilla para ellos con una luz especial. En esos rincones, querida Nastenka, se vive una vida muy peculiar, nada semejante a la que bulle en torno nuestro, una vida que cabe concebir en lejanas y misteriosas tierras, pero no aquí, entre nosotros, en este tiempo nuestro tan excesivamente serio. En esa otra vida hay una mezcla de algo puramente fantástico, ardientemente ideal, y de algo (¡ay, Nastenka!) terriblemente ordinario y prosaico, por no decir increíblemente chabacano.

—¡Uf! ¡Qué prólogo, Dios mío! ¿Qué es lo que oigo?

—Lo que oye usted, Nastenka (me parece que no me cansaré ya nunca de llamarla Nastenka), lo que oye usted es que en esos rincones viven unas gentes extrañas: Los soñadores. El soñador —si se quiere una definición más precisa— no es un hombre ¿sabe usted?, sino una criatura de género neutro. Por lo común se instala en algún rincón inaccesible, como si se escondiera del mundo cotidiano. Una vez en él, se adhiere a su cobijo como lo hace el caracol, o, al menos, se parece mucho al interesante animal, que es a la vez animal y domicilio, llamado tortuga. ¿Por qué piensa usted que se aficiona tanto a sus cuatro paredes, indefectiblemente pintadas de verde, cubiertas de hollín, tristes y llenas de un humo inaguantable? ¿Por qué este ridículo señor, cuando viene a visitarle uno de sus raros conocidos (pues lo que pasa al cabo es que se le agotan los amigos), por qué este ridículo señor le recibe tan turbado, tan alterado de rostro y en tal confusión que se diría que acaba de cometer un delito entre sus cuatro paredes, que ha fabricado billetes falsos, o que ha compuesto algunos versecillos para mandar a alguna revista bajo carta anónima en la que declara que el verdadero autor de ellos ha muerto ya y que un amigo suyo considera deber sagrado darlos a la estampa? Diga, Nastenka, ¿por qué no cuaja la conversación entre estos dos interlocutores? ¿Por qué ni la risa ni siquiera una frasecilla vivaz brotan de los labios del perplejo visitante, quien en otras ocasiones ama la risa, las frasecillas vivaces, los comentarios sobre el bello sexo y otros temas festivos? ¿Por qué también ese amigo, probablemente reciente, en su primera visita (porque en tales casos no habrá una segunda, ya que ese amigo no volverá), por qué también el amigo se queda azorado, lelo, a pesar de toda su agudeza (si efectivamente la tiene), mirando el torcido gesto del dueño, quien por su parte ha tenido ya tiempo bastante para embrollarse por completo tras los esfuerzos tan titánicos como inútiles que ha hecho por avivar la conversación, por mostrar su propio conocimiento de las cosas mundanales, por hablar a su vez del bello sexo y aun por agradar humildemente a ese pobre hombre que allí nada tiene que hacer y que ha venido por equivocación a visitarle? ¿Por qué, en fin, el visitante coge de pronto su sombrero y sale disparado, habiendo recordado de pronto un asunto urgentísimo que por supuesto no existe, una vez que ha librado la mano del cálido apretón de la del dueño, quien trata en vano de mostrar su contrición y recobrar el terreno perdido? ¿Por qué el visitante, traspasada la puerta de salida, suelta la carcajada y jura no volver a visitar a ese sujeto estrafalario, aunque ese sujeto estrafalario es en realidad un chico excelente? ¿Por qué, con todo, el visitante no puede resistir la tentación de comparar, siquiera forzadamente, la cara de su amigo durante la entrevista con la de un gato infeliz que han maltratado, vapuleándolo y aterrorizándolo a mansalva, unos niños quienes, habiéndolo capturado insidiosamente, lo han dejado hecho una lástima? ¿Gato que logra por fin meterse debajo de una silla, en la oscuridad, donde se ve obligado a pasar una hora entera, erizado todo él, dando resoplidos, lavándose las heridas recibidas, y que durante largo tiempo mirará con desvío la naturaleza y la vida, incluso los restos de comida que de la mesa del amo le guarda, compasiva, una ama de llaves...?

—Oiga —interrumpió Nastenka, que me había escuchado todo ese tiempo absorta, con los ojos y la boca abiertos—. Oiga, yo no sé por qué ha ocurrido todo eso ni por qué me hace usted esas preguntas ridículas. Lo que sí sé de cierto es que sin duda todas esas aventuras le han ocurrido a usted, tal como las cuenta.

—Ni que decir tiene —contesté yo con cara muy seria.

—Bueno, si es así, siga —prosiguió Nastenka—, porque me interesa mucho saber cómo termina la cosa.

—¿Usted quiere saber, Nastenka, qué hacía en su rincón nuestro héroe, o, mejor dicho, qué hacía yo, porque el héroe de todo ello soy yo, mi propia y modesta persona? ¿Usted quiere saber por qué me alarmó y turbó tanto la visita inesperada de un amigo? ¿Usted quiere saber por qué me solivianté y me ruboricé tanto cuando se abrió la puerta de mi cuarto? ¿Por qué no sabía recibir visitas y por qué quedé aplastado tan vergonzosamente bajo el peso de mi propia hospitalidad?

—Sí, sí —respondió Nastenka—. De eso se trata. Oiga, usted cuenta muy bien las cosas, pero ¿no es posible hablar un poco menos bien? Porque usted habla como si estuviera leyendo un libro.

—Nastenka —objeté con voz imponente y severa, haciendo esfuerzos para no reír—, mi querida Nastenka, sé que cuento las cosas muy bien, pero, lo siento, no puedo contarlas de otro modo. En este momento, querida Nastenka, me parezco al espíritu del rey Salomón, que estuvo mil años dentro de una hucha, bajo siete sellos. Y por fin han levantado los siete sellos. Ahora, querida Nastenka, cuando nos encontramos de nuevo tras larga separación (porque hace ya mucho tiempo que la conozco, Nastenka, porque hace ya mucho tiempo que busco a alguien, lo que es señal de que buscaba precisamente a usted y de que estaba escrito que nos encontrásemos ahora), se me han abierto mil esclusas en la cabeza y tengo que derramarme en un río de palabras, porque si no lo hago me ahogo. Por eso le ruego, Nastenka, que no me interrumpa, que escuche atenta y humildemente. De lo contrario, guardaré silencio.

—De ninguna manera. Hable. Ya no digo más esta boca es mía.

—Prosigo. Hay en mi día, Nastenka, amiga mía, una hora que aprecio extraordinariamente. Es la hora en que han terminado los negocios, el trabajo, las obligaciones, y la gente regresa apresuradamente a casa para comer y descansar. En camino piensa en cosas agradables que hacer durante la velada, la noche y todo el tiempo libre de que dispone. A esa hora también nuestro héroe (y permítame, Nastenka, que hable en tercera persona, porque en primera me resultaría sumamente vergonzoso decirlo), repito, a esa hora también nuestro héroe, que como todo hijo de vecino tiene sus ocupaciones, vuelve a casa con los demás. En su rostro pálido y surcado de arrugas se dibuja un extraño sentimiento de satisfacción. Mira con interés el crepúsculo vespertino que se apaga lentamente en el cielo frío de Petersburgo. Cuando digo que mira, miento. No mira, sino que contempla distraídamente, como si estuviera fatigado o preocupado de algo más interesante en ese momento. De modo que quizá sólo fugazmente, casi sin querer, puede ocuparse de lo que le rodea. Está satisfecho porque se ha desembarazado hasta el día siguiente de asuntos enojosos, y está alegre como un colegial a quien permiten que deje el banco de la escuela para entregarse a sus travesuras y juegos favoritos. Obsérvele de soslayo, Nastenka, y al punto verá que esa sensación de gozo ha influido ya de manera positiva en sus débiles nervios y en su fantasía morbosamente irritada. Mire, está pensando en algo... ¿En la comida quizá? ¿En cómo va a pasar la velada? ¿En qué fija los ojos? ¿En ese caballero de aspecto importante que saluda tan pintorescamente a la dama que pasa junto a él en un espléndido carruaje tirado por veloces caballos? No, Nastenka. Ahora no le importan nada esas menudencias. Ahora se siente rico de su propia vida. De pronto, por un motivo ignorado, se sabe rico. Y no en vano el sol poniente le lanza un alegre rayo de despedida y despierta en su tibio corazón todo un enjambre de impresiones. Ahora apenas se da cuenta del camino en el que poco antes le hubiera llamado la atención la minucia más insignificante. Ahora la "diosa Fantasía" (si ha leído usted a Zhukovski, querida Nastenka) ha bordado con caprichosa mano su tela de oro y ha mandado, para que las desplieguen ante él, alfombras de vida inaudita, milagrosa. ¿Quién sabe si no le ha transportado con su mano mágica de la acera de excelente granito por la que vuelve a casa al séptimo cielo de cristal? Trata usted de detenerle ahora, de preguntarle dónde se encuentra ahora, por qué calles va. Lo probable es que no recuerde ni por dónde va ni dónde está en ese momento, y enrojeciendo de irritación soltará sin duda alguna mentira para salir del paso. Por eso se sorprende, está a punto de lanzar un grito y mira atemorizado a su alrededor cuando una anciana venerable le detiene cortésmente en la acera para pedirle direcciones por haberse equivocado de camino. Sigue adelante con el entrecejo fruncido de enojo, sin percatarse apenas de que más de un transeúnte se sonríe al verle y se vuelve a mirarle cuando pasa, ni de que una muchachita, que le cede tímidamente la acera, rompe a reír estrepitosamente, hecha toda ojos, al ver su ancha sonrisa contemplativa y los aspavientos que hace. Y, sin embargo, esa misma fantasía ha arrebatado también en su vuelo juguetón a la anciana, a los transeúntes curiosos, a la chica de la risa y a los marineros que al anochecer se sientan a comer en las barcazas con las que forman un dique en la Fontanka (supongamos que nuestro héroe pasa por allí a esa hora). Ha prendido traviesamente en su lienzo a todo y a todos, como moscas en una telaraña. Y con esa riqueza recién adquirida el tipo estrafalario entra en su acogedora madriguera, se sienta a cenar, termina de cenar y al cabo de un rato se despabila sólo cuando la pensativa y siempre triste Matryona, la criada que le sirve, levanta los manteles y le da la pipa. Se despabila y recuerda con asombro que ya ha cenado, sin darse la menor cuenta de cómo ha ocurrido la cosa. La habitación está a oscuras. La aridez y la tristeza se adueñan del alma de nuestro héroe. El castillo de sus ilusiones se ha venido sin estrépito, sin dejar rastro, se ha esfumado como un sueño; y él ni siquiera se percata de que ha estado soñando. Pero en su pecho siente todavía una vaga sensación que lo agita ligeramente. Un nuevo deseo le cosquillea tentadoramente la fantasía, la estimula e imperceptiblemente suscita todo un conjunto de nuevas quimeras. El silencio reina en la pequeña habitación. La soledad y la indolencia acarician la fantasía, hasta se enciende poco a poco, empieza a bullir como el agua en la cafetera de la vieja Matryona, que tranquilamente sigue con sus faenas en la cocina, preparando su detestable café. La fantasía empieza a desbordarse entre alguna que otra llamarada. Y he aquí que el libro cogido al azar, maquinalmente, se le cae de la mano a mi soñador, que no ha llegado ni a la tercera página. Su fantasía despierta de nuevo, está en su punto. De pronto, un mundo nuevo, una vida nueva y fascinante, resplandece ante él con brillantes perspectivas. Nuevo sueño, nueva felicidad. Nueva dosis de veneno sutil y voluptuoso. ¿Qué le importa a él nuestra vida real? ¡A sus ojos hechizados, usted, Nastenka, y yo llevamos una existencia tan apagada, tan lenta y desvaída, estamos todos, en su opinión, tan descontentos con nuestra suerte, nos aburrimos tanto en nuestra vida! En efecto, fíjese bien y verá cómo a primera vista todo es frío, lúgubre y, por así decirlo, enojoso entre nosotros. "¡Pobre gente!" piensa mi soñador; y no es extraño que así lo piense. Observe esas visiones mágicas que de manera tan encantadora, tan sugestiva y fluida componen ante sus ojos ese cuadro animado y subyugante, en cuyo primer plano la figura principal es, por supuesto, él mismo, nuestro soñador, su propia persona querida. Fíjese en las diversas aventuras, en la infinita procesión de sueños ardientes. Quizá pregunta usted con qué sueña. ¿Para qué preguntarlo? Sueña con todo, con la misión del poeta, desconocido primero e inmortalizado después, con que es amigo de Hoffmann, con la noche de San Bartolomé, con Diana Vernon, la heroína de *Rob Roy,* con actos de heroísmo en ocasión de la toma de Kazan por Iván el Terrible, con Clara Mowbray y Effie Deans, otras heroínas de Walter Scott, con el sínodo de prelados y Huss ante ellos, con la rebelión de los muertos en Roberto el Diablo (¿se acuerda de la música?, ¡huele a cementerio!), con la batalla de Berezina, con la lectura de poemas en casa de la condesa V.D., con Danton, con Cleopatra *e i suoi amanti,* con *La casita en Kolomma* de Pushkin, con su propio rincón, junto a un ser querido que le escucha como usted me escucha ahora, ángel mío, con la boca y los ojos abiertos en una noche de invierno. No, Nastenka, ¿qué le importa a él, hombre voluptuoso, esta vida a la que usted y yo nos aferramos tanto? A juicio suyo es una vida pobre, miserable, aunque no prevé que también para él acaso sonará alguna vez la hora fatal en que por un día de esta vida miserable daría todos sus años de fantasía, y no los daría a cambio de la alegría o la felicidad, ni tendría preferencias en esa hora de tristeza, arrepentimiento y dolor puro y simple. Pero hasta tanto que llegue ese momento amenazador nuestro héroe no desea nada, porque está por encima del deseo, porque está saciado, porque es artista de su propia vida y se forja cada hora según su propia voluntad. ¡Es tan fácil, tan natural, crear ese mundo legendario, fantástico! Se diría, en efecto, que no es una ilusión. A decir verdad, en algunos momentos, está dispuesto a creer que esa vida no es una excitación de los sentidos, ni un espejismo, ni un engaño de la fantasía, sino algo real, auténtico, palpable. Dígame, Nastenka, ¿por qué en tales momentos se corta el aliento? ¿Por qué arte de magia, por qué incógnito arbitrio se le acelera el pulso al soñador, se le saltan las lágrimas, le arden las mejillas humedecidas y se siente penetrado por un inmenso deleite? ¿Por qué pasan en un segundo noches enteras de insomnio, en gozo y felicidad inagotables? ¿Y por qué, cuando la aurora toca las ventanas con sus dedos rosados y el alba ilumina el cuarto sombrío con su luz incierta y fantástica, como sucede aquí en Petersburgo, nuestro soñador, fatigado, extenuado, se deja caer en el lecho, presa de un sopor causado por la exaltación enfermiza y aberrante de su espíritu, y con un dolor de corazón en que se mezclan la angustia y la dulzura? Sí, Nastenka, nuestro héroe se engaña y cree a pesar suyo que una pasión genuina, verdadera, le agita el alma; cree a pesar suyo que hay algo vivo, palpable, en sus sueños incorpóreos. ¡Y qué engaño! El amor ha prendido en su pecho con su gozo infinito, con sus agudos tormentos. Basta mirarle para convencerse. ¿Querrá usted creer al mirarle, querida Nastenka, que nunca ha conocido de verdad a la que tanto ama en sus sueños desenfrenados? ¿Es posible que tan sólo la haya visto en sus quimeras seductoras, que esta pasión no sea sino un sueño? ¿Es posible que, en realidad, él y ella no hayan caminado juntos por la vida tantos años, cogidos de la mano, solos, después de renunciar a todo y a todos y de fundir cada uno su mundo, su vida, con la vida del compañero? ¿Es posible que en la última hora antes de la separación no se apoyara ella en el pecho de él, sufriendo, sollozando, sorda a la tempestad que bramaba bajo el cielo adusto, e indiferente al viento que barría las lágrimas de sus negras pestañas? ¿Es posible que todo esto no fuera más que un sueño? ¿Lo mismo que ese jardín melancólico, abandonado, selvático, con veredas cubiertas de musgo, solitario, sombrío, donde tan a menudo paseaban juntos, acariciando esperanzas, padeciendo melancolías, y amándose, amándose tan larga y tiernamente? ¿Y esa extraña casa linajuda en la que ella vivió tanto tiempo sola y triste, con un marido viejo y lúgubre, siempre taciturno y bilioso, que les causaba temor, como si fueran niños tímidos que, tristes y esquivos, disimulaban el amor que se tenían? ¡Cuánto sufrían! ¡Cuánto temían! ¡Cuán puro e inocente era su amor! Y, por supuesto, Nastenka, ¡qué aviesa era la gente! ¿Y es posible, Dios mío, que él no la encontrara más tarde lejos de su país, bajo un cielo extraño, meridional y cálido, en una ciudad maravillosa y eterna, en el esplendor de un baile, en medio del estruendo de la música, en un *palazzo* (ha de ser un *palazzo*) visible apenas bajo un mar de luces, en un balcón revestido de mirto y rosas, donde ella, reconociéndole, al punto se quitó el antifaz y murmuró: "¿Soy libre?". Y trémula se lanzó a sus brazos. Y con exclamaciones de éxtasis, fuertemente abrazados, al punto olvidaron su tristeza, su separación, todos sus sufrimientos, la casa lúgubre, el viejo, el jardín tenebroso allí en la patria lejana y el banco en el que, con un último beso apasionado, ella se arrancó de los brazos de él, entumecidos por un dolor desesperado... Convenga usted, Nastenka, en que queda uno turbado, desconcertado, avergonzado, como chicuelo que esconde en el bolsillo la manzana robada en el huerto vecino, cuando un sujeto alto y fuerte, jaranero y bromista, su amigo anónimo, abre la puerta y grita como si tal cosa: "Amigo, en este momento vuelvo de Pavlovsk". ¡Dios mío! Ha muerto el viejo conde, empieza una felicidad inefable... y, nada, ¡que acaba de llegar alguien de Pavlovsk!

Me callé patéticamente después de mis apasionadas exclamaciones. Recuerdo que tenía unas ganas enormes de reír a carcajadas, aunque la risa fuese forzada, porque notaba que un diablillo se removía dentro de mí, que empezaba a agarrarme la garganta, a temblarme la barbilla y que los ojos se me iban humedeciendo. Esperaba a que Nastenka, que me había estado escuchando, abriera sus ojos inteligentes y rompiera a reír con su risa infantil, irresistiblemente alegre. Ya me arrepentía de haberme excedido, de haber contado vanamente lo que desde tiempo atrás bullía en mi corazón, lo que podía relatar como si estuviese leyendo algo escrito, porque hacía ya tiempo que había pronunciado sentencia contra mí mismo y ahora no había resistido la tentación de leerla, sin esperar, por supuesto, que se me comprendiera. Pero, con sorpresa mía, Nastenka siguió callada y luego me estrechó la mano y me dijo con tímida simpatía:

—¿Es posible que haya vivido usted toda su vida como dice?

—Toda mi vida, Nastenka —contesté—. Toda ella, y al parecer así la acabaré.

—No, imposible —replicó intranquila—. Eso no. Puede que yo también pase la vida entera junto a mi abuela. Oiga, ¿sabe que vivir de esa manera no es nada bonito?

—Lo sé, Nastenka, lo sé —exclamé sin poder contener mi emoción—. Ahora más que nunca sé que he malgastado mis años mejores. Ahora lo sé, y ese conocimiento me causa pena, porque Dios mismo ha sido quien me ha enviado a usted, a mi ángel bueno, para que me lo diga y me lo demuestre. Ahora que estoy sentado junto a usted y que hablo con usted me aterra pensar en el futuro, porque el futuro es otra vez la soledad, esta vida rutinaria e inútil.

¿Y ya con qué voy a soñar, cuando he sido tan feliz despierto? ¡Bendita sea usted, niña querida, por no haberme rechazado desde el primer momento, por haberme dado la posibilidad de decir que he vivido al menos dos noches en mi vida!

—¡Oh, no, no! —exclamó Nastenka con lágrimas en los ojos—. No, eso ya no pasará. No vamos a separarnos así. ¿Qué es eso de dos noches?

—¡Ay, Nastenka, Nastenka! ¿Sabe usted por cuánto tiempo me ha reconciliado conmigo mismo? ¿Sabe usted que en adelante no pensaré tan mal de mí como he pensado otras veces? ¿Sabe usted que ya no me causará tristeza haber delinquido y pecado en mi vida, porque esa vida ha sido un delito, un pecado? ¡Por Dios santo, no crea que exagero, no lo crea, Nastenka, porque ha habido momentos en mi vida de mucha, de muchísima tristeza! En tales momentos he pensado que ya nunca sería capaz de vivir una vida auténtica, porque se me antojaba que había perdido el tino, el sentido de lo genuino, de lo real, y acababa por maldecir de mí mismo, ya que tras mis noches fantásticas empezaba a tener momentos de horrible resaca. Oye uno entre tanto cómo en torno suyo circula ruidosamente la muchedumbre en un torbellino de vida, ve y oye cómo vive la gente, cómo vive despierta, se da cuenta de que para ella la vida no es una cosa de encargo, que no se desvanece como un sueño, como una ilusión, sino que se renueva eternamente, vida eternamente joven en la que ninguna hora se parece a otra; mientras que la fantasía es asustadiza, triste y monótona hasta la trivialidad, esclava de la sombra, de la idea, esclava de la primera nube que de pronto cubre al sol y siembra la congoja en el corazón de Petersburgo, que tanto aprecia su sol. ¿Y para qué sirve la fantasía cuando uno está triste? Acaba uno por cansarse y siente que esa *inagotable* fantasía se agota con el esfuerzo constante por avivarla. Porque, al fin y al cabo, va uno siendo maduro y dejando atrás sus ideales de antes; éstos se quiebran, se desmoronan, y si no hay otra vida, la única posibilidad es hacérsela con esos pedazos. Mientras tanto, el alma pide y quiere otra cosa. En vano escarba el soñador en sus viejos sueños, como si fueran ceniza en la que busca algún rescoldo para reavivar la fantasía, para recalentar con nuevo fuego su enfriado corazón y resucitar en él una vez más lo que antes había amado tanto, lo que conmovía el alma, lo que enardecía la sangre, lo que arrancaba lágrimas de los ojos y cautivaba con espléndido hechizo. ¿Sabe usted, Nastenka, a qué punto he llegado? ¿Sabe usted que me siento obligado a celebrar el cumpleaños de mis sensaciones, el cumpleaños de lo que antes me fue tan querido, de lo que en realidad no ha existido nunca? Porque ese cumpleaños es el de cada uno de esos sueños inanes e incorpóreos, y esos sueños inanes no existen y no hay por qué sobrevivirlos. También los sueños se sobreviven. ¿Sabe usted que ahora me complazco en recordar y visitar en fechas determinadas los lugares donde a mi modo he sido feliz? ¿Que me gusta elaborar el presente según la pauta del pasado irreversible? ¿Que a menudo corro sin motivo como una sombra, triste, afligido, por las calles y callejas de Petersburgo? ¡Y qué recuerdos! Recuerdo por ejemplo, que hace un año justo, justamente a esta hora, pasé por esta acera tan solo y tan triste como lo estoy en este instante. Y recuerdo que también entonces mis sueños eran deprimentes. Sin embargo aunque el pasado no fue mejor, piensa uno que quizá no fue tan agobiante, que vivía uno más tranquilo, que no tenía este fúnebre pensamiento que ahora me sobrecoge, que no sentía este desagradable y sombrío cosquilleo de la conciencia que ahora no me deja en paz a sol ni a sombra. Y uno se pregunta: ¿Dónde, pues, están tus sueños? Sacude la cabeza y dice: ¡Qué de prisa pasa el tiempo! Vuelve a preguntarse: ¿Qué has hecho con tus años? ¿Dónde has sepultado los mejores días de tu vida? ¿Has vivido o no? ¡Mira, se dice uno, mira cómo todo se congela en el mundo! Pasarán más años y tras ellos llegará la lúgubre soledad, llegará báculo en mano la trémula vejez, y en pos de ella la tristeza y la angustia. Tu mundo fantástico perderá su colorido, se marchitarán y morirán tus sueños y caerán como las hojas secas de los árboles. ¡Ay, Nastenka!, será triste quedarse solo, enteramente solo, sin tener siquiera nada que lamentar, nada, absolutamente nada! Porque todo eso que se ha perdido, todo eso no ha sido nada, un cero redondo y huero, no ha sido más que un sueño.

—Basta, no me haga llorar más— dijo Nastenka secándose una lágrima que resbalaba por su mejilla—. Todo eso se ha acabado. En adelante estaremos juntos y no nos separaremos nunca pase lo que pase. Escuche. Yo soy una muchacha sencilla y sé poco, aunque mi abuela me puso maestro. Pero de veras que le comprendo a usted, porque todo lo que acaba de contarme me ha pasado a mí también desde que mi abuela me prendió con un alfiler a su vestido. Yo, por supuesto, no podría contarlo tan bien como usted porque no tengo estudios —añadió con timidez, manifestando todavía admiración por mi discurso patético y mi estilo grandilocuente—, pero me alegro de que usted se haya retratado por completo. Ahora le conozco, le conozco a fondo, lo sé todo. ¿Y sabe usted? Yo, por mi parte, quiero contarle mi propia historia, toda ella, sin callar nada, y después me dará usted un consejo. Usted es un hombre muy listo. ¿Promete darme ese consejo?

—Nastenka —respondí—, aunque antes nunca he sido consejero, y mucho menos consejero inteligente, lo que usted me propone me parece muy sensato. Cada uno de nosotros dará al otro buenos consejos. Ahora, dígame, Nastenka bonita, ¿qué clase de consejo necesita? Dígamelo sin rodeos. En este instante estoy tan alegre, tan feliz, me siento tan atrevido, tan listo, que tendré la respuesta pronta.

—No, no —me interrumpió riendo—. No me hace falta sólo un consejo inteligente, sino un consejo cordial, fraterno, como si me quisiera usted de toda su vida.

—¡Conforme, Nastenka, conforme! —exclamé excitado—. Aunque la quisiera desde hace veinte años, no la querría tanto como en este momento.

—Deme su mano —dijo Nastenka.

—Aquí está — contesté alargándosela.

—Pues comencemos la historia.

Historia de Nastenka

—Ya conoce usted la mitad de la historia, es decir, ya sabe que tengo una abuela anciana...

—Si la segunda mitad es tan breve como ésta... —me aventuré a interrumpir riendo.

—Calle y escuche. Ante todo una condición: No me interrumpa, porque pierdo el hilo. Escuche callado. Tengo una abuela anciana. Fui a vivir con ella cuando yo era todavía muy niña porque murieron mis padres. Mi abuela, según parece, era antes rica, porque todavía habla de haber conocido días mejores. Ella misma me enseñó el francés y más tarde me puso maestro. Cuando cumplí quince años (ahora tengo diecisiete) terminaron mis estudios. Hice por entonces algunas travesuras, pero no le diré a usted de qué género; sólo diré que fueron de poca monta. Pero la abuela me llamó una mañana y me dijo que como era ciega no podía vigilarme. Cogió, pues, un imperdible y prendió mi vestido al suyo, diciendo que así pasaríamos lo que nos quedara de vida si yo no sentaba cabeza. En suma, que al principio era imposible apartarse de ella. Trabajar, leer, estudiar, todo lo hacía junto a la abuela. Una vez intenté un truco y convencí a Fyokla de que se sentara en mi puesto. Fyokla es nuestra asistenta y está sorda. Fyokla se sentó en mi sitio. En ese momento mi abuela estaba dormida en su sillón y yo fui a ver a una amiga que no vivía lejos. Pero el truco salió mal. La abuela se despertó cuando yo estaba fuera y preguntó por algo, pensando que yo seguía tan campante en mi puesto. Fyokla, que vio que la abuela preguntaba algo pero que no oía lo que era, empezó a pensar en qué debía hacer. Lo que hizo fue abrir el imperdible y echar a correr...

En ese punto Nastenka se detuvo y soltó una carcajada. Yo hice coro. Al instante dejó de reír.

—Oiga, no se ría de mi abuela. Yo me río porque es cosa de risa... Bueno, ¿qué va a hacer una cuando la abuela es así? Pero aun así la quiero un poco. Pues bien, aquella vez me dio una pasada de las buenas. Tuve que volver a sentarme en mi sitio sin decir palabra y ya fue imposible moverse de él. ¡Ah, sí! Se me olvidaba decirle que teníamos —mejor dicho, que la abuela tenía— casa propia, una casita pequeña, de madera, con tres ventanas en total, y casi tan vieja como la abuela. En lo alto tenía un desván. A ese desván vino a vivir un inquilino nuevo...

—Es decir que había habido un inquilino viejo —observé yo de paso.

—Pues claro que lo había habido —respondió Nastenka—. Y sabía callar mejor que usted. En serio, apenas decía esta boca es mía. Era un viejecito seco, mudo, ciego, cojo, a quien al cabo le resultó imposible vivir en este mundo y se murió. Con ello se hizo necesario tomar un inquilino nuevo, porque sin inquilino no podíamos vivir, ya que lo que él nos daba de alquiler y la pensión de la abuela eran nuestros únicos recursos. Por contraste, el nuevo inquilino resultó ser un joven forastero que estaba de paso. Como no regateó, la abuela lo aceptó. Luego me preguntó: "Nastenka, ¿es nuestro inquilino joven o viejo?". Yo no quise mentir y dije: "No es ni joven ni viejo". "¿Y es de buen aspecto?" —preguntó—. Una vez más no quise mentir y contesté: "Sí, es de buen aspecto, abuela". Y la abuela exclamó: "¡Ay, qué castigo! Te lo digo, nieta, para que no trates de verle. ¡Ay, qué tiempos éstos! ¡Pues anda, un inquilino tan insignificante y tiene, sin embargo, buen aspecto! ¡Eso no pasaba en mis tiempos!".

La abuela todo lo relacionaba con sus tiempos. En sus tiempos era más joven, en sus tiempos el sol calentaba más, en sus tiempos la crema no se agriaba tan pronto... ¡todo era mejor en sus tiempos! Yo, sentada y callada, pensaba para mis adentros: ¿Por qué me da la abuela estos consejos y me pregunta si el inquilino es joven y guapo? Pero sólo lo pensaba, mientras seguía en mi sitio haciendo calceta y contando puntos. Luego me olvidé de ello.

Y he aquí que una mañana vino a vernos el inquilino para recordarnos que habíamos prometido empapelarle el cuarto. Hablando de una cosa y otra, la abuela, que era aficionada a la cháchara, me dijo: "Ve a mi alcoba, Nastenka, y tráeme las cuentas". Yo me levanté de un salto, ruborizada no sé por qué, y olvidé que estaba prendida con el imperdible. No hubo manera de desprenderme a hurtadillas para que no lo viera el inquilino. Di un tirón tan fuerte que arrastré el sillón de la abuela. Cuando comprendí que el inquilino se había enterado de lo que me ocurría me puse aún más colorada, me quedé clavada en el sitio y rompí a llorar. Sentí tanta vergüenza y amargura en ese momento que hubiera deseado morirme. La abuela gritó: "¿Qué haces ahí parada?", y yo llora que te llora. Cuando vio el inquilino lo avergonzada que estaba, saludó y se fue.

Después de aquello, tan pronto como oía ruido en el zaguán me quedaba muerta. Pensaba que venía el inquilino, y cada vez que esto pasaba desprendía el imperdible a la chita callando. Pero no era él. No venía. Pasaron quince días, al cabo de los cuales el inquilino mandó a decir por Fyokla que tenía muchos libros franceses, libros buenos, que estaban a nuestra disposición. ¿No quería la abuela que yo se los leyera para matar el aburrimiento? La abuela aceptó agradecida, pero preguntó si los libros eran morales, porque, me dijo: "Si son inmorales, Nastenka, de ninguna manera deben leerse, porque aprenderías cosas malas".

—¿Qué aprendería, abuela? ¿Qué es lo que cuentan?

—¡Ah! —respondió—. Cuentan cómo los mozos seducen a las muchachas de buenas costumbres; y cómo con el pretexto de que quieren casarse con ellas las sacan de la casa paterna; y cómo luego abandonan a las pobres chicas a su suerte y ellas quedan deshonradas. Yo he leído muchos de esos libros —dijo la abuela—, y todo está descrito tan bien que me pasaba la noche leyéndolos. ¡Así que mucho ojo, Nastenka, no los leas! ¿Qué clase de libros ha mandado? —preguntó.

—Novelas de Walter Scott, abuela.

—¡Novelas de Walter Scott! Vaya, vaya, ¿no habrá ahí algún engaño? Mira bien a ver si no ha metido en ellos algún billete amoroso.

—No, abuela, no hay ningún billete.

—Mira bajo la cubierta. A veces los muy pillos los meten bajo la cubierta.

—No hay nada tampoco bajo la cubierta, abuela.

—Bueno, entonces está bien.

Así, pues, empezamos a leer a Walter Scott y en cosa de un mes leímos casi la mitad. El inquilino siguió mandándonos libros. Mandó las obras de Pushkin, y llegó el momento en que yo no podía vivir sin libros y ya dejé de pensar en casarme con un príncipe chino.

Así andaban las cosas cuando un día tropecé por casualidad con el inquilino en la escalera. La abuela me había mandado por algo. Él se detuvo, yo me ruboricé y él también, pero se echó a reír, me saludó, preguntó por la salud de la abuela y dijo: "¿Qué, han leído los libros?". Yo contesté que sí. "¿Y cuáles —volvió a preguntar— les han gustado más?". Yo respondí: "Ivanhoe y Pushkin son los que más nos han gustado". Con eso terminó la conversación por entonces.

Ocho días después volví a tropezar con él en la escalera. Esta vez la abuela no me había mandado por nada, sino que yo había salido por mi cuenta. Ya habían dado las dos y el inquilino volvía a casa a esa hora. "Buenas tardes", me dijo, y yo le contesté: "Buenas tardes".

—¿Y qué? —me preguntó—. ¿No se aburre usted de estar sentada todo el día junto a su abuela?

Cuando oí la pregunta, no sé por qué me puse colorada. Sentí vergüenza y pena de que ya hubieran empezado otros a hablar del asunto. Estuve por no contestar y marcharme, pero me faltaron las fuerzas.

—Mire —dijo—, es usted una chica buena. Perdone que le hable así, pero le aseguro que me intereso por su suerte más que su abuela. ¿No tiene usted amigas que visitar?

Yo dije que no, que sólo una, Mashenka, pero que se había ido a Pskov.

—Dígame —prosiguió—, ¿quiere ir al teatro conmigo?

—¿Al teatro? Pero ¿y la abuela?

—La abuela no tiene por qué enterarse.

—No —dije—, no quiero engañar a la abuela. Adiós.

—Bueno, adiós— repitió él. Y no dijo más.

Pero después de la comida vino a vernos. Se sentó, habló largo rato con la abuela, le preguntó si salía alguna vez, si tenía amistades, y de repente dijo: "Hoy he sacado un palco para la ópera. Ponen *El barbero de Sevilla.* Unos amigos iban a ir conmigo, pero después mudaron de propósito y me he quedado con el billete y sin compañía".

— *¡El barbero de Sevilla!* —exclamó la abuela—. ¿Es ése el mismo *barbero* que ponían en mis tiempos?

—Sí, el mismo —dijo, dirigiéndome una mirada. Yo lo comprendí todo, me puse encarnada y el corazón me empezó a dar saltos de anticipación.

—¡Cómo no voy a conocerlo! —dijo la abuela—. ¡Si en mis tiempos yo misma hice el papel de Rosina en un teatro de aficionados!

—¿No quiere usted ir hoy? —preguntó el inquilino—. Si no, sería perder el billete.

—Pues sí, podríamos ir —respondió la abuela—. ¿Por qué no? Además, mi Nastenka no ha estado nunca en el teatro.

¡Qué alegría, Dios mío! En un dos por tres nos preparamos, nos vestimos y salimos. La abuela, aunque no podía ver nada, quería oír música, pero es que además es buena. Deseaba que me distrajera un poco, y nosotras solas no nos hubiéramos atrevido a hacerlo. No le contaré la impresión que me causó *El barbero de Sevilla.* Sólo le diré que durante la velada nuestro inquilino me estuvo mirando con tanto interés, hablaba tan bien, que pronto me di cuenta de que aquella tarde había querido ponerme a prueba proponiéndome que fuéramos solos. ¡Qué alegría! Me acosté tan orgullosa, tan contenta, y el corazón me latía tan fuertemente que tuve un poco de fiebre y toda la noche me la pasé delirando con *El barbero de Sevilla.*

Pensé que después de esto el inquilino vendría a vernos más a menudo, pero no fue así. Dejó de hacerlo casi por completo, o a lo más una vez al mes y sólo para invitarnos al teatro. Fuimos un par de veces más, pero no quedé contenta. Comprendí que me tenía lástima por la manera en que me trataba la abuela, y nada más. Con el tiempo llegué a sentir que ya no podía permanecer sentada, ni leer, ni trabajar. Me echaba a reír sin motivo aparente. Algunas veces molestaba a la abuela de propósito; otras, sencillamente lloraba. Adelgacé y casi me puse mala. Terminó la temporada de ópera y el inquilino dejó por completo de visitarnos. Cuando nos encontrábamos —en la escalera de marras, por supuesto—, me saludaba en silencio y tan gravemente que parecía no querer hablar. Al llegar él al portal yo todavía seguía en mitad de la escalera, roja como una cereza, porque toda la sangre se me iba a la cabeza cuando tropezaba con él.

Y ahora viene el fin. Hace un año justo, en el mes de mayo, el inquilino vino a vernos y dijo a la abuela que ya había terminado de gestionar el asunto que le había traído a Petersburgo y que tenía que volver a Moscú por un año. Al oírlo me puse pálida y caí en la silla como muerta. La abuela no lo notó, y él, después de anunciar que dejaba libre el cuarto, se despidió y se fue.

¿Qué iba yo a hacer? Después de pensarlo mucho y de sufrir lo indecible, tomé una resolución. Él se iba al día siguiente, y yo decidí acabar con todo esa misma noche después de que se acostara la abuela. Así fue. Hice un bulto con los vestidos que tenía y la ropa interior que necesitaba y, con él en la mano, más muerta que viva, subí al desván de nuestro inquilino. Calculo que tardé una hora en subir la escalera. Cuando se abrió la puerta, lanzó un grito al verme. Creyó que era una aparición y corrió a traerme agua porque apenas podía tenerme de pie. El corazón me golpeaba con fuerza, me dolía la cabeza y me sentía mareada. Cuando me repuse un poco, lo primero que hice fue sentarme en la cama con el bulto a mi lado, cubrirme la cara con las manos y romper a llorar desconsoladamente. Él, por lo visto, se percató de todo al instante. Estaba de pie ante mí, pálido, y me miraba con ojos tan tristes que se me partió el alma.

—Escuche —me dijo—, escuche, Nastenka. No puedo hacer nada, soy pobre, no tengo nada por ahora, ni siquiera un empleo decente. ¿Cómo viviríamos si me casara con usted?

Hablamos largo y tendido y yo acabé por perder el recato. Dije que no podía vivir con la abuela, que me escaparía de casa, que no aguantaba que se me tuviera sujeta con un imperdible, y que si quería, me iba con él a Moscú, porque sin él no podía vivir. La vergüenza, el amor, el orgullo, todo hablaba en mí al mismo tiempo, y a punto estuve de caer en la cama presa de convulsiones. ¡Tanto temía que me rechazara!

Él, después de estar sentado en silencio algunos minutos, se levantó, se acercó a mí y me tomó una mano.

—Escuche, mi querida Nastenka —empezó con lágrimas en la voz—. Escuche. Le juro que si alguna vez estoy en condiciones de casarme, sólo me casaré con usted. Le aseguro que sólo usted puede ahora hacerme feliz. Escuche, voy a Moscú y pasaré allí un año justo. Espero arreglar mis asuntos. Cuando vuelva, si no ha dejado de quererme, le juro que nos casaremos. Ahora no es posible, no puedo, no tengo derecho a hacer promesa alguna. Repito que si no es dentro de un año, será de todos modos algún día, por supuesto si no ha preferido usted a otro, porque comprometerla a que me dé su palabra es algo que ni puedo ni me atrevo a hacer.

Eso me dijo, y al día siguiente se fue. Acordamos no decir palabra de esto a la abuela. Así lo quiso él. Y ahora mi historia está casi tocando a su fin. Ha pasado un año justo. Él ha llegado, lleva aquí tres días enteros y... y...

—¿Y qué? —grité yo, impaciente por oír el final.

—Y hasta ahora no se ha presentado —respondió Nastenka sacando fuerzas de flaqueza—. No ha dado señales de vida.

En ese punto se detuvo, quedó callada un momento, bajó la cabeza y, de pronto, tapándose la cara con las manos, empezó a sollozar de manera tal que me laceró el alma.

Yo ni remotamente esperaba ese desenlace.

—¡Nastenka! —imploré con voz tímida—. ¡Nastenka, no llore, por amor de Dios! ¿Cómo lo sabe usted? Quizá no esté aquí todavía...

—¡Sí está, sí está! —insistió Nastenka—. Está aquí, lo sé. Esa noche, la víspera de su marcha, fijamos una condición. Cuando nos dijimos todo lo que le he contado a usted y llegamos a un acuerdo, vinimos a pasearnos aquí justamente a este muelle. Eran las diez. Nos sentamos en este banco. Yo había dejado de llorar y le escuchaba con deleite. Dijo que en cuanto regresara vendría a vernos, y que si yo todavía le quería por marido se lo contaríamos todo a la abuela. Ya ha llegado, lo sé, pero no ha venido.

Y se echó a llorar de nuevo.

—¡Dios mío! ¿Pero no hay manera de ayudarla? —grité, saltando del banco con verdadera desesperación—. Diga, Nastenka, ¿no podría ir yo a verle?

—¿Cree usted que podría? —dijo alzando de súbito la cabeza.

—No, claro que no —afirmé conteniéndome a tiempo—. Pero, mire, escríbale una carta.

—No, de ninguna manera. Eso no puede ser —contestó ella con voz resuelta, pero bajando la cabeza y sin mirarme.

—¿Cómo que no puede ser? ¿Cómo que no? —insistí yo aferrándome a mi idea—. Sepa usted, Nastenka, que no se trata de una carta cualquiera. Porque hay cartas y cartas. Hay que hacer lo que digo, Nastenka. ¡Confíe en mí, por favor! No es un mal consejo. Todo esto se puede arreglar. Al fin y al cabo, ha dado usted ya el primer paso, con que ahora...

—No puede ser, no. Parecería que quiero comprometerle.

—¡Ah, mi buena Nastenka! —la interrumpí sin ocultar una sonrisa—. Le digo a usted que no. Usted, después de todo, está en su derecho, porque él ya le ha hecho una promesa. Y, por lo que colijo, es hombre delicado, se ha portado bien —añadía entusiasmado cada vez más con la lógica de mis argumentos y aseveraciones—. ¿Que cómo se ha portado? Se ha ligado a usted con una promesa. Dijo que si se casaba sería únicamente con usted. Y a usted la dejó en absoluta libertad para rechazarle sin más. En tal situación puede usted dar el primer paso, tiene usted derecho a ello, le lleva usted ventaja, aunque sea sólo, digamos, para devolverle la palabra dada.

—Diga, ¿cómo escribiría usted?

—¿El qué?

—La carta esa.

—Pues diría: "Muy señor mío..."

—¿Es de todo punto necesario decir "muy señor mío"?

—De todo punto. Pero, ahora que pienso, quizá no lo sea... Creo que...

—Bueno, bueno, siga.

—"Muy señor mío: Perdone que..." Pero no, no hace falta ninguna excusa. El hecho mismo lo justifica todo. Diga simplemente: "Le escribo. Perdone mi impaciencia, pero durante un año entero he vivido feliz con la esperanza de su regreso. ¿Tengo yo la culpa de no poder soportar ahora un día de duda? Ahora que ha llegado, quizá haya cambiado usted de intención. Si es así, esta carta le dirá que ni me quejo ni le condeno. No puedo condenarle por no haber logrado hacerme dueña de su corazón. Así lo habrá querido el destino. Es usted un hombre honrado. No se sonría ni se enoje al ver estos renglones impacientes. Recuerde que los escribe una pobre muchacha, que está sola en el mundo, que no tiene quien la instruya y aconseje y que nunca ha sabido sujetar su corazón. Perdone si la duda ha hallado cobijo en mi alma, siquiera sólo un momento. Usted no sería capaz de ofender, ni siquiera con el pensamiento, a ésta que tanto le ha querido y le quiere".

—¡Sí, sí! ¡Eso mismo es lo que se me ha ocurrido! —exclamó Nastenka con ojos radiantes de gozo—. Ha despejado usted mis dudas. Es usted un enviado de Dios. ¡Se lo agradezco tanto!

—¿Por qué? ¿Porque soy un enviado de Dios? —pregunté, mirando con arrebato su rostro alegre.

—Sí, por eso al menos.

—¡Ay, Nastenka! ¡Demos gracias a que algunas personas viven con nosotros! Yo doy gracias a usted por haberla encontrado y porque la recordaré el resto de mi vida.

—Bien, basta. Ahora escuche. En la ocasión de que le hablo acordamos que, no bien llegara, me mandaría recado con una carta que depositaría en cierto lugar, en casa de unos conocidos míos, gente buena y sencilla, que no sabe nada del asunto. Y que si no le era posible escribirme, porque en una carta no se puede decir todo, que vendría aquí el mismo día de su llegada, a este lugar en que nos dimos cita, a las diez en punto. Sé que ha llegado ya, y hoy, al cabo de tres días, ni ha habido carta ni ha venido. Por la mañana no puedo separarme de la abuela. Entregue usted mismo la carta mañana a esa buena gente que le digo. Ellos se la remitirán. Y si hay contestación, usted mismo puede traérmela a las diez de la noche.

—¡Pero la carta, la carta! Lo primero es escribir la carta. De ese modo, quizá para pasado mañana esté todo resuelto.

—La carta... —respondió Nastenka turbándose un poco—, la carta... pues...

No acabó la frase. Primero volvió la cara, que se tiñó de rosa, y de repente sentí en mi mano la carta, escrita por lo visto hacía tiempo, toda preparada y sellada. ¡Qué recuerdo tan familiar, tan simpático y gracioso he retenido de ello!

—R, o-Ro-s, i-si-n, a-na —empecé yo.

—¡Rosina! —entonamos los dos, yo casi abrazándola de alborozo, ella ruborizándose aún más y riendo a través de sus lágrimas que, como perlas, temblaban en sus negras pestañas.

—Bueno, basta. Ahora, adiós —dijo con precipitación—. Aquí está la carta y éstas son las señas adonde hay que llevarla. Adiós, hasta la vista, hasta mañana.

Me apretó con fuerza las dos manos, me hizo un saludo con la cabeza y entró disparada en su callejuela. Yo permanecí algún tiempo donde estaba, siguiéndola con los ojos.

"Hasta mañana, hasta mañana", palabras que se me quedaron clavadas en la memoria cuando se perdió de vista.

Noche tercera

Hoy ha sido un día triste, lluvioso, sin un rayo de luz, como será mi vejez. Me acosan unos pensamientos tan extraños y unas sensaciones tan lúgubres, se agolpan en mi cabeza unas preguntas tan confusas, que no me siento ni con fuerzas ni con deseos de contestarlas. No seré yo quien ha de resolver todo esto.

Hoy no nos hemos visto. Ayer, cuando nos despedimos, empezaba a encapotarse el cielo y se estaba levantando niebla. Yo dije que hoy haría mal tiempo. Ella no contestó, porque no quería ir a contrapelo de sus esperanzas. Para ella el día sería claro y sereno, ni una sola nubecilla empañaría su felicidad.

—Si llueve no nos veremos —dijo—. No vendré.

Yo pensaba que ella no haría caso de la lluvia de hoy, pero no vino.

Ayer fue nuestra tercera entrevista, nuestra tercera noche blanca...

¡Pero hay que ver cómo la alegría y la felicidad hermosean al hombre! ¡Cómo hierve de amor el corazón! Es como si uno quisiera fundir su propio corazón con el corazón de otro, como si quisiera que todo se regocijara, que todo riera. ¡Y qué contagiosa es esa alegría! ¡Ayer había en sus palabras tanto deleite y en su corazón tanta bondad para conmigo! ¡Qué tierna se mostraba, cómo me mimaba, cómo lisonjeaba y confortaba mi corazón! ¡Cuánta coquetería nacía de su felicidad! Y yo... lo creía todo a pies juntillas, pensaba que ella...

Pero, Dios mío, ¿cómo podía pensarlo? ¿Cómo podía ser tan ciego, cuando ya otro se había adueñado de todo, cuando ya nada era mío? ¿Cuando, al fin y al cabo, esa ternura de ella, esa solicitud, ese amor..., sí, ese amor hacia mí, no eran sino la alegría ante la próxima entrevista con el otro, el deseo de ligarme también a su felicidad? Cuando él no vino y nuestra espera resultó inútil, se le anubló el rostro, quedó cohibida y acobardada. Sus palabras y gestos parecían menos frívolos, menos juguetones y alegres. Y, cosa rara, redoblaba su atención para conmigo, como si deseara instintivamente comunicarme lo que quería, lo que temía si la cosa no salía bien. Mi Nastenka se intimidó tanto, se asustó tanto, que por lo visto comprendió al fin que yo la amaba y buscaba cobijo en mi pobre amor. Es que cuando somos desgraciados sentimos más agudamente la desgracia ajena. El sentimiento no se dispersa, sino que se reconcentra.

Llegué a la cita con el corazón rebosante e impaciente por verla. No podía prever lo que siento ahora, ni el giro que iba a tomar el asunto. Ella estaba radiante de felicidad. Esperaba una respuesta y la respuesta era él mismo. Él vendría corriendo en respuesta a su llamamiento. Ella había llegado una hora antes que yo. Al principio no hacía sino reír, respondiendo con carcajadas a cada una de mis palabras. Estuve a punto de hablar, pero me contuve.

—¿Sabe por qué estoy tan contenta? ¿Tan contenta de verle? —preguntó—. ¿Por qué le quiero tanto hoy?

—¿Por qué? —pregunté yo a mi vez con el corazón trémulo.

—Pues le quiero porque no se ha enamorado de mí. Otro, en su lugar, hubiera empezado a importunarme, a asediarme, a quejarse, a dolerse. ¡Usted es tan bueno!

Me apretó la mano con tanta fuerza que casi me hizo gritar. Ella se echó a reír.

—¡Dios mío, qué buen amigo es usted! —prosiguió, seria, al cabo de un minuto—. ¡Que sí, que Dios me lo ha enviado a usted! Porque ¿qué sería de mí si no estuviera usted conmigo ahora? ¡Qué desinteresado es usted! ¡Qué bien me quiere! Cuando me case, seguiremos muy unidos, más que si fuéramos hermanos. Voy a quererle a usted casi tanto como a él.

En ese instante sentí una horrible tristeza y, sin embargo, algo así como un brote de risa empezó a cosquillearme el alma.

—Está usted arrebatada —dije—. Tiene usted miedo. Piensa que no va a venir.

—Bueno —contestó—. Si no estuviera tan feliz creo que su incredulidad y sus reproches me harían llorar. Por otro lado me ha devuelto usted el buen juicio y me ha dado mucho que pensar; pero lo pensaré más tarde; ahora le confieso que tiene usted razón. Sí, estoy un poco fuera de mí. Estoy a la expectativa y las cosas más nimias me afectan. Pero, basta, dejémonos de sentimientos...

En ese momento se oyeron pasos y de la oscuridad surgió un transeúnte que vino hacia nosotros. Los dos sentimos un escalofrío y ella casi lanzó un grito. Yo le solté la mano e hice ademán de alejarme. Pero nos habíamos equivocado; no era él.

—¿Qué teme? ¿Por qué me ha soltado la mano? —preguntó dándomela otra vez—. ¿Qué pasa? Vamos a encontrarle juntos. Quiero que él vea cuánto nos queremos.

"¡Ay, Nastenka, Nastenka —pensé—, cuánto has dicho con esa palabra! Un amor como éste, Nastenka, en ciertos momentos enfría el corazón y apesadumbra el alma. Tu mano está fría; la mía arde como el fuego. ¡Qué ciega estás, Nastenka! ¡Qué insoportable a veces es la persona feliz! Pero no puedo enfadarme contigo...".

Por fin sentí que mi corazón rebosaba:

—Oiga, Nastenka —exclamé—. ¿Sabe lo que he hecho en el día de hoy?

—Bueno, ¿qué ha hecho? ¡A ver, de prisa! ¿Por qué no lo ha dicho hasta este instante?

—En primer lugar, Nastenka, cuando hice todos sus mandados, entregué la carta, estuve a ver a esas buenas gentes... fui a casa y me acosté...

—¿Nada más? —me interrumpió riendo.

—Sí, casi nada más —respondí haciendo un esfuerzo porque en los ojos me escocían unas lágrimas estúpidas—. Me desperté como una hora antes de nuestra cita, y me parecía que no había dormido. No sé lo que me pasaba. Se me antojaba que había salido para contarle a usted todo esto y que iba por la calle como si se me hubiese parado el tiempo, como si hasta el fin de mi vida debiera tener sólo una sensación, un sentimiento, como si, un minuto debiera convertirse en una eternidad entera, y como si la vida se hubiera detenido en su curso... Cuando desperté creí que volvía a recordar un motivo musical de gran dulzura, largo tiempo conocido, oído antes en algún sitio. Se me figuraba que ese motivo había querido brotar de mi alma durante toda mi vida y que sólo ahora...

—¡Dios mío! ¿Qué significa eso? —No entiendo palabra.

—¡Ay, Nastenka! Quería comunicarle a usted de algún modo esa extraña impresión... —indiqué con voz lastimera en la que, aunque muy remota, latía aún la esperanza.

—¡Basta, basta, no siga! —dijo, y en un momento la pícara lo comprendió todo. De súbito se volvió locuaz, alegre y retozona. Me cogía del brazo, reía, quería que yo también riera, y recibía cada confusa palabra mía con larga y sonora carcajada. Yo empecé a sulfurarme y ella entonces se puso a coquetear.

—¿Sabe? —dijo—. Me escuece un poco que no se enamore usted de mí. Después de esto, ¿qué voy a pensar de usted? Pero, de todos modos, señor inflexible, no puedo menos de alabarme por lo ingenua que soy. Yo le cuento a usted todo, todito, por grande que sea la tontería que se me viene a la cabeza.

—Escuche. Parece que están dando las once —dije cuando se oyeron las campanadas de una lejana torre de la ciudad. Ella calló en el acto, dejó de reír y se puso a contar.

—Sí, las once —acabó por decir con voz tímida e indecisa.

Yo me arrepentí al punto de haberla asustado, de haberle hecho contar la hora, y me maldije por mi arrebato de malicia. Sentí lástima de ella y no sabía cómo expiar mi conducta. Me puse a consolarla, a buscar razones que explicaran la ausencia de él, a ofrecer argumentos y pruebas. Nadie era tan fácil de engañar como ella entonces, porque en momentos así todos escuchamos con alegría cualquier palabra de consuelo y nos contentamos con una sombra de justificación.

—Pero esto es ridículo —dije yo, animándome cada vez más y muy satisfecho de la insólita claridad de mis pruebas—, pero si no podía haber venido. Usted, Nastenka, me ha cautivado y confundido hasta el punto de que he perdido la noción del tiempo... Piense usted que apenas ha habido tiempo para que reciba la carta. Supongamos que no ha podido venir; supongamos que piensa contestar; en tal caso la carta no llegará hasta mañana. Yo mañana voy a recogerla tan pronto como amanezca y enseguida le diré a usted lo que hay. Piense, por último, en un sinfín de posibilidades, por ejemplo, que no estaba en casa cuando llegó la carta, y que quizá no la haya leído todavía. Todo ello es posible.

—Sí, sí —contestó Nastenka—, no había pensado en ello. Claro que todo es posible —prosiguió con tono de asentimiento, pero en el que, como una disonancia enojosa, se percibía otra idea lejana—. Mire lo que debe hacer. Usted va mañana lo más temprano posible y si recibe algo me lo dice enseguida. ¿Pero sabe usted dónde vivo? —y empezó a repetirme sus señas.

Luego, sin transición, se puso tan tierna y tímida conmigo... Parecía escuchar con atención lo que le decía, pero cuando me volví hacia ella para hacerle una pregunta, guardó silencio, quedó confusa y volvió la cabeza. Le miré los ojos. Efectivamente, estaba llorando.

—Pero, ¿es posible? ¡Qué niña es usted! ¡Pero qué niñería!... Vamos, basta.

Trató de sonreír y se calmó, pero aún le temblaba la barbilla y le palpitaba el pecho.

—Estoy pensando en usted —me dijo tras un momento de silencio—. Es usted tan bueno que una tendría que ser de piedra para no notarlo. ¿Sabe lo que ahora se me ha ocurrido? Pues compararles a ustedes dos. ¿Por qué él y no usted? Él no es tan bueno como usted, aunque le quiero más que a usted.

Yo no contesté. Ella, por lo visto, esperaba que dijera algo.

—Claro que quizá no le comprendo a él bien todavía, que no le conozco bien. Parecía, ¿sabe usted?, como si siempre le tuviera miedo, por lo serio que estaba siempre, por lo así como orgulloso que parecía. Por supuesto que era sólo por fuera. En el corazón tiene más ternura que yo. Recuerdo cómo me miraba cuando, como ya le he dicho, fui a buscarle con el hatillo de ropa. Pero aun así, le tengo, no sé por qué, demasiado respeto y esto crea cierta desigualdad entre nosotros.

—No, Nastenka —respondí—, eso quiere decir que usted le quiere más que a nadie en el mundo, mucho más de lo que usted se quiere a sí misma.

—Bueno, supongamos que sea así —dijo la inocente Nastenka—. ¿Sabe usted lo que se me ocurre? Pero ahora no quiero hablar por mí sola, sino en general. Esto ya lo pensé hace tiempo. Escuche, ¿por qué no nos tratamos unos a otros como hermanos? ¿Por qué hasta el hombre más bueno disimula y calla en presencia de otro? ¿Por qué no decir sin rodeos lo que tiene uno en el corazón, inmediatamente, cuando sabe uno que su palabra no se la llevará el viento? ¿Por qué parecer más adusto de lo que uno es en realidad? Es como si cada cual temiera violentar los propios sentimientos si los expresa libremente.

—¡Ah, Nastenka, dice usted verdad! Eso resulta de varios motivos —interrumpí yo, que en ese instante reprimía mis propios sentimientos más que nunca.

—No, no —respondió ella con profunda emoción—. Usted, por ejemplo, no es como los otros. Francamente, no sé cómo decirle lo que siento, pero creo que usted, por ejemplo..., aunque ahora..., me parece que usted sacrifica algo por mí —agregó con timidez, lanzándome una ojeada fugaz—. Perdone que le hable así. Soy una muchacha sencilla, he visto poco mundo y la verdad, no sé cómo expresarme a veces —añadió con voz que algún oculto sentimiento hacía temblar, y procurando sonreír al mismo tiempo—. Pero sólo quería decirle que soy agradecida y que comprendo todo esto...

¡Que Dios se lo pague haciéndole feliz! Lo que me contó usted de su soñador no tiene pizca de verdad; quiero decir, que no tiene ninguna relación con usted. Usted se repondrá. Usted es muy diferente de como se pinta a sí mismo. Si alguna vez se enamora ¡que Dios le haga feliz con ella! A ella no le deseo nada porque será feliz con usted. Lo sé porque soy mujer y debe usted creer lo que digo...

Calló y me apretó la mano con fuerza. A mí la agitación me impidió decir nada. Pasaron algunos instantes.

—Bueno, está visto que no viene hoy —dijo por último alzando la cabeza—. Es tarde...

—Vendrá mañana —dije con voz firme y confiada.

—Sí —añadió ella alegrándose—. Ahora veo que no vendrá hasta mañana. ¡Hasta la vista, pues, hasta mañana! Si llueve quizá no venga. Pero vendré pasado mañana, vendré pase lo que pase. Esté usted aquí sin falta. Quiero verle y le contaré todo.

Seguidamente, cuando nos despedimos, me dio la mano y dijo mirándome serenamente a los ojos:

—En adelante estaremos siempre juntos, ¿verdad?

¡Oh, Nastenka, Nastenka, si supieras qué solo estoy ahora!

Cuando dieron las nueve se me hizo intolerable quedarme en el cuarto. Me vestí y salí a pesar del mal tiempo. Fui al lugar de la cita y me senté en nuestro banco. Hasta entré en su callejuela, pero me dio vergüenza y giré sobre los talones, sin mirar sus ventanas y sin dar más que dos pasos hacia su casa. Llegué a la mía dominado por la tristeza más grande que he sentido en mi vida. ¡Qué tiempo tan crudo y sombrío! Si al menos fuera bueno, me hubiera estado paseando allí toda la noche...

Bueno, hasta mañana. Mañana me lo contará todo.

Pero no ha habido carta hoy. Aunque bien mirado, sin embargo, quizá había de ser así. Estarán ya juntos...

Noche cuarta

¡Dios mío, cómo ha terminado todo esto! ¡Qué fin ha tenido!

Llegué a las nueve. Ella ya estaba allí. La observé desde lejos. Estaba, como aquella primera vez, apoyada en la barandilla del muelle y no me oyó acercarme.

—¡Nastenka! —exclamé haciendo un esfuerzo por contener mi emoción.

Ella al punto se volvió hacia mí.

—¡Bueno —dijo— de prisa!

La miré perplejo.

—Pero, ¿donde está la carta? ¿Ha traído usted la carta? —repitió asiéndose a la barandilla.

—No, no tengo carta —dije al fin—. ¿Pero es que él no ha venido?

Ella se puso mortalmente pálida y me miró, inmóvil, largo rato. Yo había destruido su última esperanza.

—¡Sea lo que Dios quiera! —dijo al cabo con voz entrecortada—. ¡Qué Dios le perdone si me abandona así!

Bajó los ojos y luego quiso mirarme pero no pudo. Durante algunos minutos probó a dominar su emoción, pero de pronto me volvió la espalda, puso los codos en la barandilla del muelle y se deshizo en lágrimas.

—Basta, basta —empecé a decir, pero, mirándola, no tuve fuerzas para continuar. Al fin y al cabo, ¿qué podía decir?

—¡Pero qué inhumano y cruel es esto! —empezó de nuevo—. ¡Ni tan siquiera un renglón! Si al menos dijera que no me necesita, que no quiere nada conmigo... ¡Pero eso de no ponerme unas líneas en tres días seguidos! ¡Qué fácil le es agraviar a otros, ofender así a una pobre chica indefensa, cuya única culpa ha sido quererle! ¡Ay, lo que he sufrido estos tres días! ¡Dios mío, Dios mío! Cuando recuerdo que soy yo la que fue a verle por primera vez, que me humillé ante él, que lloré, que mendigué una migaja de amor siquiera... ¡Y después de eso...! ¡Oiga —dijo volviéndose hacia mí, centelleantes sus ojos negros—; eso no puede ser, eso no puede ser así, eso no es natural! Uno de nosotros dos, usted o yo, se habrá equivocado. No habrá recibido la carta. Quizá ésta es la hora en que aún no sabe nada. ¿Cómo es posible? Juzgue usted mismo, dígame, por amor de Dios, explíqueme, porque yo no puedo entenderlo. ¿Cómo es posible portarse tan bárbara y groseramente como él se ha portado conmigo? ¡Ni siquiera una palabra! ¡Hasta a la persona más insignificante del mundo se la trata con más compasión! ¿Es posible que haya oído algo? ¿Es posible que alguien le haya dicho cosas de mí? —gritó volviéndose, inquisitiva, hacia mí—. ¿Qué piensa usted?

—Mire, Nastenka, mañana voy a verle de parte de usted.

—¿Y qué?

—Le pregunto todo y le cuento todo.

—¿Y qué? ¿Y qué?

—Usted escribe una carta. No diga que no, Nastenka, no diga que no. Le obligaré a respetar el comportamiento de usted, se enterará de todo, y si...

—No, amigo mío, no —interrumpió—. Ya basta. No recibirá de mí una palabra, ni una sola palabra, ni una línea. Ya basta. Ya no le conozco, ya no le quiero, le olvidaré...

No terminó la frase.

—Cálmese, cálmese. Siéntese aquí, Nastenka —dije haciéndola sentarse en el banco.

—¡Pero si estoy tranquila! Basta, así es la vida. Y estas lágrimas ya se secarán. ¿Es que cree usted que me voy a matar? ¿Que me voy a tirar al agua?

Mi corazón rebosaba de emoción. Quise hablar, pero no pude.

—Diga —prosiguió, cogiéndome de la mano—, ¿usted no se portaría así, ¿verdad? ¿No abandonaría a quien hubiera venido a usted por su propia voluntad? ¿Usted no le echaría en cara, con burlas crueles, el tener un corazón débil y crédulo? ¿Usted la protegería? ¿Usted pensaría que era una muchacha sola, que no sabía mirar por sí misma ni cuidarse del amor que sentiría por usted... que ella no tenía la culpa... que, en fin, no tenía la culpa de... que no había hecho nada malo? ¡Ay, Dios mío, Dios mío!

—¡Nastenka! —exclamé por fin sin poder dominar mi agitación—. Nastenka, usted me está atormentando, usted me destroza el corazón, usted me mata. ¡Nastenka, no puedo callar! ¡Tengo que hablar, decir todo lo que me oprime aquí, en el corazón!

Al decir esto me levanté del banco. Ella me cogió de la mano y me miró con asombro.

—¿Qué le pasa? —preguntó por fin.

—Escuche —dije con decisión—. Escúcheme, Nastenka. Todo lo que voy a decirle es absurdo, todo es quimérico y estúpido. Sé que nada de ello puede realizarse, pero no puedo seguir más tiempo callado. ¡En nombre de lo que usted sufre ahora, le ruego de antemano que me perdone!

—Pero, ¿esto qué es? —preguntó cesando de llorar y mirándome con fijeza, mientras en sus ojos sorprendidos brillaba una extraña curiosidad—. ¿Qué le pasa?

—Esto es quimérico, lo sé, pero la quiero a usted, Nastenka. Eso es lo que pasa. Ahora ya lo sabe usted todo —agregué remachando lo dicho con el brazo—. Ahora verá usted si puede hablar conmigo como hablaba hace un momento y si puede escuchar al cabo lo que voy a decirle...

—Bueno, ¿y qué? —me cortó Nastenka—. ¿Qué hay de nuevo en eso? Ya sabía que me quería usted, aunque creía que me quería así, sencillamente, sin segunda intención... ¡Ay, Dios mío!

—Al principio, sí, sencillamente, pero ahora..., ahora soy exactamente como usted cuando fue a verle a él con el hatillo de ropa. Pero todavía peor, Nastenka porque entonces él no quería a nadie, mientras que ahora usted quiere a otro.

—¿Qué dice usted? No le entiendo a usted en absoluto. Pero dígame, ¿con qué fin, es decir, no con qué fin, sino por qué se pone usted así tan de repente? ¡Cielo santo, estoy diciendo tonterías...! Pero usted...

Nastenka quedó desconcertada del todo. Se le encendieron las mejillas y bajó los ojos.

—¿Qué hacer, Nastenka, qué hacer? Soy culpable, he abusado de... Pero no, ¡qué va! No, Nastenka. Conozco esto, lo siento, porque me dice el corazón que tengo razón y que de ninguna manera puedo agraviarla o injuriarla. Era amigo de usted y sigo siéndolo. No ha cambiado en nada. Mire cómo se me saltan las lágrimas, Nastenka. ¡Que se me salten, pues! No molestan a nadie. Ya se secarán...

—¡Pero siéntese, siéntese! —dijo obligándome a sentarme en el banco—. ¡Ay, Dios mío!

—¡No, Nastenka, no quiero sentarme!, yo ya no puedo seguir aquí más tiempo; usted no me verá ya más. Voy a decirlo todo y me voy. Sólo quiero decir que usted no hubiera sabido nunca que la quiero. Yo hubiera guardado el secreto y no la hubiera martirizado aquí y en este momento con mi egoísmo. Pero es que no he podido aguantar más; usted misma empezó a hablar de esto, usted misma ha tenido la culpa, toda la culpa, y no yo. Usted no puede alejarme de su lado...

—¡Pero claro que no, no señor, yo no le alejo de mi lado! —dijo Nastenka, ocultando, la pobre, su confusión como mejor pudo.

—¿No me aleja usted? Pues entonces yo mismo me voy. Me voy, sólo que antes le contaré a usted todo, porque cuando usted hablaba hace un momento no podía quedarme quieto en mi asiento; cuando usted lloraba, cuando usted sufría porque... (voy a decirlo tal como es, Nastenka), porque es usted desdeñada, porque su amor no es correspondido, ¡yo sentía, por mi parte, tanto amor por usted, tanto amor! Y me daba tanta pena no poder ayudarla con ese amor... que se me partía el alma y... ¡y no pude callar y tuve que hablar, Nastenka, tuve que hablar!...

—¡Sí, sí! ¡Hábleme, hábleme así! —dijo Nastenka con un gesto delicado—. Quizá le parezca extraño que se lo diga, pero... ¡hable! ¡Ya le diré más tarde! ¡Ya le contaré todo!

—¡Me tiene usted lástima, Nastenka, sólo lástima, amiga mía! A lo hecho, pecho. Agua pasada... ¿no es verdad? Bueno, ahora lo sabe usted todo. Algo es algo. ¡Muy bien! ¡Todo está ahora bien! Ahora escuche. Cuando estaba usted ahí sentada llorando, yo pensé para mis adentros (¡ay, déjeme decir lo que pensé!) pensé que (claro que esto, Nastenka, es imposible)... pensé que usted... pensé que usted, no sé cómo..., bueno, por algún extraño motivo ya había dejado de quererle. Entonces —y yo ya pensaba esto, Nastenka, ayer y anteayer—, entonces yo hubiera hecho de modo... hubiera hecho sin duda de modo que usted me hubiera ido tomando cariño, porque usted misma dijo, usted misma afirmó, Nastenka, que ya casi me quería. Ahora, ¿qué más? Bueno, esto es casi todo lo que quería decir: Sólo queda por decir lo que pasaría si usted me tomara cariño, nada más. Escuche, amiga mía (porque de todos modos es usted mi amiga), yo, por supuesto, soy un hombre sencillo, pobre, muy poca cosa, pero no importa (estoy tan confuso, Nastenka, que no doy pie con bola); sólo sé que la querría de tal manera... de tal manera la querría, que si usted siguiera queriéndole a él, si siguiera queriendo a ese hombre para mí desconocido, vería usted que mi amor no sería para usted una carga. Usted sólo notaría... sólo sentiría a cada instante que junto a usted latía un corazón honrado, honrado, un corazón ardiente, que para usted... ¡Ay, Nastenka, Nastenka! ¿Qué ha hecho usted conmigo?

—No llore, no quiero que llore —dijo Nastenka levantándose rápidamente del banco—. Vamos, levántese, venga conmigo. No llore más, no llore —siguió diciendo mientras me enjugaba las lágrimas con su pañuelo—. Bueno, vamos; puede que le diga algo... Sí, si ahora él me abandona, si me olvida, aunque yo todavía le quiero (no me propongo engañarle a usted)... Pero escuche y contésteme. Si yo, por ejemplo, le tomara cariño a usted, es decir, si yo... ¡Ay, amigo mío, amigo mío! ¡Cómo me doy plena cuenta ahora de que le ofendí cuando me reí de su amor, cuando le elogiaba por no haberse enamorado de mí...! ¡Ay Dios! ¿Pero cómo no preví esto? ¿Cómo no lo preví? ¿Cómo pude ser tan tonta?, pero, en fin, estoy decidida. Voy a contarle todo...

—Mire, Nastenka, ¿sabe lo que voy a hacer? Me alejo de usted. Sí, eso, me voy de su lado. No hago más que martirizarla. Ahora le remuerde la conciencia porque se rió usted de mí, y no quiero... eso, no quiero que, junto a la pena que siente..., yo, por supuesto, tengo la culpa, Nastenka, pero... ¡adiós!

—Deténgase y escúcheme. ¿Es que no puede esperar?

—¿Esperar qué?

—Yo le quiero a él, pero esto pasará, esto tiene que pasar. Es imposible que no pase, está pasando ya, lo siento... ¿Quién sabe? Quizá termine hoy mismo, porque le odio, porque se ha reído de mí, mientras que usted ha llorado aquí conmigo, porque usted no me hubiera repudiado como él lo ha hecho, porque usted me quiere y él no, porque, en suma, yo le quiero a usted... ¡Sí, le quiero! Le quiero como usted me quiere a mí; y, a decir verdad, yo misma se lo he dicho antes, usted mismo lo oyó. Le quiero porque es usted mejor que él, porque es usted más noble que él, porque, porque él...

La emoción de la pobre muchacha era tan fuerte que no terminó la frase; puso la cabeza en mi hombro, luego en mi pecho y rompió a llorar amargamente. Traté de consolarla, de convencerla, pero no cesaba en su llanto; sólo me apretaba la mano y decía entre sollozos: "¡Espere, espere, que acabo enseguida! Quiero decirle... no piense usted que estas lágrimas... esto no es más que debilidad; espere a que pase...". Por fin se serenó, se enjugó las lágrimas y proseguimos nuestro paseo. Yo hubiera querido hablar, pero ella siguió diciéndome que esperara. Guardamos silencio... Al fin, sacó fuerzas de flaqueza y rompió a hablar ...

—Mire —empezó a decir con voz débil y trémula, pero en la que de pronto empezó a vibrar algo que entró en mi corazón y lo llenó de dulce alegría—, no me crea usted liviana e inconstante. No piense que soy capaz de cambiar y olvidar tan ligera y rápidamente... Le he querido a él un año entero y juro por lo más sagrado que nunca, nunca le he faltado, ni con el pensamiento siquiera. Él ha desdeñado esto y se ha reído de mí ¡qué se le va a hacer! Me ha agraviado y me ha lastimado el corazón. No... no le quiero, porque sólo puedo querer lo que es generoso, lo que es comprensivo, lo que es noble —porque yo soy así y él es indigno de mí— bueno, ¿qué se le va a hacer? Mejor es que haya obrado así ahora y no que más tarde me hubiera enterado con desengaño de cómo es... Bien, ¡pelillos a la mar! Pero ¿quién sabe, mi buen amigo? —prosiguió, apretándome la mano—. ¿Quién sabe si quizá todo el amor mío no fue más que un engaño de los sentidos, de la fantasía? ¿Quién sabe si no empezó como una travesura, como una chiquillada, por hallarme bajo la vigilancia de la abuela? Quizá debiera amar a otro, y no a él, no a un hombre como él, sino a otro que me tuviera lástima y... Pero dejemos esto, dejémoslo —interpuso Nastenka, a quien ahogaba la agitación—, sólo quería decirle... quería decirle que sí, a pesar de que le quiero a él (no, que le quería), si, a pesar de eso, dice usted todavía..., si siente usted que su cariño es tan grande que puede con el tiempo reemplazar al anterior en mi corazón... si de veras se compadece usted de mí, si no quiere dejarme sola en mi desgracia, sin consuelo, sin esperanza, si promete amarme siempre como ahora me ama, en ese caso le juro que la gratitud... que mi cariño acabará siendo digno del suyo... ¿me cogerá usted de la mano ahora?

—Nastenka —grité ahogado por los sollozos—. ¡Nastenka, oh, Nastenka!

—¡Bueno, basta, basta! ¡Bueno, basta ya de veras! —dijo, haciendo un esfuerzo para calmarse—. Ahora ya está todo dicho,

¿verdad? ¿No es así? Usted es feliz y yo soy feliz. No se hable más del asunto. Espere, no me apure... ¡Hable de otra cosa, por amor de Dios!...

—¡Sí, Nastenka, sí! Con eso basta, ahora soy feliz... Bueno, Nastenka, bueno, hablemos de otra cosa. ¡A ver, a ver, de otra cosa! Sí, estoy dispuesto...

No sabíamos de qué hablar, reíamos, llorábamos, decíamos mil palabras sin ton ni son. Marchábamos por la acera y de repente volvíamos sobre nuestros pasos y cruzábamos la calle. Luego nos parábamos y volvíamos al muelle. Parecíamos chiquillos...

—Ahora vivo solo, Nastenka —decía yo—, pero mañana... Ya sabe usted, Nastenka, que, por supuesto, soy pobre. En total, no tengo más que mil doscientos rublos, pero eso no importa...

—Claro que no. Además la abuela tiene una pensión y no será una carga. Tenemos que llevarnos a la abuela.

—Desde luego hay que llevarse a la abuela... Ahora bien, también está Matryona...

—¡Ah, sí, y nosotras tenemos a Fyokla!

—Matryona es buena, pero tiene un defecto. Carece de imaginación, Nastenka, carece por completo de imaginación. Pero eso no tiene importancia.

—Ninguna. Pueden vivir juntas. Entonces se muda usted a nuestra casa.

—¿Cómo? ¿A casa de ustedes? Muy bien, estoy dispuesto.

—Sí, como inquilino. Ya le he dicho que tenemos un desván en lo alto de la casa y que está vacío. Teníamos una inquilina, una vieja de familia noble, pero se nos fue, y sé que la abuela busca ahora a un joven. Yo le pregunto: "¿Por qué un joven?". Y ella dice: "Porque ya soy vieja; pero no vayas a creerte, Nastenka, que te estoy buscando marido". Yo sospechaba que era para eso...

—¡Ay, Nastenka!

Y los dos rompimos a reír.

—Bien, basta ya. ¿Y usted dónde vive? Ya se me ha olvidado.

—Ahí, junto a uno de los puentes, en casa de Barannikov.

—¿Esa casa tan grande?

—Sí, esa casa tan grande.

—Ah, sí, ya sé, es una casa hermosa. Bueno, pues ya sabe que mañana la deja y se viene con nosotras cuanto antes...

—Pues mañana, Nastenka, mañana. Estoy algo retrasado con el pago del alquiler, pero no importa... Voy a recibir mi paga pronto y...

—Y ¿sabe?, quizá yo dé lecciones. Yo misma me instruiré y daré lecciones...

—¡Magnífico! Y yo recibiré pronto una gratificación, Nastenka...

—De modo que mañana será usted un inquilino...

—Sí, e iremos a oír *El barbero de Sevilla,* porque lo van a poner pronto otra vez.

—Sí que iremos —dijo riendo Nastenka—. No. Mejor será que vayamos a oír otra cosa en lugar de *El barbero.*

—Bueno, muy bien, otra cosa. Claro que será mejor. No había pensado...

Hablando así, íbamos y veníamos como aturdidos, como caminantes en la niebla, como si no supiéramos qué nos pasaba. A veces nos parábamos y charlábamos largo rato en un mismo lugar; a veces reanudábamos nuestras idas y venidas y llegábamos hasta Dios sabe dónde, y allí vuelta a reír y vuelta a llorar... De pronto, Nastenka decidió volver a casa. Yo no me atreví a retenerla y quise acompañarla hasta la puerta misma. Nos pusimos en camino y al cabo de un cuarto de hora nos hallamos de nuevo en nuestro banco del muelle. Allí suspiró y alguna lagrimilla volvió a bañarle los ojos. Yo quedé cohibido y perdí un tanto mi ardor... Pero ella, allí mismo, me apretó la mano y me arrastró de nuevo a caminar, a charlar, a contar cosas...

—Ya es hora de que vaya a casa, ya es hora. Pienso que debe ser muy tarde —dijo por fin Nastenka—, ¡basta ya de chiquilladas!

—Sí, Nastenka, pero lo que es dormir, no dormiré ahora. Yo no me voy a casa.

—Yo parece que tampoco voy a dormir. Pero acompañeme usted.

—Por supuesto.

—Esta vez, sin embargo, es preciso que lleguemos hasta mi casa.

—Claro. Por supuesto.

—¿Palabra de honor?... Porque alguna vez habrá que volver a casa.

—Palabra de honor —contesté riendo.

—Bueno, andando.

—Andando.

—Mire el cielo, Nastenka, mírelo. Mañana va a hacer buen día. ¡Qué cielo tan azul! ¡Qué luna! ¡Mire cómo la va a cubrir esa nube amarilla, mire, mire! No, ha pasado junto a ella. ¡Mire, mire!

Pero Nastenka no miraba la nube, sino que, clavada en el sitio, guardaba silencio. Un instante después comenzó a apretarse contra mí con una punta de timidez. Su mano temblaba en la mía. La miré... Ella se apoyó contra mí con más fuerza aún.

En ese momento pasó junto a nosotros un joven. Se detuvo de repente, nos miró de hito en hito y luego dio unos pasos más. Mi corazón tembló.

—Nastenka —dije yo a media voz—. ¿Quién es, Nastenka?

—Es él —respondió con un murmullo, apretándose aún más estremecida contra mí.

Yo apenas podía tenerme de pie.

—¡Nastenka! ¡Nastenka! ¡Eres tú! —exclamó una voz tras nosotros y en ese momento el joven dio unos pasos hacia donde estábamos.

¡Dios mío, qué grito dio ella! ¡Cómo temblaba! ¡Cómo se libró forcejeando de mis brazos y voló a su encuentro! Yo me quedé mirándolos con el corazón deshecho. Pero apenas le dio ella la mano, apenas se hubo lanzado a sus brazos, cuando de pronto se volvió de nuevo hacia mí, corrió a mi lado como una ráfaga de viento, como un relámpago, y antes de que yo me diera cuenta, me rodeó el cuello con los brazos y me besó con fuerza, ardientemente. Luego, sin decirme una palabra, corrió otra vez a él, le cogió de la mano y le arrastró tras sí.

Yo me quedé largo rato donde estaba, siguiéndoles con la mirada. Por fin se perdieron de vista.

La mañana

Mis noches terminaron con una mañana. El día estaba feo. Llovía, y la lluvia golpeaba tristemente en mis cristales. Mi cuarto estaba oscuro y el patio sombrío. La cabeza me dolía y me daba vueltas. La fiebre se iba adueñando de mi cuerpo.

—Carta para ti, señorito. El cartero la ha traído por correo interior —dijo Matryona inclinada sobre mí.

—¿Una carta? ¿De quién? —grité saltando de la silla.

—No tengo idea, señorito. Mira bien. Puede que esté escrito ahí.

Rompí el sello. Era de ella.

"Perdone, perdóneme —me decía Nastenka—, de rodillas se lo pido, perdóneme. Le he engañado a usted y me he engañado a mí misma. Ha sido un sueño, una ilusión... ¡No puede imaginarse cómo le he echado de menos hoy! ¡Perdóneme, perdóneme!

"No me culpe, porque en nada he cambiado con respecto a usted. Le dije que le amaría y ya le amo, y aún le amo más de la cuenta. ¡Ay, Dios mío! ¡Si fuera posible amarles a ustedes dos a la vez! ¡Ay, si fuera usted él!".

"¡Ay, si él fuera usted!" —me cruzó por la mente. ¿Recordé tus propias palabras, Nastenka?

"¡Dios sabe lo que yo haría por usted ahora! Sé que está usted apesadumbrado y triste. Le he agraviado, pero ya sabe usted que quien ama no recuerda largo tiempo el agravio. Y usted me ama.

"Le agradezco, sí, le agradezco a usted ese amor. Porque ha quedado impreso en mi memoria como un dulce sueño, un sueño de esos que uno recuerda largo rato después de despertar; siempre me acordaré del momento en que usted me abrió su corazón tan fraternalmente, en que tomó en prenda el mío, destrozado, para protegerlo, abrigarlo, curarlo... Si me perdona, mi recuerdo de usted llegará a ser un sentimiento de gratitud que nunca se borrará de mi alma... Guardaré ese recuerdo, le seré fiel, no le haré traición, no traicionaré mi propio corazón; es demasiado constante. Ayer se volvió al momento hacia aquél a quien ha pertenecido siempre.

"Nos encontraremos, usted vendrá a vernos, no nos abandonará, será siempre mi amigo, mi hermano. Y cuando me vea me dará la mano... ¿verdad? Me la dará usted en señal de que me ha perdonado, ¿verdad? ¿Me querrá usted *como antes?*

"Quiérame, sí, no me abandone, porque yo le quiero tanto en este momento... porque soy digna de su amor, porque lo mereceré... ¡mi muy querido amigo! La semana entrante nos casamos. Ha vuelto enamorado, nunca me olvidó. No se enfade usted porque hablo de él. Quisiera ir con él a verle a usted; usted le cobrará afecto, ¿verdad?

"Perdónenos, y recuerde y quiera a su

Nastenka".

Leí varias veces la carta con lágrimas en los ojos. Por fin se me escapó de las manos y me cubrí la cara.

—¡Mira, mira, señorito! —exclamó Matryona.

—¿Qué pasa, vieja?

—Que he quitado todas las telarañas del techo. Ahora, cásate, invita a mucha gente, antes de que el techo se ensucie otra vez...

Miré a Matryona... Era todavía una vieja joven y vigorosa. Pero no sé por qué, de repente se me figuró apagada de vista, arrugada de piel, encorvada, decrépita. No sé por qué me pareció de pronto que mi cuarto envejecía al par que Matryona. Las paredes y los suelos perdían su lustre; todo se ajaba; las telarañas agrandaban su dominio. No sé por qué, cuando miré por la ventana, me pareció que la casa de enfrente también se deslustraba y se ajaba, que el estuco de sus columnas se desconchaba, se desprendía, que las cornisas se ennegrecían y agrietaban, y que las paredes se cubrían de manchas de un amarillo oscuro y chillón...

Quizá fuera un rayo de Sol que, tras surgir de detrás de una nube preñada de lluvia, volvió a ocultarse de repente y lo oscureció todo a mis ojos. O quizá la perspectiva entera de mi futuro se dibujó ante mí tan sombría, tan melancólica, que me vi como soy efectivamente ahora, quince años después, como un hombre envejecido, que sigue viviendo en este mismo cuarto, tan solo como antes, con la misma Matryona, que no se ha despabilado nada en todos estos años.

¿Pero suponer que escribo esto para recordar mi agravio, Nastenka? ¿Para empañar tu felicidad clara y serena? ¿Para provocar con mis amargas quejas la angustia en tu corazón, para envenenarlo con secretos remordimientos y hacerlo latir con pena en el momento de tu felicidad? ¿Para estrujar una sola de esas tiernas flores con que adornaste tus negros rizos cuando te acercaste con él al altar...? ¡Ah, nunca, nunca! ¡Que brille tu cielo, que sea clara y serena tu sonrisa, que Dios te bendiga por el minuto de bienaventuranza y felicidad que diste a otro corazón solitario y agradecido!

¡Dios mío! ¡Sólo un momento de bienaventuranza! Pero, ¿acaso eso es poco para toda una vida humana?

TÍTULOS DE ESTA COLECCIÓN

Canción de Navidad y otros cuentos.
Charles Dickens

El beso y otras leyendas.
Gustavo Adolfo Bécquer

El cuervo y otros cuentos.
Edgar Allan Poe

El gran Gatsby y otros relatos.
F. Scott Fitzgerald

El jugador / Noches blancas.
Fedor Dostoievski

El libro de Monelle y otros relatos.
Marcel Schwob

La dama de las camelias y otros relatos.
Alejandro Dumas, hijo

Los idus de marzo.
Thornton Wilder

Los mitos de Cthulhu.
H. P. Lovecraft

Poemas de amor.
Pablo Neruda